幹戲

胡导从艺七十年留痕

学生 杨在葆 题

胡传扬　胡传敏　编著

上海戏剧学院艺术教育传承系列丛书

文化藝術出版社
Culture and Art Publishing House

图书在版编目（CIP）数据

干戏：胡导从艺七十年留痕 / 胡传扬 胡传敏编著. -- 北京：文化艺术出版社，2015.10
ISBN 978-7-5039-6001-7

Ⅰ. ①干… Ⅱ. ①胡… Ⅲ. 胡… Ⅳ ①胡导－生平事迹 Ⅳ. ① K825.78

中国版本图书馆CIP数据核字(2015)第112643号

干戏

——胡导从艺七十年留痕

编　　著　胡传扬 胡传敏
封面题字　杨在葆
责任编辑　陶 玮
装帧设计　李 鹏
出版发行　文化艺术出版社
地　　址　北京市东城区东四八条52号 100700
网　　址　www.whyscbs.com
电子信箱　whysbooks@263.net
电　　话　（010）84057666（总编室）84057667（办公室）
　　　　　（010）84057691—84057699（发行部）
传　　真　（010）84057660（总编室）84057670（办公室）
　　　　　（010）84057690（发行部）
经　　销　新华书店
印　　刷　北京荣宝燕泰印务有限公司
版　　次　2015年11月第1版
　　　　　2015年11月第1次印刷
开　　本　787毫米×1092毫米 1/16
印　　张　24.5
字　　数　280千字
书　　号　ISBN 978-7-5039-6001-7
定　　价　160.00元

胡导工作照

胡导老师令人赞叹的艺术人生

韩　生

今年是上海戏剧学院建校七十周年。上海戏剧学院历史上有不少艺术家和艺术教育家是师生校友一定不会忘记的，胡导老师就是其中之一。

胡导老师在上戏一直都是一道风景线。

今年是他诞辰百年。他在2013年以98岁高龄离世，带着人生的美好感觉。他也把这份美好传递给我们大家。导演系的校友们提议为他专门召集研讨会，学院也着手安排准备，没有在他生前实现感到有些遗憾，但他给我们留下的始终是一种美好的印象。我记得从他的追悼会上带回一只寿碗，我感受到一种人生的圆满。

从某种意义上说，他给我们做出了一个艺术家和艺术教育家人生的示范。艺术已经化为他的人格，使他带给人们的始终是一种欢喜。

我在舞美系舞台设计专业本科班时，胡导老师给我们上过导演课。这一课程让我们初步接触斯坦尼等理论。后来同学们提出可否排一个戏体验一下，他当即同意。舞美系的学生们对有机会尝试一下表演兴奋不已。大家嬉笑着很快把教室的桌椅摆到旁边。胡导老师给我们认真地分配角色，让我们认真地体验。我记得当时教室顿时安静下来，我能够感觉到他以导演的方法驾驭课堂。设计专业的同学们很快意识到，表演并非想象中的轻松简单。这一记忆，促使我后来在舞台设计教学计划中尽可能让学生参与表演课程。

后来，经常在校园看到一个骑自行车的老人身影，一个健康和快乐的人生图景感染着大家。记得在一次校庆大会，当主持人念到胡导老师的名字，当时已经七十五岁的他几乎是跳上了舞台，全场顿时一片欢呼。

退休后，他给时任院长余秋雨写信，希望做一个“自愿研究”者，还可以进出学院的图书馆、资料室。余院长回信表示：学院无可置疑的应该支持老教师的学术研究，青年教师要把学院开设了几十年的课程继承发展下去，需要老一辈艺术家研究的理论结晶，社会也同样是需要的。“从某种意义上来说，不得已离开课堂而专事著述的老教师其实是在催发着自己生命史上的又一个收获季节，老教师们愿意把这种收获归于学院，是学院的幸运。” 这使他深感欣慰。

85岁时，他开始向孙女学电脑，几乎天天坐在电脑前写作，历时三年完成了《戏剧表演学：论斯氏演剧说在我国的实践与发展》。这是一部扎实严谨的学术研究成果，涉及从斯坦尼到哥格兰、布莱希特，到梅兰芳、周信芳、俞振飞、盖叫天，到高盛麟、裘盛戎、袁世海、袁雪芬、张骏祥、焦菊隐、黄佐临、朱端钧、石挥、金山、赵丹、上官云珠、张伐、于是之、杨在葆、焦晃、潘虹、祝希娟等一百多位艺术家。我们从他的研究的坐标可以看到一种超越，从大师前辈到同代人，到后来的学生。

专家对这一成果给予了高度评价，认为，斯坦尼体系在我国戏剧和戏剧教育领域影响深远，但许多有争议的问题未能系统梳理，胡导老师以九旬高龄完成这一课题实属不易。并且，该课题没有简单孤立地探讨斯氏理论，而是结合比较了我国戏曲艺术表演的方法论和演剧观，这是一个理论创新。同时，该课题回顾了老一辈艺术家和教育家的创作和教学案例，为后人留下了珍贵的资料。

胡导老师始终关心着学院的专业教学。有一次，他打来电话说希望我安排时间，和我谈一下表导演教学的问题，说已经在学院等我。我想到他已八十多岁高龄，赶忙说您不要动，我马上过来。这让我感动不已——一个拄着拐杖的老人坐在图书馆等着。

他拿出一叠纸，上面已经逐条写好了问题和建议，包括总结历届毕业生的表演教学等。回想起来，后来的表演教学工作室等机制的形成的最初设想都与此有关。

胡导老师的儿子胡传敏给我送来这部书稿并请我作序，实让我诚恐，谨借此表达对胡导老师的尊敬与怀念。这部书是胡导老师七十年的艺术和艺术教育生涯的记录，但其意义已经远远不是一部个人的事业史料，同时也是学院历史的重要部分，也是上海和中国戏剧的重要史料。我们感谢编者对这一意义重要的文献整理付出的辛勤和贡献。

胡导老师是著名的演员、导演、戏剧理论家、戏剧教育家，他真正做到了生命不息，追求不止。他不仅在艺术创作实践和学术研究方面留下了宝贵的成果，更给我们树立了一个艺术人生的榜样。

（作者系中国戏剧家协会副主席、上海戏剧学院院长）

编撰前言

上海是中国话剧的发祥地，20世纪30年代左翼戏剧运动是上海话剧走向成熟的重要发展时期，日本侵华战争爆发后上海（被称为“孤岛”的租界区域）又与重庆一道并立为两大进步话剧运动中心，短暂的“孤岛”最终亦然沦丧，上海话剧在特定的历史条件下进入了话剧商业演出的黄金时期。1949年后，上海同北京一样成为话剧创作、演出最大的市场，拥有广泛的观众群，并且成为培养优秀话剧人才的重镇。胡导自1933年开始在上海参加左翼戏剧运动直至新世纪初长达70余年的演员、导演、戏剧教学和理论研究生涯使胡导理所当然成为了上海话剧发展历史的实践者和见证人。

历史哲学有一种观点认为：历史就是“人的讲述”（埃米尔·路德维希），“历史是所有个人历史的集合（总和）”。胡导以其70余年投身话剧事业的经历，在一定程度或某种角度上折射出上海话剧的发展成长过程。为此，我们在整理胡导相关历史资料的同时，不吝篇幅将涉及到的剧目、人名一一列出，因为这些作品和前辈们的剧艺创作都是搭建上海话剧大厦的砖石。他（她）们当中的许多人在当年可谓名噪一时，如今已鲜为人知或多已作古，其余者也英年不再而退出舞台（银幕荧屏），但他们为话剧艺术曾经做出的贡献（或至少是付出的劳动）仍然值得人们敬重和怀念。他们的名字应当镌刻在剧史大厦的纪念墙上，不该被湮没，不该被遗忘。但愿这些剧目、人名能为上海话剧史研究的学者提供一点参考资料。

历史哲学还有一个命题曰：“一切历史都是当代史。”（克罗齐）这一命题经常被人视为实用主义历史观，即所谓被书写的历史不过是当代人眼中的过去，并非历史的本来面目。而我们赞同这样一种解释：过去发生的事件只是在与当前人们关注的视域重合时，才为当代人所理解；历史作为一种精神活动，只要它还能影响我们的精神生活，它就存在于我们的今天。所以本书对胡导进行述评时，尽量采用事件发生当时的社会（媒体）评价或亲历者的回忆，尽量避免（除个别之处外）以现时的观念予以评说，亦不为尊者讳，谓“述而不作”便是。尝闻某学人言：昨日之新闻即今日之史料，这就是本书编撰者采集材料归纳整理的基本出发点。虽然昨天的新闻反映的是彼时彼地上海市民的审美趣味和价值尺度，但今天的读者尽可用现代目光加以审视，对历史事件和人物作出自己的评判。

纵观胡导的戏剧人生，可以从三个方面看：其一，这位在上海这片土地上长成并终其一生的老人是一位善于兼收并蓄，没有门户之见的导演、戏剧教育家、戏剧理论家，海派文化的浸染给予他宽阔的艺术胸襟。胡导最早先参加的业余话剧运动体现了追求进步的青年学生对当时旧文化的某种叛逆精神；成为戏剧界职业人士后，为提高戏剧艺术品质，胡导吸收借鉴了许多美国电影的表现手法，运用到舞台实践当中；后来学习钻研苏联斯坦尼斯拉夫斯基体系的演剧理论，把它运用贯彻到导演和教学活动当中；然而，他又不满足于此，更加推崇我国戏曲的写意表现方式，力图把西方戏剧形式和民族戏剧（曲）融为一体，创造出含有更多中国元素、民族特色的演出新样式。他把这种探求贯彻在教学中，并且还在理论上予以阐述。其二，胡导没有上过大学，在20世纪40年代的“四大导演”“四小导演”当中，他的学历是最低的（高中）。而他之所以后来能够取得一定的成就，并成为戏剧高等学府的一名资深教授，完全得益于自己焚膏继晷，勤勉好学，得益于对事业执着的追求。其三，他为人低调，谦虚，不计较名利而甘心以一介教师辛勤耕耘于课堂，他会为学生取得的进步鼓掌，他会对学生的成就感同身受，他还会把优秀的学生和后辈的教师视作自己再次学习的对象。这样一种精神正是胡导的人生意义之价值所在。

2004年上海东方电视台为胡导拍摄了纪录片《九十春秋赤子路》，片中有一段对胡导的评语说得很概括："胡导老师作为一个戏剧教育家、作为一个艺术家，他的价值绝对不能和偶像、明星同日共语的，他的价值存在于时间的推延过程中，我们随着时间的推延，就像我们国内和国际很多艺术大师一样，会越来越感到他的艺术价值的魅力和他师德的高尚。"

本书以编年体形式作为结构主线。

是作前言。

胡传扬　胡传敏

目 录

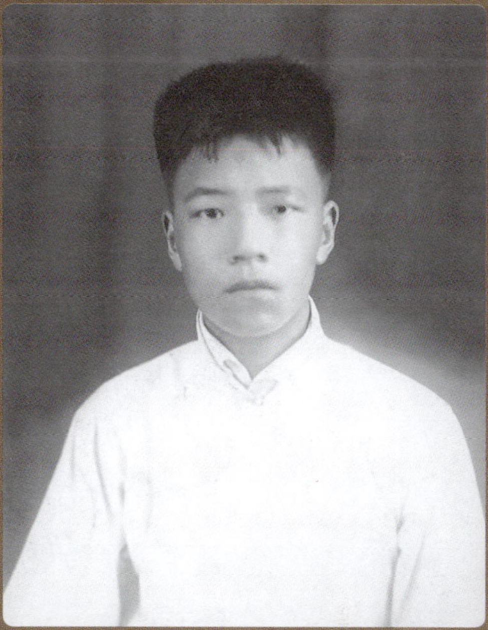

看戏、学戏

1915 — 1936

幼年胡导（左）与母亲、哥哥合影

胡导，本名胡道祚，祖籍安徽泾县，宗“安吴胡氏”。1915年9月23日（乙卯年八月十五中秋节）出生于江西南昌，1918年随父母迁居安徽芜湖，在那里度过了自己的童年和青少年时代。6岁时进私塾开蒙，11岁在当地教会办的圣公会小学就读，后在芜湖关中中学上初中，1930年夏毕业。年尚幼，家中长辈即常领着他去当地戏园子看京戏，每年正月都要看几次。稍长，已入读高中的姐姐又带他观看了当地的“文明戏”。1927年，胡导在圣公会小学就读时，恰逢北伐军进入芜湖，青年学生们就把教堂布道讲坛当舞台，演了不同于“文明戏”（按幕表制表演）的“新剧”（按既有剧本演出）《复活的玫瑰》。这些戏文和演员表演打动过他，给他留下了难忘的印象。根据胡导撰写的回忆录《干戏七十年杂忆》（中国戏剧出版社2006年出版，以下简称《杂忆》），他七十多年后依然清晰地记得这样一些戏：

《大劈棺》里那位演田氏的女演员，只见她脱去浑身缟素的孝服，换上黑色的紧身内衣裤，手执利斧，从下场门飞也似地奔上来在棺材前一个亮相——脸上全卸下了脂粉，却厚厚地抹上了闪闪发亮的一层油，衬得那倒竖着的两条柳眉显得特别粗特别黑，那圆睁着的一双杏眼直勾勾地闪出两道怕人的凶光，特别引人注目的是两唇紧咬着右颊部一绺从头上撩下来的又厚又宽的头发……这个造型一下子衬着眼睛里闪出来的凶光，好像田氏已凶狠到要发疯的地步了！

《刀劈三关》是位坤伶靠把老生演的。她有一副调门特别亮堂中气又极足的好嗓子，行家说她唱时“满弓满调”，唱得“淋漓尽致，一气呵成”。

《宝蟾送酒》是欧阳予倩先生编排的“红楼”戏，果然这戏有点不同凡响了：用了一点布景，是个书房一角的模样，那演薛蝌的小生也是坤角，她演的很文静，不俗气，但总觉得“他”不是个男人，而演夏金桂的那个男演员，细高个儿，脖子也特细特长，按“丑婆子”味儿演，看得出观众对“她”厌恶。

做工老生葛少岩在《鹿台恨》中扮演比干，纣王问他要心，他用一段苍劲有力而又铿锵有节的说白，再伴一套衰派老生的身段做工，有时还用了布景的平台和梯阶，边说边做，把纣王责驳的哑口无言……但纣王又翻下脸来，如此再一番，二番，观众看得连呼吸都屏住了。

——胡导：《杂忆》第2、第3页

中学时期的胡导

有的文明戏演员扮演人物也让胡导印象深刻，一位是朱野鹤先生扮演的孙中山，化妆造型极像，台上演说慷慨激昂，仿佛中山先生亲临；再一位是丑角演员笪亚民，一口芜湖土话连珠炮似的非说得观众大笑不止绝不闭口。对于胡导，他们竟有这么大的吸引力，让他看得着迷而又感到神秘。

胡导的堂兄胡道祚爱唱京戏，又会拉京胡，常常自拉自唱，姐姐胡道徵也是天天爱哼上几句京戏或昆曲，胡导也跟着哼唱，把《武家坡》“一马离了西凉界”，《小放牛》“天上蟠桃什么人儿栽”之类唱得儿歌一般。只是真要一本正经学唱了，便觉着自己荒腔走板缺乏灵气，不禁知难而退。

1930年8月，胡导来到上海，在持志学院附属中学读高中。上海的文化氛围要比芜湖浓烈得多，为数众多的戏院天天有京剧名伶登台演出的大幅广告，而在青年学生当中早期话剧团体南国社、辛酉剧社等更具影响力。此外国产影片也在市民文化生活中占据了相当重要的地位。作为一介中学生，胡导自是囊中羞涩，没钱经常看戏，好在当时书店里已经有了各种剧本出版，胡导就经常去出版《洪深戏曲集》《田汉戏曲集》的现代书局里待上一整天，饱读田汉剧本：

田汉先生的剧本，好多没有忘，我也不让自己忘。有《田汉戏曲集》(名为戏曲集，都是话剧剧本)出版，我总要去站着看上几遍才罢休。这回又重读了《咖啡店一夜》《湖上的悲剧》，还读了《南归》《古潭的声音》《名优之死》等等。总之一边读一边就“看”脑子里的人物演的“戏”。……《名优之死》是我那时在脑子里“看”田汉戏“看”得最清楚的——想起二年前我在芜湖大戏园子看葛少岩扮妆，这便让我很流畅地“看到”田汉笔下的名伶

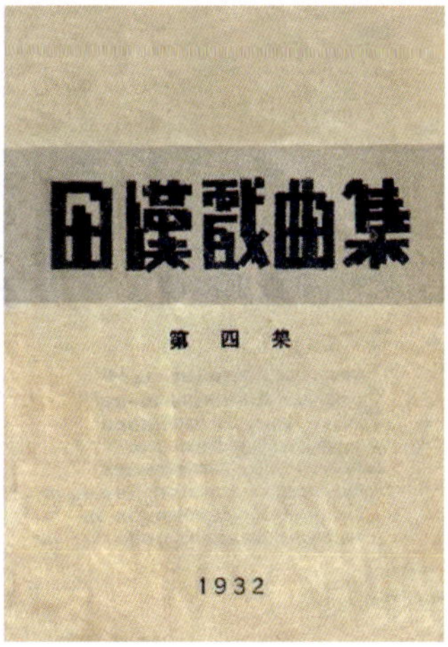

《洪深戏曲集》书影（现代书局1933年）《田汉戏曲集》书影（现代书局1933年）

刘振声，对了，他就是我脑子里的葛少岩。

——胡导：《杂忆》第8页

在四马路上，胡导还在别的几家书店里读了侯耀、熊佛西等人的剧本以及茅盾、巴金的小说。他在阅读时爱把书中的情节在脑子里转化成各种场景，所谓看“脑子里的戏”。当然，胡导也观看了一些国产电影，他对武侠片没有兴趣，对生活片兴趣颇浓，如郑正秋导演、王瑞麟主演的《故都春梦》，孙瑜导演、金焰主演的《野草闲花》，洪深编导、胡蝶主演的《歌女红牡丹》，洪深编导并主演的《旧时京华》，夏衍编剧、龚稼农主演的《狂流》等。这些电影的故事情节和演员的表演给了胡导耳目一新的感觉。由于文艺片和话剧演出的某种内在关联性，也使得胡导对话剧有了一个朦胧的认识，尽管当时他还没有看过真正的话剧。

胡导在持志中学求学期间，正逢左翼戏剧运动在上海蓬勃发展时期，持志中学在1933年春也成立了“持钟（谐音‘持中’）剧社”。当年校刊上的一篇文章可以看出该剧社成立的社会背景。

九一八以后，帝国主义的炮火打碎了中国的和平，狂

持志学院外景

飙的时代撼着整个的远东，惊破了沉醉的梦魂，太平洋的潮流和群众的呐喊一致地怒吼了，戏剧底责任，是负有严重性的宣传，在这垂危的国难期间，它当然不能再落后了，所以复活后的戏剧，剧社像雨后春笋一般成立，完成一条坚固的阵线。

铁一般的事实告诉我们，持志中学的同学，决不可站在时代的后面，因此，肯定地，持钟剧社是创立了。

有了这一块艺术园地，至少也能开几朵小花，我们诚恳地宣布，我们愿意将话剧改造成普遍的艺术，再用全部的力量，传达到十字街头底大众，振兴这灰色的民族。

——李广政：《持钟剧社成立之前》

《持志半月刊》1933年第3期

剧社成立，为胡导初登舞台创造了条件，他积极报名参与，并被推选为剧务干事。6月，持志中学举办校庆游艺会，剧社准备排演话剧《父归》，并请赵默（即金山）来做导演。为了让演员知道什么是话剧，赵默领着他们去宁波同乡会看了春秋剧社演出的《梅

持志中学校门

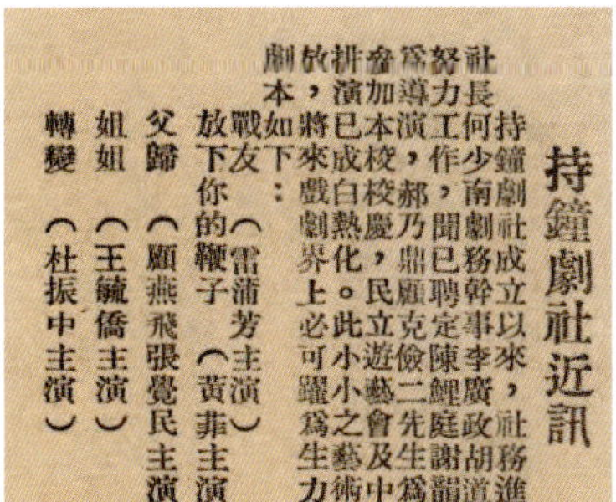

持鐘劇社近訊

持鐘劇社成立以來，社務進行，不遺餘力，社長何少南劇務幹事李廣政胡道祚羅賓君等，均努力工作，聞已聘定陳鯉庭謝韻心董每戡諸先生爲導演，郝乃鼎顧克儉二先生爲顧問，最近因欲參加本校校慶，民立遊藝會及中學聯聯合公演，排演已成白熱化。此小小之藝術之花，遂含苞待放，將來戲劇界上必可躍爲生力軍云，該社所排劇本如下：

戰友（雷蒲芳主演）

放下你的鞭子（黃菲主演）

父歸（顧燕飛張覺民主演）

姐姐（王毓僑主演）

轉變（杜振中主演）

《持钟半月刊》1933年纪念特刊

赵默（金山）

雨》和《名优之死》（都是田汉先生的戏），这也是胡导第一次真正感受到话剧。魏鹤龄先生在《梅雨》中扮演一个失业老工人，又在《名优之死》中扮演主角京剧名伶刘振声，唐槐秋先生也在《名优之死》中饰演了重要角色洋场恶少杨大爷，剧中人物间的激烈冲突以及人物的动作情感变化过程给了胡导极大的震撼。

> 第一幕闭幕前刘振声对这恶少当面调戏自己徒弟感到忍无可忍拍案而起时，杨大爷也转身起立，两人怒目相向良久，全“后台”的人也都屏住呼吸，整个剧场的空气好像凝固了……最让观众激动的是全场闭幕前刘振声在舞台上“倒嗓”的场面，我们只听见他在《打渔杀家》中演肖恩的一大段唱“昨夜晚，饮酒醉，和衣而卧……”一副满堂叫好的嗓子，越唱越低，越唱越沙，越唱越哑……他以表现人物情感变化和身心创伤直至死亡的发声表演，完全把观众抓住了，我当时的感觉是连自己的呼吸也被窒息了。
>
> 我又一次发现，话剧演员是要有学问的。
>
> ——胡导：《杂忆》第12页

《父归》是田汉根据日本菊池宽原著改编的社会问题剧。剧本描写的是投机商人黑田宗太郎年轻时抛弃了自己的妻子和三个孩子，晚年反省自己放荡的一生，他决定回家后与家人发生了一系列矛盾冲突的故事。胡导在剧中扮演弟弟新儿，排练开始，赵默首先领着演员们对台词，然后他又示范着把全部台词按剧中人物的不同身份性格和即时情景朗读了一遍，让学生演员们有了一个初步的感觉。演员们就学着那示范过的语气口吻再一遍遍地对词。场面排练时：

> 我们演一遍，他就示范性地给我们重演一遍，有时他

先示范演一遍给我们看，然后我们按他的示范再演。每个人物的调度、地位、坐、站、走路、姿势、动作、表情、眼神，他都规定的很清楚。

——胡导：《杂忆》第12页

四五天后这个戏在中华学艺社礼堂举办的学校游艺会上演出，接着又参加了“中学联”联合公演，同学们给全体演员报以掌声。这次演出是胡导初次登台，也是在舞台上首次孺子学步，但是：

我奇怪，我这头一次演话剧怎么没有感到特别兴奋？现在想起来，才意识到当时我的创作注意力全在模仿导演的示范表演上了，完全没有去感觉角色，体验角色。

——胡导：《杂忆》第13页

《父归》演出之后，胡导和参加剧社的同学又去观看了由王为一、徐韬、顾而已等著名左翼剧人演出的《乱钟》（田汉著）；赵丹、顾而已演出的《天外》（［美］奥尼尔著），现场的观摩，使胡导感受到戏剧作为宣传爱国主义的利器所具有强烈的社会作用，同时也对怎么排戏演戏有了直观和感性的认识。

1934年1月，左翼剧人组织成立了无名剧人协会，持钟剧社排演的《谁是朋友》被安排在第一次公演上演出，这个戏是陈鲤庭根据日本一个木偶剧编写的。故事很简单：拉车工人在街上被大石坎所阻，路过的教士、商人、教授各色人等都不愿出手相帮，最后来了位产业工人，两人合力把车拉过石坎。全部角色都由剧社学生扮演，胡导扮演了剧中的教授。这个戏由王为一来执导。

他把戏中所有人物，特别是传教士、商人、教授都赋予一个个不同的，非常鲜明的外部造型特征，他一个人物一个人物地，一举手一投足地为我们示范表演——怎么

无名剧人协会演出的《谁是朋友》

王为一

坐，怎么站，用什么样的步态，什么样的手势，什么样的音调、语气，都非常具体地演给我们看，我们对他这种天才的表演才能敬佩的五体投地，于是大家都下狠功夫一招一式地学他。

——胡导：《杂忆》第17页

王为一以这种方法让学生演员先能在感觉上接近所扮演的角色，在胡导作为职业演员之后写下的《一年来扮演角色琐谈》和多年后的回忆文字中，可以看出，王为一倡导的创造角色方法，对于胡导起到过重要的影响。

3月底4月初，持钟剧社又参加了无名剧人协会的第二次公演，剧目是《梅雨》，胡导在剧中饰失业工人阿毛。为了让自己演戏有点进步，胡导精心准备，剧中有一段阿毛被捕后控诉资本家剥削工人的台词十分慷慨激昂，胡导看过春秋剧社演的该剧，观众反映热烈，于是他设计了很多手势动作，刻意雕琢语调。在排练时演了一遍，本以为赵默会夸奖他几句，不料却引来的是一顿训斥，说是“怪腔怪调”。后经赵默的指导和示范下，胡导在台上的这段戏居然也博得了观众席上在一片鸦雀无声之后爆发出的热烈掌声。70年后回忆起这段经历，胡导悟到：

上海美术专科学校外景

虽是在导演的启示之下表演的，但首先自己已经被台词所打动，更重要的，是田汉先生写的这一段台词真实地道出了工人的心声，引发观众当中有许许多多的工人的共鸣才有了如此热烈的反映。

——胡导：《杂忆》第22页

自此，胡导开始投身于左翼戏剧运动之中，从1934年至1935年期间，除上述剧目外，有据可查的胡导参与演出的剧目有《流浪者》（饰律师）、《战友》（群众演员）、《放下你的鞭子》（饰演青年工人）、《月亮上升》（饰演警察）、《锁着的箱子》（饰演角色多罗夫）等10个以上，其中不同版本《父归》一剧就有演出过5次之多。频繁的演出，使胡导获得了与赵默、张季纯、周道、魏鹤龄、周贻白、高逸安等著名戏剧人同台演出的机会，舞台经验丰富的演员们教给胡导怎样运用眼神，怎样处理台步节奏，让胡导学到了许多，感觉上演得比较“顺”，作为演员在台上心里不那么“空”了。

鉴于当时的环境条件，这样的演出未能留下丰富的资料，但所幸还是找到了一条有关胡导在《父归》中演出的报道，如下；

持钟剧社的《父归》首先上演，苍老的父亲（傅嘉饰）带着风尘仆仆的形色悄悄地归来了，他，表演的够劲的。新太郎（胡道祚饰）神气语义也相当的能表达出原作者的意愿，当新太郎愤慨地说“你的儿子在二十年前已在沟壑里死去了”的时候，那流浪归来的父亲是那样痛苦的挛战着，全场空气已现着百分之百的紧张度。这幕戏中有几处小动作颇可观……

——傅青嘉：《观死神的号角演出》

《申报》1935年5月26日

也是在这两年中，在金山的鼓励下，胡导开始涉足导演。

第一次是“持钟”要排《父归》去持志学院演出，仍找金山导演。他很忙，说：“你演过，就你排吧。”我就原原本本按金山去年给我们排样子给当时的“持钟”的同学排，演的时候，我还请了鲁夫、万声来帮忙化妆、看戏。他们居然给我鼓励说排的不错。

——胡导：《杂忆》第33页

第二次是被邀去美专剧社排《忍受》。

《忍受》是新写出的剧本，作者是谁忘记了。我没有看过演出，当然不敢排，但一想到这个是干导演的好机会，丢了太可惜，于是再拿起剧本看，脑子里居然“看”到了“戏”。再看几遍剧本，“看”到的“戏”就更多了。

排戏时我也免不了先作示范表演。当然。我是先按我在脑子里“看”到的戏排的，可排着，排着，忽然有了新感觉，有时看着演员演着演着也突然来了和以前不同的新

美专剧社《忍受》剧组合影（中为胡导）

光夏剧社演出的《忍受》

感觉，这样就很自然地排出了好多和原先脑子里“看”到的不同的“戏”来。

——胡导：《杂忆》第33页

美专排戏时，我没有看过别人导演的《忍受》。当然不可能抄袭别人，所以的的确确全是自己一个人导戏。

——胡导：《杂忆》第34页

这次导演让胡导获得了一种创作的愉悦。戏排练了一个多月在上海美专演出时效果也还不错。这个戏的演出成功，引起了光夏剧社的负责人喻松年的注意，他看完戏后便邀约胡导去他们剧社排戏。到了1935年春，胡导就为该剧社排《忍受》，接下来又排演了《奇迹》《叛徒》两个戏。《奇迹》原来是王为一先生排过的戏，按当时的风气，第一次这个戏排成什么样，以后就按着这个模式来演。所以70年后胡导在《杂忆》中写道：

当时并没有意识到导演的主要任务主要是创造整体演出形象，而只是教会演员一招一式地把戏演出来就行。说实在的，那时候根本不知道什么是导演对剧本的阐释，什

美专剧社演出的《叛徒》

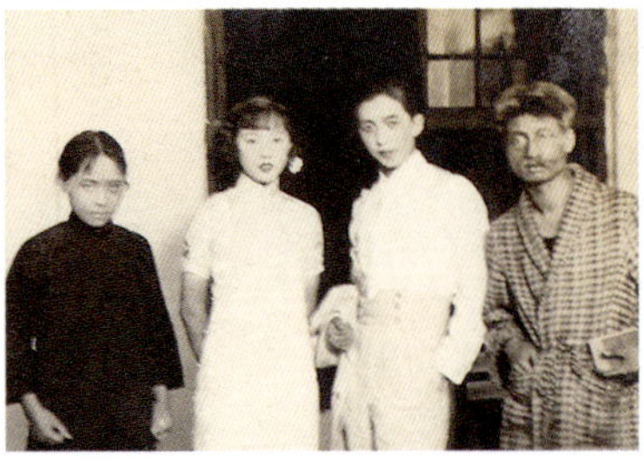

光夏剧社《奇迹》剧组演员合影（右为喻松年）

电影《风云儿女》截图（中为袁牧之，右为胡导）

么是导演构思。

——胡导：《杂忆》第34页

但不管怎样，胡导在最初的戏剧生涯中，除了当演员演戏，已经开始涉足导演了。

1935年胡导高中毕业后面临失学失业，为了继续学戏演戏，他加入了上海艺术供应社。这是一个在左翼剧联领导下的公开的商业性的中介组织，它为戏剧演出服务，给演员介绍演出机会，给业余剧团介绍导演，并提供布景、灯光、化妆、服装道具服务。在加入艺术供应社的两年当中，胡导获益匪浅。一是增加了演出机会，包括参加了袁牧之主演的电影《风云儿女》；南国社陈凝秋先生导演的《夜店》等，二是有了比较多的看戏的机会，三是结识了一批当时左翼演剧界的名人。

1935年10月，胡导得到机会为章泯先生导演、由上海业余剧人协会演出的俄国果戈理的名剧《钦差大臣》担任“提词”（当时演戏的安排，怕演员台上忘词，专门设立一个前台工作岗位）。这些演员都是当时最著名的戏剧人和电影人，如金山、顾而已、郑君里、顾梦鹤、何康理、左明、王莹、叶露茜、朱铭仙等。胡导能够以观众所不能及的近距离仔仔细细饱享眼福观摩学习他们的表演技巧、人物的塑造方法，对他日后提高戏剧修养是大有裨益的。

1936年上半年，胡导加入到一个名为蚁蜂剧社的业余话剧团体

上海业余剧人协会演出的金山、郑君里合演的《钦差大臣》

上海业余剧人协会金山、蓝萍合演的《娜拉》

“左联”成员王莹、袁牧之合演的《妒》

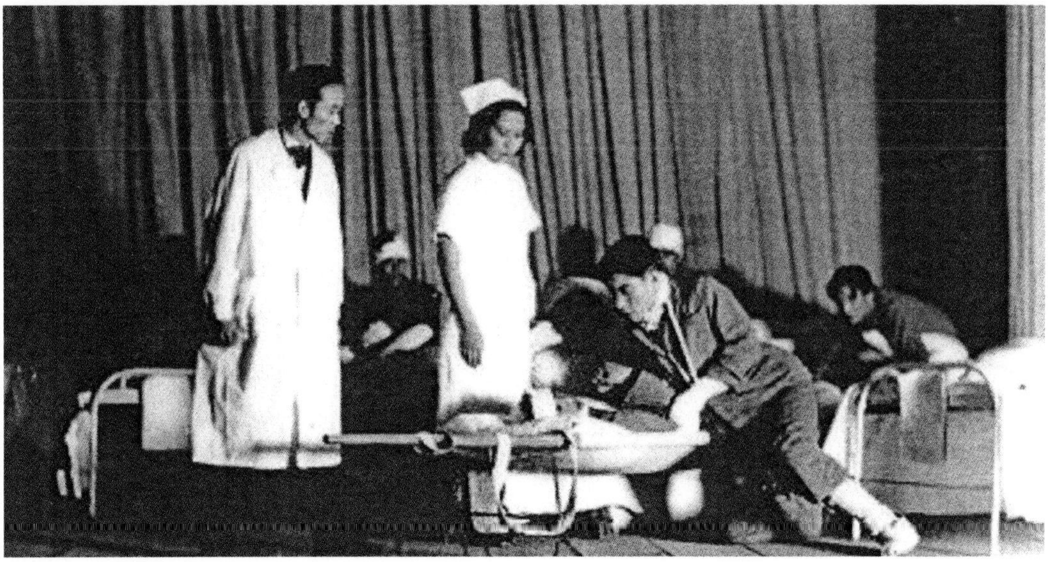
魏鹤龄、王素演出的《回春之曲》

中，并于6月随剧社到芜湖，演出田汉《回春之曲》时担任舞台监督。

这一时期，胡导为了学戏，花钱看了许多话剧演出，有石凌鹤导演，周伯勋、朱铭仙、金山主演的《高贵的人们》；章泯导演，蓝苹、赵丹、金山主演的易卜生名作《娜拉》；唐槐秋导演，赵慧深、戴涯、唐若青、陶金、章曼萍等主演的曹禺代表作《雷雨》；王为一导演并主演的《奇迹》，以及袁牧之、王莹演的《妒》，袁牧之、胡萍演的《一个女人和一条狗》，魏鹤龄主演的《街头

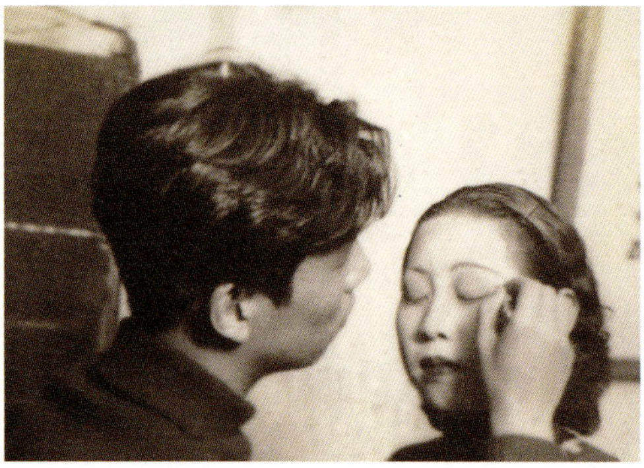

胡导（左）给演员化妆（左图、右图）

人》，田汉新作《回春之曲》，等等。

为了学好戏，胡导还想方设法寻觅剧本借来阅读，在民间自办的蚁蜂戏剧图书馆他找到了“同好”胡氏三兄弟（胡大章、胡大年、胡大中）并与他们成了朋友。胡大中又介绍胡导认识了爱钻研戏剧化妆术的周栋，于是胡导跟着周栋学到了化妆的基本常识和技巧。

胡导已经21岁了，他自觉应该有一份能够取得独立生活来源，比较稳定的职业。于是他报考了上海市邮政局（位于上海四川北路桥堍），被录用为“邮务佐”职位，暂时告别了他钟爱的戏剧活动。

20世纪30年代的上海市邮政局

业余戏剧人

1936 — 1939

出于一种不能割舍的“戏缘”，去邮局上班后的胡导，把收入的一部分不断地消费在看戏上。1936年8月，他观看了金山办的40年代剧社演出的夏衍剧作《赛金花》。这个戏，本来金山先生是找胡导当“提词”，并且派给他一个角色（赛金花后来的丈夫孙三）的，但胡导已经成为上海邮政局的正式职员，不得不放弃了这个机会。他以一种既遗憾又幸运（看一流演员演戏）的心情去看了戏。是年底，上海业余剧人协会组织第三次公演，他又去看了章泯导演的俄国奥斯特洛夫斯基的《大雷雨》，欧阳予倩根据托尔斯泰《黑暗势力》改编的《欲魔》，以及日后上海业余实验剧团演出的《罗密欧与朱丽叶》，中国旅行剧团演出的《日出》等也去看了。金山、王莹、夏霞、赵丹、蓝苹、舒绣文、魏鹤龄、顾而已、王为一、唐槐秋、唐若青等一批性格化创造高手的精湛表演，都给了胡导极大的心灵撞击，许多当年的资料他都珍藏着，许多当时的演出场景都在他日后的著作中多次反复提及。胡导后来推崇和深入研究的“性格化”演技理论应该就源于此时。

戏剧魅力给予的诱惑，使原来暂时被抑制的对于戏剧难以割舍的情怀不由得再次萌动，所谓“高山仰止，景行行止，虽不能之，而心向往之”可以说是胡导当年的心结。

1937年5月，原来光夏剧社的小渔（即喻松年）找到胡导，谈

40年代剧社演出的《赛金花》

业余剧人协会演出的《大雷雨》

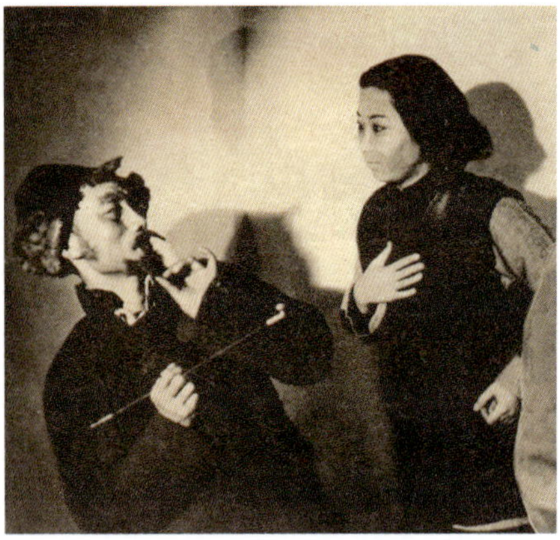

业余剧人协会演出的《欲魔》

中国旅行剧团演出的《日出》

业余实验剧团演出的《罗密欧与朱丽叶》

起一个独幕剧的构想引起了胡导强烈的创作欲望。正巧那天是星期日，两人从下午聊到深夜，一边聊一边记，一边试着角色，一边不断补充动作语言细节，把这个命名为《怎么办》的独幕剧弄出了个雏形。胡导在《杂忆》一书中是这样描述剧情的：

> 小A、小B（注：演出时角色名为“小陈”“小马”）两个失业青年同住一个亭子间，两人是好友，好到小A如拿到两块钱稿费非分给小B一块钱不可；好到小B买了一副大饼油条也非给小A吃半副不可。两人都喜欢女孩小C，可谁都不说，要是有一人真心地与小C相爱，另一人一定会悄悄离去。可他们遇事又各有主见，总是争得面红耳赤。
>
> 一开幕就有这么件事——两人从昨晚饿到现在，连最后一分铜币泡的开水都喝光了，现在肚子饿得直叫唤，该怎么办？当然还有好多事儿——饿得写不出稿子，一分钱稿费都拿不到了，该怎么办？明天不交房钱，二房东要赶我们，该怎么办？找不着工作又回不了家乡……一直到面临国事垂危，爱国还有罪，我

们该怎么办？两人激动起来，把肚子饿给忘了！可刹那间又饿得难受起来！……最后是小C上场，她是参加了一个要求释放爱国人士的大会以后急忙来约他们，还给带了吃的……，这时窗外传来口号声，要求释放爱国人士的群众游行队伍来了，他们三人也一起参加了进去……

——胡导：《杂忆》第64–65页

开始，胡导和小渔两个是自编自导自演，正巧6月26日《大公报》（上海版）发表消息报道“电影与戏剧读者会”正筹办秋季联合公演，而且要求 “演出的戏要和现实有密切关系”[①]。于是他们报名参加，并得到主办方的帮助。正式进入排演时，导演请刘流担任，后来又请著名文人唐纳加工并署其名为导演，7月25日在蓬莱大戏院公演。公演冠名“赈济各省灾区联合公演”。由于这个本子描写的故事是失业青年的生活窘境，小渔和胡导都有切身体会，写的时候、演的时候人物感情的表达十分自然贴切，成了三天演出中最受观众喜欢的剧目之一。《大公报》还专门为这个戏刊发了一篇剧评：

首次发起之联合赈灾公演，出演三天，参加有二十多个剧社，提出来说的《怎么办》在第一天，第三场演出，为了它的一切与其他剧本有些异别，故我特别提出来说。

为什么我要单单写这个《怎么办》呢？我认为，除开了帝国主义压迫之外的事情，现在“中国青年的出路问题”，“青年如何求生在社会”，是同样应由剧作者和看众所关切着的。

公演的第一天有五个正式剧，我现在用一个比如：它是五样菜，这一个《怎么办》就是一道非常经济，非常可口，同时有着多量的“维他命”素的菜。故我认为这个剧，除了当天“最优良” 的《放下你的鞭子》之外，那么

① 见1937年6月26日《大公报》第14版

《大公报》演出广告（1937年7月25日）

“优良”的就是这个《怎么办》。

……

导演最成功的是舞台面，演员动作和谐也有不少帮助。当日五个戏，除了《放下你的鞭子》以外，《怎么办》这（在）其他几个戏里比较活泼些，没有什么多余的动作，多余的台词，效果也收得极大，灯光很能维持技术的水准，演员以“小陈”“小马”极优，处处使人捧腹笑，最值得人回味的是一阵大笑的后面却蕴藏着无穷尽的酸泪。

——酉辛：《〈怎么办〉赈灾联合公演中演出》

《大公报》1937年7月28日第14版

蚁蜂剧团演出的《怎么办》（中为胡导）

胡导（右一）和蚁蜂剧团《怎么办》剧组演员合影

赈济各省灾区联合公演全体演职员合影（右六为胡导）

70年后的胡导回忆此次演出时兴奋之情仍跃然纸上：

> 我们记得，那个戏公演了三天。三天，对我这个已经离开舞台很久很久的人来说，简直就是过节——过了三天节！我向邮局请了三天假，整个人从早到晚都投进戏院里，痛痛快快过了三天节。
>
> ——胡导：《杂忆》第66页

十几天后的8月13日，日本侵略军进攻上海，激愤的全体市民用各自的方式投身到抗击日本侵略者的斗争中去。胡导与胡大中、小渔共同商量，决定成立一个“上海青年职业慰劳队”，用创作、

胡导（前排右）与上海职业青年慰劳队

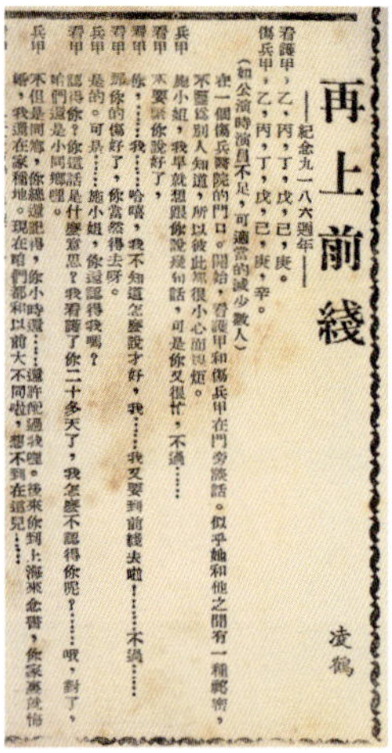

再上前綫

——紀念九一八六週年——

凌鶴

看護甲，乙，丙，丁，戊，已，庚。

傷兵甲，乙，丙，丁，戊，已，庚，辛。

（如公演時演員不足，可適當的減少數人）

在一個傷兵醫院的門口。開始，看護甲和傷兵甲在門旁談話。似乎她和他之間有一種秘密，不願給別人知道，所以彼此都很小心而忸怩。

兵甲　施小姐，我早就想跟你說幾句話，可是你又很忙，不過……

看甲　不要緊你說好了，

看甲　你……我……哈嘻，我不知道怎麼說才好，我……我又要到前綫去啦！……不過……

看甲　那你的傷好了，你當然得去呀。

兵甲　是的。可是……施小姐，你還認得我嗎？

看甲　認得你？你這話是什麼意思？我看護了你二十多天了，我怎麼不認得你呢？……哦，對了，咱們還是小同鄉哩。

兵甲　不但是同鄉，你總還記得，你小時還……還許爬過我哩。後來你到上海來念書，你家裏就恰婚，我還在家種地。現在咱們都和以前大不同啦，想不到在這兒……

《救亡日报》1937年9月19日

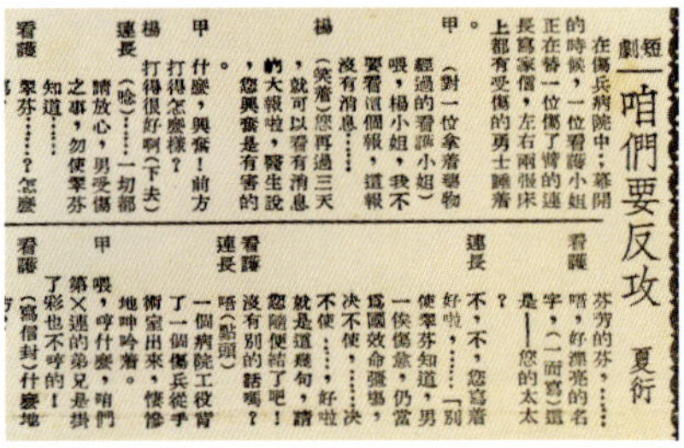

短劇

咱們要反攻

夏衍

在傷兵病院中：幕開的時候，一位看護小姐正在替一位傷了臂的連長寫家信，左右兩張病床上都有受傷的勇士睡着。

甲　（對一位拿着報物經過的看護小姐）喂，楊小姐，我不要看這個報，這報沒有消息……

楊　（笑着）您再過三天，就可以看有消息的大報啦，醫生說，您興奮是有害的。

甲　什麼，興奮！前方打得怎麼樣？

楊　打得很好啊（下去）

連長　（唸）……一切都請放心，男受傷之事，勿使翠芬知道……

看護　翠芬……？怎麼……芬芳的芬，……

看護　唔，好漂亮的名字，（一面寫）還是——您的太太？

連長　不，不，您寫着好啦，……「別使翠芬知道，男一俟傷愈，仍當為國效命疆場，決決不使……決不使……，好啦，就是這幾句，請您隨便結了吧！

看護　沒有別的話嗎？

連長　唔（點頭）

一個病院工役背了一個傷兵從手術室出來，悽慘地呻吟着。

甲　喂，哼什麼，咱們第X連的弟兄是掛了彩也不哼的！

看護　（寫信封）什麼地……

《救亡日报》1937年10月10日

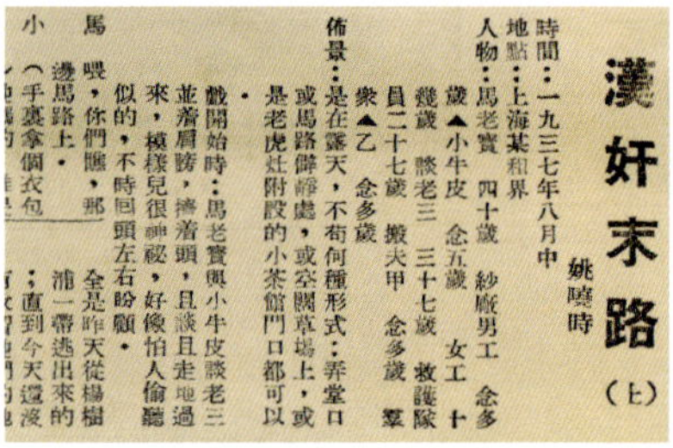

漢奸末路（上）

姚曉時

時間：一九三七年八月中

地點：上海某租界

人物：馬老實　四十歲　紗廠男工　念多歲▲小牛皮　念五歲　女工　十幾歲　醉老三　三十七歲　救護隊員　二十七歲　搬夫甲　念多歲　羣衆▲乙　念多歲

佈景：是在露天，不拘何種形式：弄堂口或馬路僻靜處，或空闊草場上，或是老虎灶附設的小茶館門口都可以。

戲開始時：馬老實與小牛皮醉老三並肩蹲着，擁着頭，且談且走地過來，樣兒很神秘，好像怕人偷聽似的，不時回頭左右盼顧。

馬　喂，你們瞧，那邊馬路上，全是昨天從楊樹浦一帶逃出來的；

小　（手裏拿個衣包；直到今天還沒……

《救亡日报》1937年8月26日

演出抗战戏剧，去慰问抗日将士，以表达爱国之心。他们三人一起编了《八·一三之夜》（小渔执笔）剧本，三天后找到另一些职业青年和学生剧社的同学就开排，先后奔赴山海关路临时伤兵医院、恩派亚电影院的难民收容所进行慰问演出。此后又排演了当时《救亡日报》上刊登的三个街头剧《再上前线》《咱们要反攻》等，到位于胶州路的“四行孤军营”①进行演出。

去伤兵医院或难民营所演出，不可能用灯光布景，道具也是随便找一张桌子两条凳子就演，当然，演员们都是以参加抗战的巨大爱国热情来演的，伤兵、难民也都是以对

① “四行孤军营”即从前线撤回转入租界的著名抗日军队谢晋元部。

慰劳队在山海关路临时伤兵医院慰问演出时的情景

敌寇的巨大愤恨来看戏的，所以演出反映非常强烈，最后中国士兵上场时，我们全体慰问队员都高唱“大刀向鬼子们的头上砍去”于是全场都唱起了，已分不清演员和观众了。

——胡导：《杂忆》第68页

为期三个月的淞沪抗战失败后，上海租界沦为“孤岛”，在日本军队尚未占领的租界里，宣传抗战的业余戏剧活动从没有停止过，胡导也是积极投身其中。1937年到1938年间为学生业余剧团和女工夜校排演过多个宣传抗日的戏剧，有《怎么办》《圣诞之夜》《汉奸末路》等。其中沪西公社女工夜校是中共地下组织领导的，以基督教女青年会名义对外活动，胡导利用业余时间在那里忙了近一个月，完全尽义务，没有任何酬劳。在与女工学员的接触中，胡导发现她们根据自己的生活经历表现出来剧中人物比导演设想的要丰富和充实得多。

再有一件事令我深受教育：我起先以为要女工演汉奸，一定我得做示范。结果不完全是这样。她们中不少人在生活中受到过流氓、坏蛋的欺侮，演起汉奸、工贼那流

胡导在《街头人》中的人物造型照

泯劲儿来比我的示范还要传神得多。这些可尊敬的"女工——学生"后来有的去苏北参加了新四军。

——胡导：《杂忆》第69页

在"孤岛"初期的话剧演出中，让胡导殊为难忘的是他和白荻演出的《街头人》一剧。1938年4月，胡导加入的蚁蜂剧社决定参加上海业余戏剧交谊社[①]在新光剧场举办的星期小剧场第二期公演，他们精心筹划，设计好每一个片段的调度、动作细节，努力发掘最有表现力的舞台处理。

我们给全剧分成十几个小场，用十几张图表来表现每一场全剧人物连续的舞台调度安排。我们两个演员不断提出和发现表、导演上的问题和导演商讨。就像对台词一样，我们也企图对每一个调度，每一个动作细节都赋予生命、灵魂。我记得我们一遍又一遍，一次又一次地试着做各种造型各种姿态。我们不感到厌烦，不感到疲倦，有时找到特别有表现力的处理时高兴的大叫起来。

——胡导：《杂忆》第72页

然而，到5月1日正式演出，却意外地失败了，对于这次演出的失败胡导一直抱有遗憾，演出的情况和失败的原因胡导在1941年曾有过这样的总结：

《街头人》的上演应该说是我们回忆中顶不愉快的。

① 该组织是共产党领导的包括各职业界业余剧团、大学中学学生剧团组成的演出联合体。

《街头人》女主角白荻

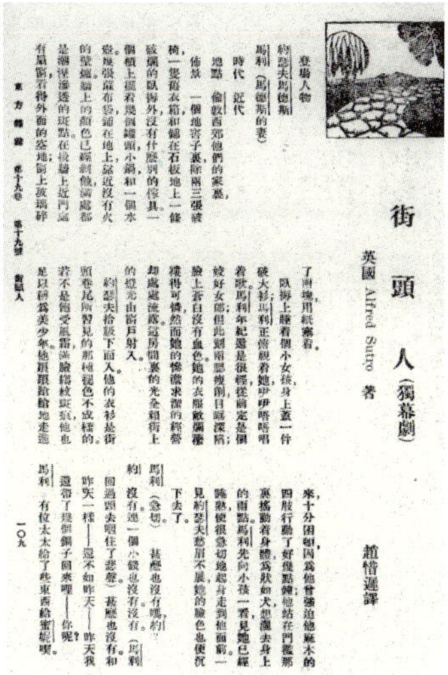

街頭人（獨幕劇）

英國 Alfred Sutro 著

趙惜遲譯

登場人物

約瑟夫馬德斯

馬利（馬德斯的妻）

時代 近代

地點 倫敦西郊他們的家裏

佈景 一個地窖子裏除兩三張破椅，一隻舊衣箱和鋪在石板地上一條破爛的臥舖外沒有什麼別的傢具。一個櫃上擺着幾個罐頭，小鍋和一個水壺。幾張蔴布舖鋪在地上近沒有火的壁爐。牆上的顏色已經斜蝕，滿處都是濕浸滲透的斑點。在後牆上近門處有扇窗，看得外面的窖地；窗上玻璃碎了兩塊，用紙塞着。

臥舖上睡着個小女孩，身上蓋一件破大衫；馬利正倚靠着她咿咿唔唔唱着歌。馬利年紀還是很輕，從前定是個姣好女郎；但此刻兩腮瘦削，目眶深陷，臉上蒼白沒有血色，她的衣服敝爛襤褸得可憐，然而她的憔悴求潔的稱譽卻處處流露。這房間裏的光全藉街上的燈光由窗戶射入。

約瑟夫拾級下面入。他的衣衫是街頭巷尾所習見的那種褐色不成樣的。若不是飽受風霜，滿臉縐紋斑駁，他也是以稱為美少年。他蹣跚蹣跚地走進來，十分困頓，因為他曾經追他麻木的四肢行動了好幾點鐘；他站在門檻那裏搖動着身體，為狀如犬想灑去身上的雨點。馬利先向小孩一看，見她已經睡熟，便很急切地起身走到他面前。一見約瑟夫愁眉不展，她的臉色也便沉下去了。

馬利 （急切）甚麼也沒有嗎，約？

約 沒有。一個小錢也沒有。沒有。（馬利回過頭去咽住了悲聲）甚麼也沒有和昨天一樣——還不如昨天——昨天我還帶了幾個銅子回來哩——你呢？

馬利 有位太太給了些東西給蜜妮哩。

東方雜誌 第十九卷 第十九號 街頭人 一〇九

《文学期刊》1935年第2期

我们的演出成绩，出了我们自己意料之外的失败。我们都很久没有演戏，上了舞台感到非常地生疏和不习惯，我们有些心慌，舞台装置和我们在模型上所设计的即排演时所决定的有了出入更使我们感到惶惶；我们丧失了一切在排演时所具备的情绪，我们完全不能控制角色及全部的表演，我们失败得像个“忧郁的兔子”（屠格涅夫语）一样。

——胡导：《忆〈街头人〉》

《剧场新闻》1941年第2卷第1期

不过当年的舆论界对演出这个戏的意义和演员的表演还是给予了积极的评价：

《街头人》（英国苏特罗作）约翰最后一句话是：“上帝啊，给我们饭吃。”这一独幕剧只有两个角色，就是丈夫约翰和妻子玛利。夫妇俩并不是懒惰的人，但他们找遍了门路，仍然找不到工作做，只好讨饭，常受人们的教训和警察的驱逐。这就值得我们深思了。

——邹啸：《吃饭与话剧》

《文汇报》1938年5月6日第12版

现在是抗战时期，我们最需要的是艺术鼓动奋斗的勇气，指示我们抵抗强敌，征服暴力的东西。自然环境并不许可，但我以为乐观一点是可以的。演员的演技，一般说来，都还算认真努力；不过有几段对话声音似乎太低，使坐在后面的观众听不真切，只看见动作，这也许跟舞台有关系吧。固然这缺点并不能就认为他们的失败，因为这还是初次公演。

有一点值得注意的是，他们态度的严肃认真，这就是成功之母。努力吧，星期剧场的朋友们。

——佩廉：《星期剧场观后感》

《文汇报》1938年5月3日第11版

蚁蜂剧社的成员们并不因此而气馁，继《街头人》之后，他们又连续排了两个独幕剧：《忍受》和《锁着的箱子》，到几个中学里去演出，而且在当年11月都参加了星期小剧场的公演。年底，业

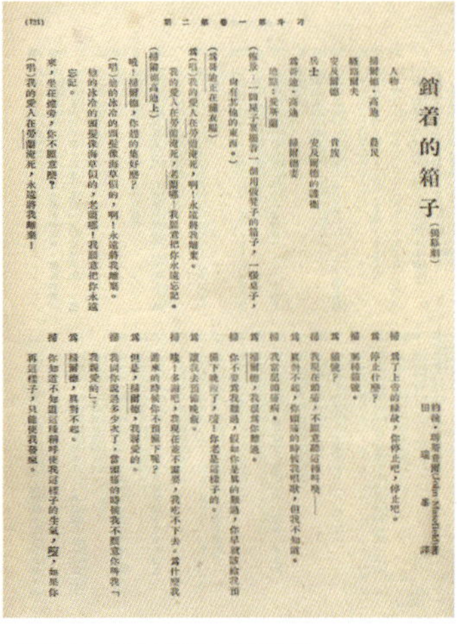
鎖着的箱子（獨幕劇）

《刀斗》1934年第1卷第2期

胡导（右二）和蚁蜂剧社《忍受》剧组演员合影

余戏剧交谊社演出根据俄国作家高尔基作品《母亲》改编的独幕剧（张可导演），胡导在剧中饰演酗酒的父亲。

> 乔奇还清清楚楚地记得有一场戏——我（父亲）殴打母亲时，"他"（儿子伯惠尔）大喝一声，止住了我……，父子二人火并般地并排立在舞台前沿，两双眼睛相对，斗鸡似互相敌视好长好长一会，最后我竟拿起一把铁锤向他砸去，不料我使劲太猛，那锤头竟脱离锤柄，一个抛物线咚地一声飞落在舞台边上，幸好没有伤人，而我们两人的戏仍继续下去，观众竟没有发现是事故。……由于我并不理解什么是性格化创造，完全不理解要构思形象，要感受人物，要抓住人物感觉，而是直着嗓子吼叫，概念化的表演或模拟人物的粗鲁，粗野，粗犷……而已罢了。
>
> ——胡导：《杂忆》第76页

1936年胡导进入邮政局工作后，他对于业余戏剧的爱好及参与演出的能力受到了邮政局地下党组织的关注。

雁群剧团演出的《可怜的斐迦》

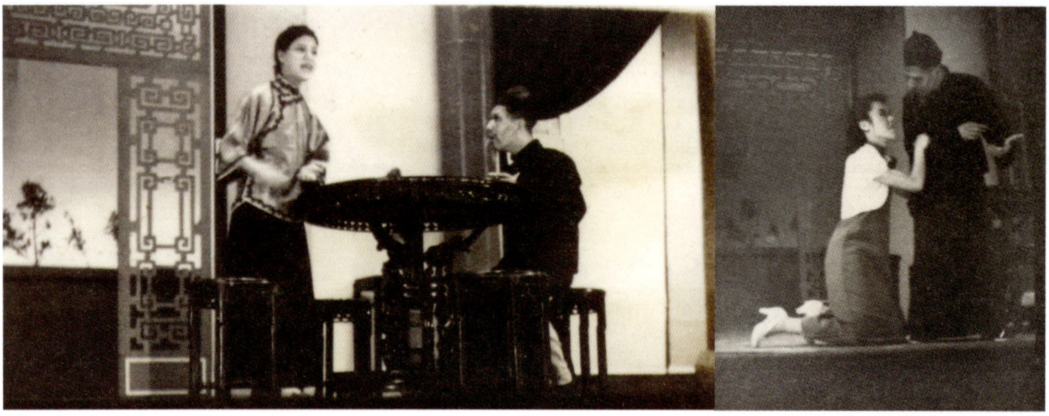

雁群剧团演出的《生财有道》（左图右为胡导）（右图右为胡导）

1938年秋，邮局同事、地下党员沈以行介绍我认识了邮局高级职员曹鼎，他们邀我一同发起组织上海邮局职工业余剧团——雁群剧团，不少邮局同事参加了。导演、排戏诸事由我负责。我们也参加了“交谊社”。

——胡导：《杂忆》第78页

雁群剧团在宁波同乡会礼堂进行了首次演出的三个独幕剧《白茶》《拿破仑在后台》《第五号病房》以及后来排演的《可怜的裴迦》《锁着的箱子》。剧团非常信任地把导演工作交给了胡导。这对于初出茅庐的他来说无疑是巨大的鼓励，很快胡导的演出技巧、导演技巧都有了提高。

1940年6月，雁群剧团在辣斐剧场演出多幕剧《生财有道》，胡导导演并兼主演剧中老吝啬鬼华炳刚。

1941年7月，为了维护邮局女职工的权益，在邮政局地下党的全力支持下，雁群剧团在俄国艺术剧院演出《职业妇女》，这次还特意请了上海剧艺社的王即絮来导演，胡导协助执导，并在其中饰演工程师“王道本”一角。该剧连续演出了两周，一个业余剧团一个剧目连演这么多场次，在当时是不多见的。两次演出都得到了社

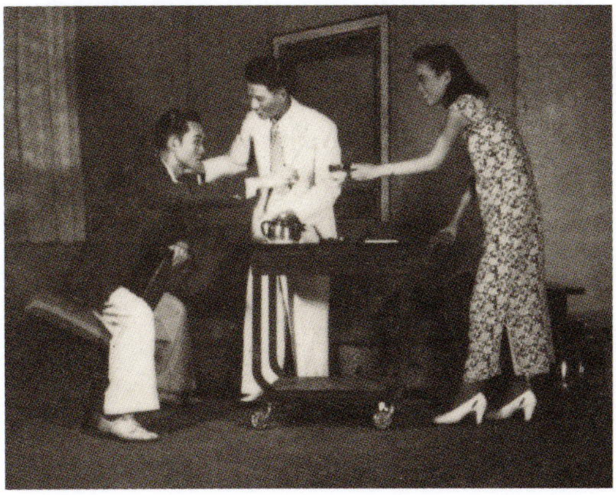

雁群剧团演出的《职业妇女》（左图中为胡导）（右图中为胡导）

会的认同：

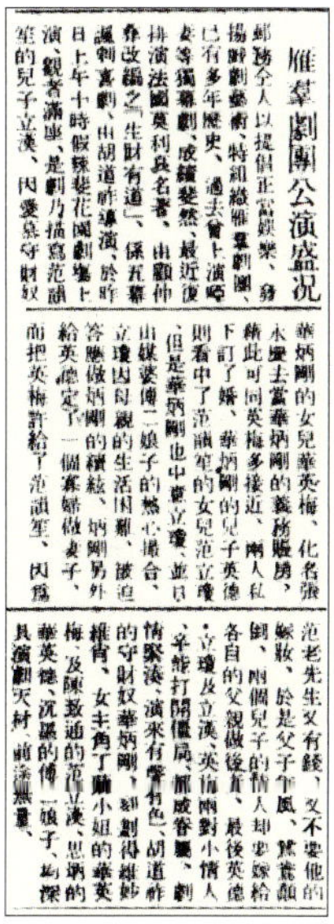

雁羣劇團公演盛況

郵務全人以提倡正當娛樂、發揚戲劇藝術、特組織雁羣劇團、已有多年歷史、過去曾上演啞妻等獨幕劇、成績斐然、最近復排演法國莫利哀名著、由顧仲彝改編之「生財有道」、係五幕諷刺喜劇、由胡道祚導演、於昨日上午十時假辣斐花園劇場上演、觀者滿座、是劇乃描寫范韻笙的兒子立漢、因愛慕守財奴華炳剛的女兒華英梅、化名張永豐去當華炳剛的義務賬房，藉此可同英梅多接近、兩人私下訂了婚、華炳剛的兒子英德則看中了范韻笙的女兒范立瓊、但是華炳剛也中意立瓊、並且由媒婆傅二娘子的熱心撮合、立瓊因母親的生活困難、被迫答應做炳剛的續絃、炳剛另外給英德定下一個寡婦做妻子、而把英梅許給了范韻笙、因為范老先生又有錢、又不要他的嫁妝、於是父子爭風、驚驚顛倒、兩個兒子的情人卻要嫁給各自的父親做後娘、最後英德、立瓊及立漢、英梅兩對小情人、辛能打開僵局、抓破醜臉、劇情緊湊、演來有聲有色、胡道祚的守財奴華炳剛、刻劃得維妙維肖、女主角丁薾小姐的華英梅、及陳致通的范立漢、思炳的華英德、沉黑的傅二娘子、均深具演劇天材、前途無量、

《申报》1940年6月23日

邮务同仁以提倡正当娱乐，发扬戏剧艺术，特组雁群剧团已有多年历史。过去曾上演《哑妻》等独幕剧，成绩斐然。最近复排演法国莫利哀名著，由顾仲彝改编之《生财有道》①，系五幕讽刺喜剧，由胡道祚②（注：胡导本名）导演，于昨日上午十时假辣斐花园剧场上演，观者满座。

剧情紧凑，演来有声有色。胡道祚的守财奴华炳刚刻画得惟妙惟肖；女主角丁芗的华英梅，及陈致通③的范立汉，思炳的华英德，沉黑的傅二娘子，均具演剧天才，前途无量。

——《雁群剧团演出盛况》

《申报》1940年6月3日第8版

这次有机会看到邮务工会演出的《职业妇女》，不能不说是一件幸事。首先剧本就挑选得合适。它是一颗炸弹，以它对恶势力之下的权威者给予严重的打击；它是把

①：顾仲彝先生根据莫里哀《悭吝人》（即今通译之《吝啬鬼》）改编时将剧中人姓名作中国化，华炳刚即哈巴贡，华英梅即艾莉丝，范立汉即法莱耳，华英德即克莱昂特，傅二娘子即福罗席娜。

②：胡道祚：胡导本名。

③：陈致通：即后来著名电影演员陈述。

小刀，以它的锋口将一般冒牌的正人君子的假面具割得粉碎；然而它也是一盏明灯，以它的光芒引导着愿意上进的人们走上他们的正当方向！演这个戏是有意义的，以演出者的地位来说，我个人觉得演这个戏有意义。无论从哪一方面来看，都可以感到他们的努力。一个业余剧团能有这样优美的成绩确实可喜。

——谭风：《〈职业妇女〉观感》

《申报》1940年8月28日第14版

在众多业余剧团的频繁演出当中，能引起《申报》这样大报的关注，在当时是很难得的事。

70年后的胡导在回忆这段历史时也充满了深情：

由于剧本情节安排得很生动自然，对话写得非常俏皮、风趣、巧妙，导演的节奏处理抓得较准，陈述的人物性格化创造很出色，再加上我们有意无意地增添了一些只有邮局的人才能意会的趣味性情节，因此演员们把戏演得非常流畅，非常轻快，妙趣横生，剧场反映强烈，喜剧效果极强，闭幕时获得全场观众热烈掌声。

演出结束后，真正的上海邮政管理局局长大人法国人乍配林跷着大拇指上台来和我们演员一起拍了照。当时指导邮局地下党工作的刘宁一同志也秘密来剧场看了戏，并给了较高评价。应该说，我们这次是用莎士比亚的方式而不是席勒的方式为女工的权益争取得到了胜利—邮局之演出这戏以后，裁减已婚女职工一说便烟消云散，没人再提了。

——胡导：《杂忆》第80页

1938年底，红星剧团在上海租界成立了，这是“八·一三”事变以后上海新成立的第一个职业剧团。

自“八·一三”战事发生，各剧人率多参加“救亡演剧队”纷纷远征离沪，海上话剧事业因亦濒于消歇久矣。最近有王逸公董天民等发起组织“红星剧团”以月租玖佰元之代价，接办皇后剧院……剧员系“晓风”“青鸟”及“中旅”留沪诸角混合组成。日内正作演出准备……

——辛人：《艺坛琐闻》

《申报》1938年12月20日

这个剧团的成立为胡导导演多幕剧提供了机会。剧团邀请徐立与胡导共同导演的《女子公寓》于1939年1月6日上演，1月18日又上演了胡导独自导演的《雷雨》。这个戏的演员安排，胡导大胆弃用原来剧团中一位在体态气质上与剧中人繁漪都不合适的女演员，请了

红星剧场演出的《女子公寓》（左图、右图）

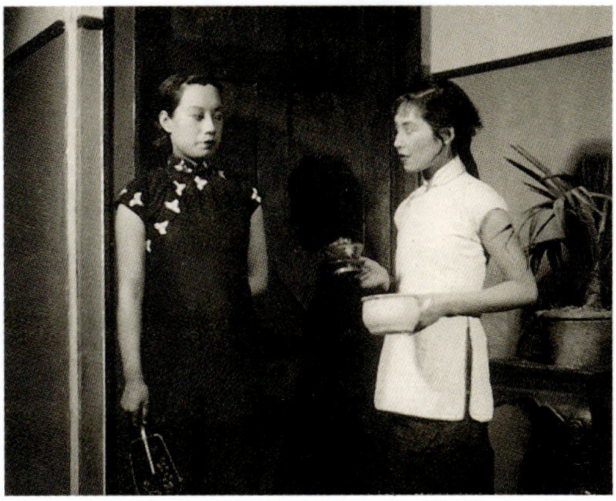

红星剧场演出的《雷雨》（左图、右图）

原光夏剧社的姚玲（饶士琼）来饰演，结果反映良好。

当时颇具影响的《戏剧杂志》发表文章评论道：

> 这次“红星”公演《雷雨》，在大体上来说，并不是最好的，但以过往言之，《雷雨》确比“红星”以前所演过的几个戏是进步多了，这不论在导演、演员以及效果各方面都有显然的进步。
>
> ㈠ 对于整个的戏，在人物性格的描写之下，我以为四凤，繁漪，周萍，应当有很好的表演，但在第一二幕里，他们是很淡渺的忽略过去了，一直到第三幕，四凤跪在她老母的跟前发誓不再见周家人，但周萍却在深夜里来会四凤，事情太不凑巧了，偏又给四凤的哥哥大海撞见——这一段戏，演来相当精彩紧张，给观众们许多刺激，第四幕可以说是全剧的高潮，在这里导演尽了很大的力，他把各人的地位处理得很好，同时在各人的表情上我们可以看到这旧家庭立刻崩溃的预兆，由这几点看来，《雷雨》确实是“红星”有生以来的代表作。
>
> 在人堆里挤出红星剧场，是的，《雷雨》给我的印象是满意的。
>
> ——鲁鲁：《〈雷雨〉观后感》
>
> 《戏剧杂志》1939年第2卷第2期

《申报》演出广告（1939年1月18日）

因为《申报》上红星剧团的演出广告上有了“导演胡导”的字样，一些业余剧团也纷纷找上门来请胡导给他们排戏。从2月到8月期间胡导为戏剧交谊社及旗下各业余剧团排演了多个独幕剧，有：《孩子》《晚宴》《放弃》《蠢货》（戏剧交谊社）《情书》（青钟剧社、新演剧社分别演出）《第五号病室》（爱国女中剧团）《早点前》《哑妻》《锁着的箱子》（华华中学剧社演出）《生死恋》（交通大学学生剧团）等等。

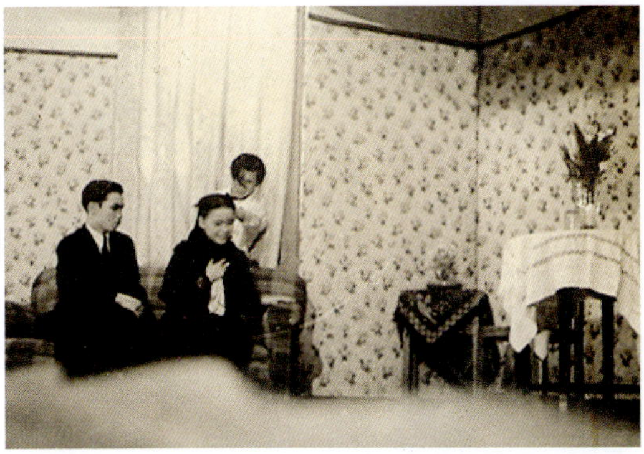
青钟剧团演出的《情书》

业余戏剧交谊社演出的《蠢货》

关于那段时期的导演，胡导是这样回顾的：

> 开初我仅仅是为了教业余演员演我演过的戏才开始导演的（因为我记得我所演过的戏的所有演员的表演和全剧的导演处理），再进而导我自己虽没有演过却看过别人导的或别人演过的戏，当然也主要是为了教人家演而不是为了自己要“导”。事实上自己没有“导”，是按别人导的别人演的去“教”那些不会演戏的演员怎么去演，也许，这就是当初搞业余导演的人们的“导演方式”。其实，我一定得再进一步来“导”我没看过的戏，通过我对剧本的认识、想象、构思，并把它们通过排演，和演员共同创作成为演出形象，这才说得上真的是我在“导”。这样，我在以后导别人演过或排过的戏时就不会全部照搬，而是予以剪裁，或予丰富，掺杂进我自己的创作因素，以致全部由我重新构思、处理……
>
> ——胡导：《杂忆》第83页

相对于胡导的回忆，若干年后有一篇文章这样来谈那段时期里胡导的导演：

交通大学学生剧团演出的《生死恋》

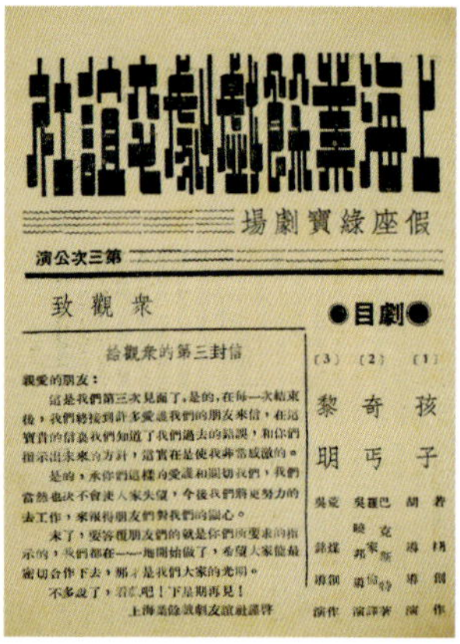

上海業餘戲劇交誼社

假座綠寶劇場

第三次公演

致觀衆

給觀衆的第三封信

親愛的朋友：

這是我們第三次見面了，是的，在每一次結束後，我們總接到許多愛護我們的朋友來信，在這寶貴的信裏我們知道了我們過去的錯誤，和你們指示出未來的方針，這實在是使我非常感激的。

是的，承你們這樣的愛護和關切我們，我們當然也決不會使人家失望，今後我們將更努力的去工作，來報得朋友們對我們的關心。

末了，要答覆朋友們的就是你們所要求的指示的，我們都在一一地開始做了，希望大家能最密切合作下去，那才是我們大家的光明。

不多說了，再會吧！下星期再見！

上海業餘戲劇交誼社謹啓

●劇目●

(1) 孩子

(2) 奇丐

(3) 黎明

《孩子》演出说明书

记得，由于已故的胡大中兄的介绍，我曾给一个叫做“阿米巴”的小剧团导演过一个独幕剧，他们预备上演的剧目一共有三个，但实际开排的不过只有两个，而另一个是由业余时代的胡导来导演。我所导的剧目早已遗忘了，而胡导的却仍记得很清楚，那便是“交谊社”时代颇受称誉的《高楼上》，是一个暴露当时上海黑暗面的独幕剧，在这里我欣赏了胡导的导演手法，我觉得他该是一个最得演员欢心的导演，而实际上他拿演员做了表现导演的工具——这种戏剧理论在业余时代是颇为流行的，而其所以成立，大半也由于业余的演员较难驾驭吧。……

另外“卡尔登”（大戏院）有一个“星期小剧场”，每星期都有独幕剧上演，由于业余人员的散漫，排戏时常是星期六的晚上，临时拉人，在旅馆里开一个房间连夜赶排。而胡导便时常是这里被拉的硬里子，连夜赶出来的急就章居然能惬人意，在业余时代这起码是一件惊人的事……

——北京人：《业余的胡导》

《社会日报》1946年2月3日第4版

1939年年底，胡导成为上海剧艺社职业演员后仍然热心于担任业余导演，这一方面是胡导自己与业余演出有着割不断的“情缘”，另一方面也是由于剧艺社和交谊社天生就有着亲缘关系（二者都是中共地下党“文委”领导下的组织），剧艺社承继了当年金山、王为一、徐滔等左翼剧人参与、推动群众进步戏剧活动开展的传统，这也为胡导的业余导演提供了适当的外部条件。从1939年11月至1941年11月整整两年内，胡导利用自己的业余时间，发挥身在职业话剧界的一定优势，继续为业余剧团排演独幕剧，如《唐夫人的宴会》《求婚》《女子公寓》等等。根据当年《剧场艺术》《戏剧杂志》登载的相关报道中统计出的材料，这段时间里由胡导担任导演的演出剧目有22个，相关的业余剧团（社）有十几个（详见《胡导戏剧活动年表》）。

当时左翼戏剧的演出虽然轰轰烈烈，但存在着只重剧本，忽视演出和演技的弊病。对当时戏剧演出的状况，夏衍一针见血地提出了批评，指出：

在现阶段剧运中，导演和演员很少有真实地试炼实力和苦心磨炼他们的机会。在国外一个剧本往往因为演出和演员的不同，而可以得到不同的成果，可是在中国，却是一个剧本经过一次上演之后就成为一个定型了。无原则的

《剧场艺术》书影（上海剧艺社 1939年）

《戏剧杂志》书影（戏剧杂志社 1939年）

艺型剧团演出的《求婚》（左图、右图）

胡导（后排右二）和青年会《女子公寓》剧组合影

海燕剧社《唐夫人的宴会》全体演员合影

> “闹剧第一主义”阻碍了演出和演技的进步，演出和演技的无风状态使中国戏剧停留在一定的深度。……题材的枯窘，剧情的公式化，都只是剧作者不能正当地发挥他们的才能，企图侥幸成功而走错了路子的表现吧了。（注：原文如此）
>
> ——夏衍：《论“此时此地”的剧运》
>
> 《剧场艺术》1939年第7期

也许正是这一点，引发了胡导的共鸣，本着让演出的剧目能适时和演出的风格能够创新，胡导开始着手剧本的再改编。其中一个再改编的是袁牧之的剧本《晚宴》。

《晚宴》原取材于美国的同名舞台剧，他把其中的一场戏改编成独幕剧，在1935年已经演出过。胡导的再次改编不是因为袁先生的本子不好，而是感到演戏也要适应新的形势。

> 于是，在几位朋友的商讨之下，为了更适合我们新的环境，决定将这个剧本的主题更变了。这个主题的变更即

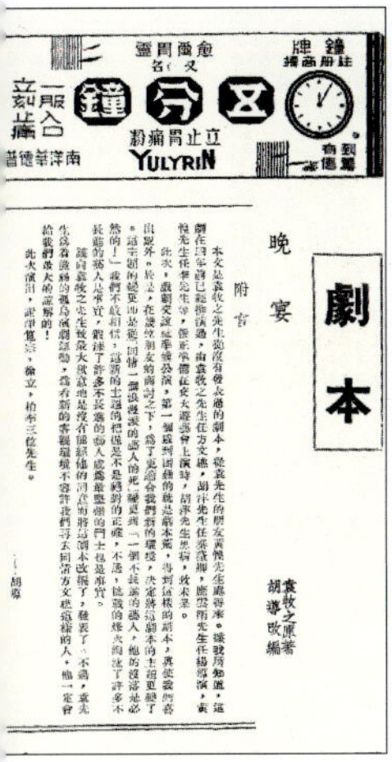
劇本

晚宴

附言

袁牧之原著　胡導改編

《戏剧杂志》1939年第2卷2期

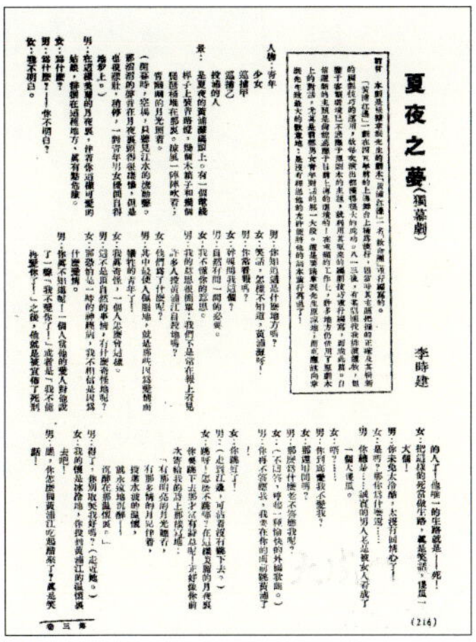
夏夜之夢（獨幕劇）

李時建

《戏剧杂志》1939年第3卷6期

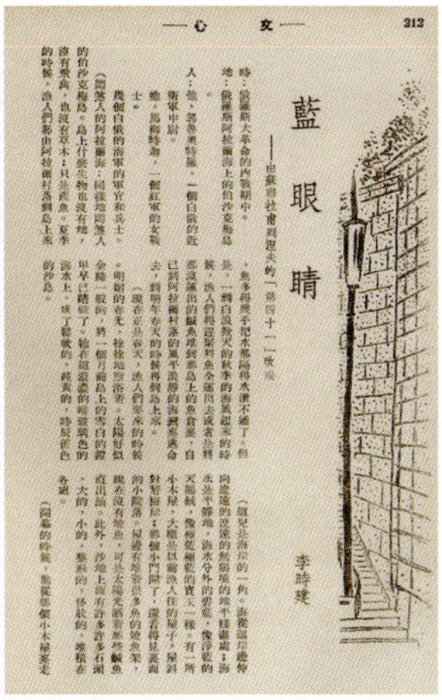
文心　212

藍眼睛

李時建

《文心》1939年第2卷2期

《独幕剧创作月刊》书影（潮锋出版社1941年）

是从“同情一个浪漫派的艺人之死”变更到“一个不长进的艺人，他的没落是必然的！”我们不敢相信，这新的主题的把握是不是绝对的正确，不过，抗战的烽火淘汰了许多不长进的艺人是事实，锻炼了许多不长进的艺人成为最坚强的斗士也是事实。

——胡导：《晚宴　附言》

《戏剧杂志》1939年第2卷第2期第23页

第二个改编的是《夏夜之梦》，是以章泯的剧本《黄浦江边》为底本，也是出于同样的考虑，把改编后剧本的主题定位在树立被压迫者奋起反抗的信心。改编的缘由起于：

八一三以后，有某剧团找我排演这个戏，但鉴于客观环境已不适应原剧本的主题，就利用其原来的编剧技巧重行编写……自信这新的主题是尚能适应于目前上海的环境的。

——胡导：《夏夜之梦　前言》

《戏剧杂志》1939年第3卷第6期第216页

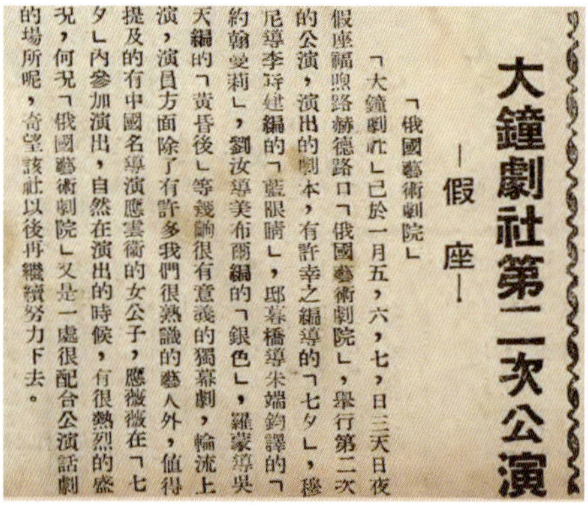

大鐘劇社第二次公演

—假　座—

「俄國藝術劇院」

「大鐘劇社」已於一月五，六，七，日三天日夜假座福煦路赫德路口「俄國藝術劇院」，舉行第二次的公演，演出的劇本，有許幸之編導的「七夕」，穆尼導李玝建編的「藍眼睛」，邸暮橋導朱端鈞譯的「約翰受莉」，劉汝導美布爾編的「銀色」，羅濛導吳天編的「黃昏後」等幾齣很有意義的獨幕劇，輪流上演，演員方面除了有許多我們很熟識的藝人外，值得提及的有中國名導演應雲衛的女公子，應薇薇在「七夕」內參加演出，自然在演出的時候，有很熱烈的盛況，何況「俄國藝術劇院」又是一處很配合公演話劇的場所呢，奇望該社以後再繼續努力下去。

《青青电影》1940年第5卷1期

大钟剧社演出的《蓝眼睛》

第三个改编的剧本是《蓝眼睛》，直接取材于苏联作家拉甫列涅夫的小说《第四十一》的结尾部分，胡导首先被原作所打动，其次，以排演独幕剧为主的业余剧团当时也确有“剧本荒”之虞，促成了他的改编。

> 《第四十一》是一篇非常动人的小说，也是一首很美丽很有力的革命抒情诗，……因为自己也爱好着它，便大胆地把它改编了。……希望导演者来帮演出的忙吧。
>
> ——胡导：《蓝眼睛　附言》
>
> 《文心》1939年第2卷第2期第322页

这个剧本发表后不久，被导演穆尼相中，率大钟剧社排练并于1940年1月在俄国小剧场公演。胡导对演出是满意的，认为演员所饰演的人物就是自己在改编剧本时脑子里的人物。

职业演员生涯

1939 — 1941

1939年2月，胡导开始与上海剧艺社有了交往。他参加了剧艺社以中法剧艺学校名义演出的《哑妻》。当时《戏剧杂志》对那次演出进行了报道，谈及胡导的文字是这样的：

《哑妻》的演员，我以为演包德理大夫的李时建（注：即胡导），演客德林的吴铭最成功，李时建非常了解剧中人的身世，对于个性的发展，始终抓得很紧。

吉羊：《看了〈露莎莉〉〈哑妻〉〈罂粟花〉以后》

——《戏剧杂志》1939年第2卷第2期

几个月后，胡导又参加了剧艺社以中法剧社名义演出的《阿Q正传》（在剧中饰演“蓝皮阿五”B角）和《原野》（担任化妆。并扮演“常五”）。出于对剧艺社的向往和看到“孤岛”时期的上海话剧演出的日渐兴盛，胡导终于下决心在邮政局办理了留职停薪手续，与上海剧艺社签订了“特约演员”的合同，三个月后，即1939年12月，胡导被剧艺社录用为基本演员，也就是说被收纳进“编制内人”，从此走上了职业话剧人的道路。

当签了这个合约之后，意识到我正式是个职业话剧演员了，不能再用业余表演来蒙混观众，一定得学会掌握职业演技，把所有角色演成一个个具有各自风貌、造型、气

中法剧艺社演出的《阿Q正传》（右一为胡导）

《阿Q正传》演出说明书

一年來扮演角色瑣談

胡導

××：

你要我告訴你這一年來演戲的情況嗎？……

可是，話太多了，該怎麼說起呢？

最先，要講給你聽的，你也很清潔的，是上海演劇部門前的人才太缺乏了，特別是在職業演劇團內演員感到不夠支配，因此，我們這一夥兒的朋友們便成爲舞台上最忙碌的人，一年來，我有整整地十個多月的時間生活在舞台上，上演了廿七個劇目，扮演過三十個以上的脚色。……

這忙碌的一年是個悠長的教育過程，這三十幾個角色是最豐富的教材，儘管每個角色的扮演都是很糟糕地，甚至有時遭到很大的失敗，可是，他們都帶來給我不同的豐滿的收穫，現在，當歲暮，對這三十幾個角色更感到親切，懷戀，他們像是生活在我的體內，在我的血液裏，他們構成我一年來的生命史上最夢幻最神祕而最有力的

《剧场新闻》1940年第7–9期

质、性格来。

当然，由于不可避免的一些主、客观因素，各个角色创作的情况并不一样，但，应该说其中大多数可以称得上是人物形象创造，是运用我自己认为的职业演技进行人物形象创造的。

当然也有演失败了的。

——胡导：《杂忆》第127页

（一）角色创造成败录

这一时期上海话剧开始步入黄金时期，同样也是胡导演员生涯中最为充实、最为丰富、也是最为忙碌的时期。复原70年前胡导的演出场景是很难的，好在胡导演戏“用心”“笔勤”，做演员时的1940年就在《剧场新闻》第7–9期合刊上发表过总结自己演戏得失的《一年来扮演角色琐谈》，70年后他又在回忆录《干戏七十年杂忆》中再次回顾了他的那一段演员创作情况，我们就此并结合当年媒体评述为依据，以还原历史原貌的方式，让读者能看到一个比较真实完整的胡导的演员生涯。本书后附的年表里详录了胡导饰演过的全部剧目及角色，可供参阅。

《申报》演出广告
（1939年10月17日）

作为一个刚刚“入道”的职业演员，1939年9月至1940年1月，胡导在《人之初》《情海疑云》《明末遗恨》《祖国》等几个戏里担任了一些近乎“龙套”角色，对于这些角色的扮演，胡导在《杂忆》中仅仅提及，并无其他叙述。1940年后则有了见诸文字的演出心得体会，在此逐一录下。

在《七夕》（大钟剧社1940年1月5日—8日）中，胡导饰演流氓无赖“刘汉”。

在这一年的开始扮演这个角色，恰好给我过去那许多最幼稚最不成熟的扮演作了一次比较进步的史的分割（我

上海剧艺社演出的《祖国》

上海剧艺社演出的《人之初》

上海剧艺社演出的《明末遗恨》

自己有这样的感觉，朋友们也这样说）。这是由于剧作者在人物性格写作上的成功，所以表现的方法很容易能被把握住，我也曾加以努力，在比较成熟的排练下，一切心理过程、姿态、动作，都是与导演合作精密的估计而决定的，自然那绝不是“圆熟”的作品，我有时太“过火”，我的小动作有时也嫌太杂太碎了！

——胡导：《一年来扮演角色琐谈》

《剧场新闻》1940年第7–9期合刊

（以下引用时简称《琐谈》）

刘汉应该是个高大个子。导演提出，在他举刀杀害

《申报》演出广告（1940年1月5日）

（由钱毅演的）少年时，我必须演得让观众感到“我”是个老鹰，而钱毅是个小鸡。

我找了顶呢帽，按当时社会上一般流氓的习惯只把帽子往后头顶三分之二的地方，化妆上“开”了个“大脸”，满脸都是一片清白色刚刚刮过脸的胡茬，浓眉大眼，血盆大口……还穿了一件又宽又大的黑绸长衫喝的醉醺醺东倒西歪的走上场，动作幅度极大，乘势就踮起脚尖把脚后跟朝上直立着走动……

我手拿一把大折扇，“刷”的打开又“啪”的收拢，动作幅度极大，踉跄醉步东扭西歪的幅度也不小，带动和绸长衫也大幅摆动——就那样，那恶棍高大身材造型如幻觉般创造出来。

——胡导：《杂忆》第129页

《申报》演出广告（1941年1月9日）

在《陈圆圆》（上海剧艺社1月11日—25日）中，胡导饰演闯王部将“李岩”。

这个角色的决定，曾经和导演有过商榷，导(演)是希望如和同等的索闯（注：疑为“李闯”之误）等一样以粗线条来表现，这也许会减去了人物性格的对比性的，所以在演出时就以一赖弱无能的实践的穷酸的测字先生之流的姿态掺杂在第三幕的许多赳赳武夫间，加强其戏剧性，这个而已（注：原文如此）在化妆上曾加以夸大，动作、姿态、声调都是抓着几个特点与化妆统一使尽可能地获得观众喜剧的效果的，但因为太注意角色的外形，事实上，性格的表现便完全失败了（因为，性格表现绝不是仅仅从外型上就可以获得的）。

——胡导：《琐谈》（1940年）

上海剧艺社演出的《陈圆圆》

胡导在《陈圆圆》中饰演的“李岩”

> 《陈圆圆》中的“李岩”：我竟弯腰曲背，细眼鼠眉，时不时摇头晃脑，食指擦鼻，按老文丑的行当去演的。这我就错了，历史知识太差，剧中的李岩应该是位浊世佳公子。
>
> ——胡导：《杂忆》第138页

在《恋爱与阴谋》（上海剧艺社1月26日—2月4日，根据德国席勒《阴谋与爱情》改编）中，胡导饰演“总统府侍卫长贾伯望”（原作中的“宫廷卫队长”）。

> 又是一个“喜剧型”的角色，而且，好像应该是和《日出》的胡四差不多的味儿，我没有看过青衣花衫之类的京戏，对于“胡四”型的人物的外形的刻划感到很困难，我只得尝试另一种方面来表现他了：化妆是给我不少帮助地，小动作在精密设计下，与台词作了适当地配合，此外，也参杂和利用了许多这一型人物的恶俗的丑态及“噱头”……
>
> ——胡导：《琐谈》（1940年）

上海剧艺社演出的《恋爱与阴谋》（左图右为胡导，中图左为胡导，右图右为胡导）

胡四型的扭扭捏捏的旦角步态我模仿不了，倒是想起一次在中法联谊会上，见到过一位总爱捏着一块洒满香水的雪白的丝绸手帕捂着鼻子的先生，脸上的雪花膏抹得又厚又白，两唇好像还抹上淡淡的唇膏，中分的头发梳得油光锃亮……我一看，对了，就按这位先生的模样去化妆，可又决不能像那位先生那样斯斯文文静若处女，而必须成日价动若狡兔般。不，像只没头苍蝇般忙个不停……

一幕二场，他身穿西洋大礼服“燕尾服”上场，可是又决不能让观众误以为他是留洋回国的，我就让他用穿长袍马褂的中国官老爷的纯中国式的“八字脚”步态走路。于是，“我”大礼帽不脱，白手套也不取下，大摇大摆舞着手杖径直走向内阁总理大臣，对他拱手作揖。刚坐下先掏出一块好大的雪白漂亮的丝绸手帕来，即刻，鼻腔与喉咙同时发出一声擤鼻子的巨响……

三幕一场，他第二次上场时换了穿长袍，坎肩，头上也换成镶玉大红顶子“一把抓”的软缎子瓜皮帽，一派王孙阔少打扮，可他那个下流恶俗劲儿，怎么也不像王孙阔少……当内阁总理说那姑娘年轻美貌时，“我”竟掏出口袋里的小粉镜来顾影自怜一番……这次从长袍袖筒里掏出来的（手帕），不是白的，而是翠绿的。

四幕一场，姑娘的情侣找他决斗来了！“我”这侍卫长不禁吓得魂飞魄散，大汗淋漓！“我”不得不掏出手绢来擦汗——可这次从军服里掏出来的手帕竟是大红的，

——胡导：《杂忆》第128–129页

该剧在1942年3月易名《殉情》由号称“全市电影界演剧界第一流演员总动员”的“第八艺术团”演出时，胡导还是饰演“贾伯望”。

《殉情》是顾仲彝从席勒的《恋爱与阴谋》改编的……饰贾伯望的还是胡导，……因为胡导是有名的剧坛演员，饰“乱低头”的小官僚最合个性。大概这次临时被邀演出吧？演出还是那么可爱，决斗场面中抖颤颤的把手枪套在大拇指头，恐惧畏缩，活跃在演技中。

——慧琳：《殉情·旧戏新演》

《平报》1942年3月25日第4版

在《被迫害的》（上海剧艺社2月22日—25日）中，胡导饰演主角失业工人“阿毛”。

据说“光明人物”难演，……我曾经希望以演技来弥补这么（个）缺陷，我很努力，我尝试着纯粹有应力状态的创造来完成这次扮演（以前几次，我总是先赋予角色一个外形的），可是，事实上，我失败了，有时由心理波动的感情无法加以控制，致“过火”，致面部肌肉紧张；而在“光明人物”的性格上，我也无法加以深切地理解，我相信我那次扮演留给观众们的印象是很淡很淡地。

——胡导：《琐谈》（1940年）

上海剧艺社演出的《被迫害的》（左图左为胡导，右图左二为胡导）

在《被迫害的》中演青年失业工人阿毛。可我不了解失业工人的生活和心态，因而我这点“本色”怎么也抓不住人物的感觉。戏演了，工装穿了，却没有创造出人物的气质和性格来。

——胡导：《杂忆》第139页

在《花烛之夜》（即《一年间》，大钟剧社 1940年2月23日—26日）中，胡导饰演大烟鬼、汉奸“刘德才”。

这是我一年以来“比较满意”的一次扮演，是实生活的体验帮助了我完成者（这）角色的创造，我熟悉这样的人物，我有两个死去的表叔正和他们差不了多少，他们的影子我记得很清楚，我理解他们，熟悉他们，因此在心理状态及其外在的表现我都能把握住，不过遗憾的是我音色的不够应用，我没有受过发音训练，我没有办法在音色上表现出一个“老枪”来（朋友，我们没有受过基础训练的演员在表演过程中遭遇到的阻碍多得很哪！）

——胡导：《琐谈》（1940年）

《申报》演出广告（1940年2月23日）

我决定把刘德才演得比自己更瘦小些。化妆上，让“他”暗黄瘦削的脸上再添些大烟鬼的青灰色浊气，倒八字眉、细三角眼、尖嘴猴腮、弯钩鼻梁；还找到一件又瘦又窄的而长仅过膝的长衫来穿上；只见“他”八月大伏天，还是烟鬼那样的“缩头缩颈”——像冬天里耸起双肩缩着脖子——这样，“我”的身材也越缩越小了。

在造型上把左手伸进右袖管里，右手伸进左袖管里，然后两臂同时往下一沉，一脸奈何我不得非得给点钱不行的无赖相。此外给“我”设计了二个习惯动作：一个是贼眼到处瞅，总是左臂护着自己，右臂则总是偷偷地从左臂下伸出；另一个则是只要听到大伯父的声音，一定吓得立刻掏出一块肮脏的手帕来擦汗，夺门而逃。

第二幕上场时，“我”已做了汉奸，当然神情大变，还耀武扬威穿上了西装，……然后不知怎么变戏法似地从西装口袋里“变”出一顶日本军帽，还鬼鬼祟祟地闪了闪那顶军帽来给自己壮胆，……大伯父早忍无可忍，挥起手杖就向我打来，“我”不禁又习惯性地边擦汗边夺门而逃……

——胡导：《杂忆》第129-130页

胡导演的刘德才成就最高，他能把刘德才在第一幕里面的无赖和后来的沐猴而冠，狐假虎威的一副奴才相十足地刻画出来。不论在动作上和发音方面都能创造出他所扮演的角色典型，这是丰富的经验和努力的收获。

——集体：《谈〈花烛之夜〉的演员》

《戏剧杂志》1940年第4卷第2、3期合刊

在《职业妇女》（上海剧艺社4月4日—18日）中，胡导饰演“部里来的专员李济宽”。

（李济宽）官不小，年龄却只有三十多岁，看来是出

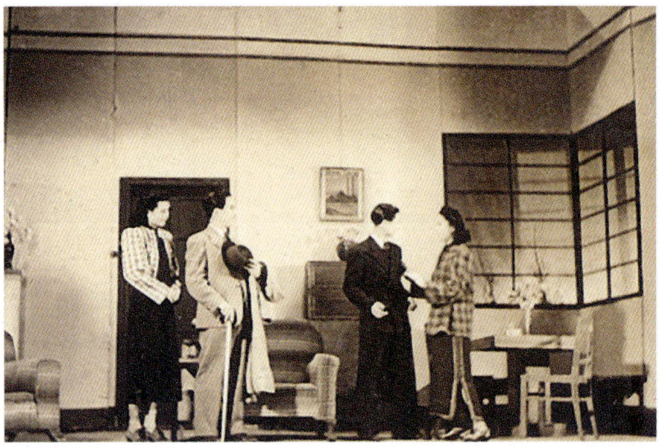

上海剧艺社演出的《职业妇女》（左图右一为胡导，右图左二为胡导）

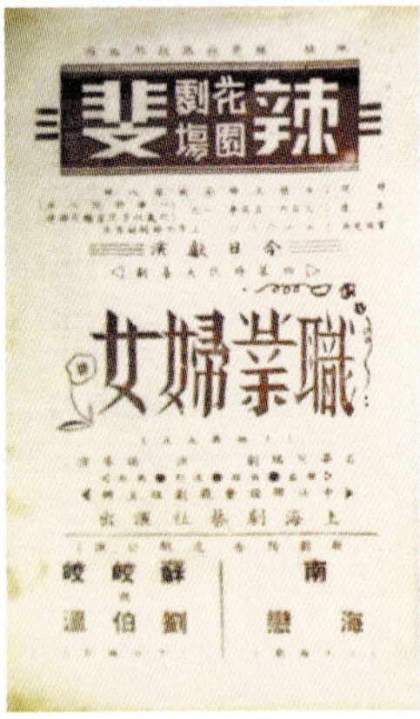

《职业妇女》演出说明书

洋留学回国后当上的专员。……三幕上场时，把夹大衣脱了挟在左臂上，右手脱帽，向室内主人夫妇颔首为礼，一派温文尔雅，受过西方社交生活熏陶的高雅味儿。……我在创造这个人物的步态上有点想法：我观察、摹拟过西方电影演员中和现实生活中一些gentleman 型的“高视阔步”的步态……有趣的是当我摹拟这步态时，总觉得背也直了，腰也挺了，昂扬之气有了，连专员的官气也有了……的确，我是先抓住了这种步态，才感觉到人物的官味儿，再进而生发出人物其他性格、气质因素的感觉的。

——胡导：《杂忆》第136页

在《梁红玉》（上海剧艺社4月19日—5月15日）中，胡导饰金兵的军师“哈米蚩”。

又是在化装上大卖弄花样的角色，为了配合没有鼻子的化装，台词是用浓重的鼻音读出的，姿态、动作，不知道是在怎样一种莫名其妙的设计下做出来的“怪形怪状”，我怕演古装戏，我不知道该怎样演法。

——胡导：《琐谈》（1940年）

上海剧艺社演出的《梁红玉》

《申报》演出广告
（1940年4月19日）

这个角色是被割过鼻子的。面部造型还用棉花、橡皮膏把我自己的鼻子全蒙住，看上去没鼻子了，说词儿全用鼻音，我是用了丑行的身段。

——胡导：《杂忆》第138页

在《武则天》（上海剧艺社5月22日—26日）中，胡导饰演武则天的宠嬖之一“薛怀义”。

先是第三幕中出演吹得一手好笛子的年轻人冯小宝，之后导演安排了一场在御花园和妙玉幽会的戏——月华如水的良宵，我按笛，她曼舞……我完全唇红齿白地穿上京剧小生褶子，按文小生的身段、意韵来演这场戏。到了第四幕——十余年过去了，我早被武后从妙玉手中夺走，成名（为）了她的嬖臣，赐名薛怀义，还奉旨剃了光头，成了大和尚，成日价只要武后不在就大鱼大肉，酗酒胡闹……这场戏我就把小生的抒情风味全扔掉，加了一个小型肥袄放大身材，戴了光头头套，满脸横肉，一个大酒糟鼻子，更运用了那件特大的赭色僧衣，用了一些演下流角色的花脸身段。

上海剧艺社演出的《武则天》（右为胡导）

胡导在《武则天》中扮演薛怀义的造型照

——胡导：《杂忆》第138页

在《海恋》（上海剧艺社5月31日—6月23日）中，胡导饰演马来人“沙莱”。

> 一年来我最喜爱的脚色，我爱沙莱，我爱他的火一般地炽燃着的原始性的奔放这（着）的热情，在扮演的过程中我几乎为角色所溶化，狂欢得我要哭出来，我从心底里为他流出炽热的泪珠。在外型上，我的习惯的肌肉紧张在这儿倒作了很适当地配合，我尽可能地用了许多强劲地力的原始性的姿态与动作，感谢李健吾先生帮助我读词，尤其是大段独白，还帮助我了解了许多关于角色的性格，失败的是在恋爱场面及因感情不能受控制而酿成的许多“过火”场面。
>
> ——胡导：《琐谈》（1940年）

排第三幕时，演员们先学跳了一段节奏强烈的热带舞——舞时嘴里不断叫着“eng dak kli-o”，“eng dak

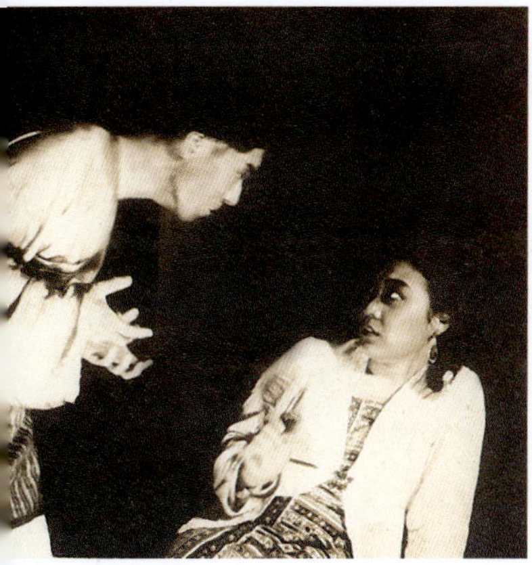

上海剧艺社演出的《海恋》（左图左为胡导，中图中为胡导，右图站立者为胡导）

kli-o”，伴随着每一节“哒、哒、哒哒、哒哒哒”的鼓节，两手两脚带动着臂、腿、腰、背、颈脖头部以致全身肌肉、关节变化每一个舞姿，而每个舞姿都是具有造型感和雕塑感的。这样是（使）我以后在排练时，我自发做出的许多形体动作也逐渐抓住了感觉。

“杀妻”那场戏，“我”和大伙一起跳那舞，叫着跳着随着鼓点由慢至快，越跳越快，越跳越快，像疯狂般地发泄着自己的仇恨和痛苦……陡地，发现了什么，飞快地向后台椰林奔去……

——胡导：《杂忆》第130页

至于演马来人沙莱的，也是极努力的，第三幕中神经质式被迫于痛苦中的表演，极是动人，但后来疯狂似的追杀美娜，似乎更具有一种恐怖的姿态。

——《上海剧艺社的〈海恋〉》

《青青电影》1940年第5卷第23期

胡导的沙来，（美娜的哥哥）在我看见时，他的嗓子有点哑（可见这角色的吃重），但演出仍很成功，尤其在第三幕里被李亚发挑拨以后，疑心克蒂亚对他不忠的那许多戏演的更好。

——张钢：《〈海恋〉观后》
《学习》1940年 第2卷 第6期

在《上海屋檐下》（上海剧艺社7月15日—8月5日；11月15日—29日重演，其中27—29日用上海话演出）中，胡导饰被释放出狱的革命者匡复。

这时的舞台上胡导正在一张纸头上装模做样地写信，……“再给我看一遍……”他抱住葆珍，他唯一的女儿，“好，愿你永远做个勇敢的小娃娃！”胡导走了。躲在客堂后间（其实只是张双人沙发）的柏李跟徐立(注：分别饰杨彩玉和林志成)，听见葆珍说“爸爸走了”。刚要出来时，“嗳，不够，不够，再来一遍！”吴江帆先生在台下大声地嚷着。没办法，怪派小生（注：指胡导）只得

上海剧艺社演出的《上海屋檐下》（右为胡导）

《上海屋檐下》 舞台布景图

NG一番，可是背上的汗早已湿透那件穿了好几天的衬衫，这位老兄特别容易出汗，也许还是因为情绪紧张的原故吧？

——邱暮：《〈上海屋檐下〉排练花絮·胡导大尝NG》
《剧场新闻》1940年第2期

我曾经努力地去克服过，我尝试用最大的注意力去松弛我的肌肉，……可是，在演悲剧，特别是在须要丰富的情感强烈的心理反应时，还是遭到困难。《上海屋檐下》的匡复……我现在尝试另一种补救的办法。那就是在演出过程中加强“第一自我”的控制性和批判性。尝试着不给自己在演出时完全沉浸在“第二自我”里……虽然这也许妨碍到“第二自我”的心理状态，……这次《上海屋檐下》的重演，我尝试着这样做，我的肌肉，（比）上次演出时松弛得多了。

——胡导：《演剧漫笔》
《小剧场半月丛刊》1940年第3期

我也爱匡复这样的角色，我爱他，我同情他，我曾经几乎为他的浓郁的诗意的伤感所“迷惑”过；可是，事实上，我并不理解他，因此我这次的扮演，便完全失败了，我把握不住他的内在的一切情绪转变得契机，在外型上我表现不出一个被释放的犯人，一个政治信仰者，一种在“饱经沧桑”后特有的中年人的“伤感”，我的肌肉紧张造成了一些姿态、动作的拘挛，给观众的感觉在于别的演员们的对比上是陌生的，不熟的甚至是厌烦的。

——胡导：《琐谈》（1940年）

《申报》演出广告（1940年7月15日）

《上海屋檐下》的匡复，不用说，是我演失败的角色之一。我完全不理解这角色，好多场面我都体验不到角色应有的心态。特别是第二幕和妻子杨彩玉（已成了别人的妻子）那一场，我简直不知道我应该做什么……我像一个最无能的职业演员，只是做着角色可能会有的愁苦状，等对手的"尾白"说完我好接词，好把记在脑子里的台词按顺序一句一句说出来……虽然在人物造型上我作过构思，可我首先就不理解又从何构思呢？我只是按自己的概念想象一个刚被释放出狱的囚犯——须发蓬松面带戚容上场，还穿上一套破西装……可那是匡复吗？当然不是。

——胡导：《杂忆》第141页

无论当年或多少年后，胡导都毫不讳言这是一个演失败了的角色，其实，失败是多种因素的共同作用，就胡导而言，是缺少对人物的深入理解；对剧本而言，其对角色塑造也有弱笔之处。

作者对人物的刻画，失败在林家，因为话多而戏少，且台词都写得很抽象，匡复归家时心情的把握，我们并不满意，作者只要抽象的情感与语言来使人物自己说自己，而不用具体动作来表现，这是大家在写作上也得注意的，就是写台词千万不要"论文化"，不应该是作者自己表白，而需要凭剧中人自己说话。而这失败的原因是因为作者心目中的林志成、匡复，都是知识阶级，都是被现实生活拖下来的理想者，所以作者想给这些人物比较新的名词，可这些名词用得不恰当，所以显得创造的人物个性不真实……

——剧本分析：《上海屋檐下》（夏衍编剧、李健吾演讲）

《戏剧杂志》1940年第4卷第6期

尽管如此，但是观众还是给予三位演员积极的评价和勉励：

> ……这是《上海屋檐下》的主要演出，由演技优超的演员，担任演出，所以始终抓住观众的情绪，徐立，柏李，吴（注：应为“胡”之误文）导工悉力敌，各见所长。
>
> ——小平：《上海屋檐下的形形色色》
>
> 《平报》1940年11月20日第4版

> 演出方面，我以为最难的匡复，林志成，杨采玉，而胡导，徐立，柏李演来竟能丝毫入扣，足见他们修养有素，艺术高超。
>
> ——叔之：《观上海屋檐下》
>
> 《益友月刊》1940年第9期

在《夜上海》（上海剧艺社8月20日—28日）中，胡导饰演奸商“孙焕君”。

> 因为我熟悉这样的人物，所以很轻易地给他们的姿态动作借来放在角色上，因此这角色的扮演便没有“内在”

上海剧艺社演出的《夜上海》

《夜上海》演出说明书

了，我实在应该感到惭愧，我只是极力在讨好观众来采取观众的“噱头”的反映。

——胡导：《琐谈》（1940年）

孙焕君前两幕穿中式藏青花呢长衫，白纺绸中式内衫的袖口一定翻在长袖袖口外面；说话时总用双手忽翻袖，忽捋袖，忽抖袖……耍出好多花样来。

——胡导：《杂忆》第140页

在《花溅泪》（上海剧艺社9月21日—26日）中，胡导饰演欺辱舞女的洋行买办“常海才”。

可谓“反派小生”的角色，第四幕我演的很差，第二幕我尝试用了许多外国电影里的漂亮姿态与动作，于是，我最多也只做到了姿态与动作的“漂亮”，我没有直（接）演出常海才的丑恶来。

——胡导：《琐谈》（1940年）

上海剧艺社演出的《花溅泪》（左为胡导）

《花溅泪》剧组演员合影（二排右一为胡导）

在《大明英烈传》（上海剧艺社10月4日—23日）中，胡导饰演叛变后成了蒙古统治者“驸马”的人物“张良弼”。

这个角色的失败……由于心理感情的激动而肌肉紧张，致声（注：原文如此，疑为“使”字）不能完成一个完美的表演过程，……不过这个角色也是我喜爱的一个，在几场善与恶搏斗的表演中，我曾加以努力过。

——胡导：《琐谈》（1940年）

关于张良弼未免太宽一点。作者笔下人物如米米、钱恺之多是由于环境而变坏，然而有时人性终要战胜环境。张良弼一类人是很多的，但是本剧中的张良弼似乎便少见了——即使有，也应当表现出造成这种情形的必要条件：如雨果的《孤星泪》（注：现通译《悲惨世界》）中的Javert（注：沙威警长），虽然终于人性发现了，可他也是在JeanVageann（注：冉阿让）的人道主义影响下才变的。何况人物的阶级性比人性更重要，把张良弼的错误、罪恶，完全推于他的环境，或有将人性与环境的问题太一面

上海剧艺社演出的《大明英烈传》（左图左二为胡导，右图左为胡导）

上海剧艺社演出的《人之初》（左图右为胡导，右图右为胡导）

化了之憾。

……胡导的张良弼，外形与内心演技并重，很尽责了。

——《观〈大明英烈传〉》F.C.T.L 座谈

《剧场新闻》1940年第5期

在《人之初》（上海剧艺社11月5日—12日复演）中，胡导饰督军府参议“郭敬亭”。

我和周起兄同饰着这角色的AB的，但导演赋予了我们不同的性格，周起豪爽，而我则阴沉，自然，“豪爽”也许比“阴沉”更适当些，我豪爽不出，只得在阴沉中，求演出的效果了，我相信，这角色扮演也许比前几个角色略有进步地；可是，我不会笑，我的意思是说我不会作艺术的舞台形象的“笑”，因之是在第四幕戏我下场时显得非常没有力量。

——胡导：《琐谈》（1940年）

在《生意经》（上海剧艺社12月21日—30日）中，胡导饰演商界大亨“顾大康”。

顾大康是我演戏以来所遭遇到的最难演的一个角色。在内在的理解和外在的表现上我都感到非常困难，我在我的几个生活圈子里很少亲迎这样的人物，对于他们的生活形态很是模糊，……最初读剧本时，我简直茫然不知所措。……感谢吴仞之先生给了我很多鼓励，他要我以“努力”来克服一切先天条件的困难，他自己也“努力”地给了我许多许多演技上的帮助。

现阶段上海特殊环境下特有的典型人物：一个大流氓，一个大投机家，大资本家，大地皮商，大量米粮囤积者，四五个工厂的老板，两三个报馆的主人……他的全部人生哲学就是“生意经”，……一切生活的历程都以“生意经”为依归，老朋友的友谊是生意经的价格，政治活动是生意经的手段，甚至对子女的爱情也是生意经的一部分……

他是那么的粗鲁，暴躁，恶俗，但却是绝对的机警与灵活……他有极强的理智，他可以在极度昏乱中立刻冷静下自己来继续作生意经的谈判。

在性格上，剧作者给他的注释是像个食肉兽，他真地是现社会里一个活生生地吃这几千万上海市民的人肉的兽。

我处理每一场生意经的冷静与毒辣，那时候的姿态，动作，音节都经过严密的设计与规划而决定地。

——胡导：《谈“顾大康”的扮演：

亡友大中兄的灵前祭》

《剧场新闻》1941年第10-12期合刊

“食肉兽”！我在创造上，首先必须在体形的造型上改变自己。

肯定的是个庞然大物，带这“兽性”的庞然大物——豹子般的大脑袋，老虎般的大方脸，大黑熊般巨大沉重的

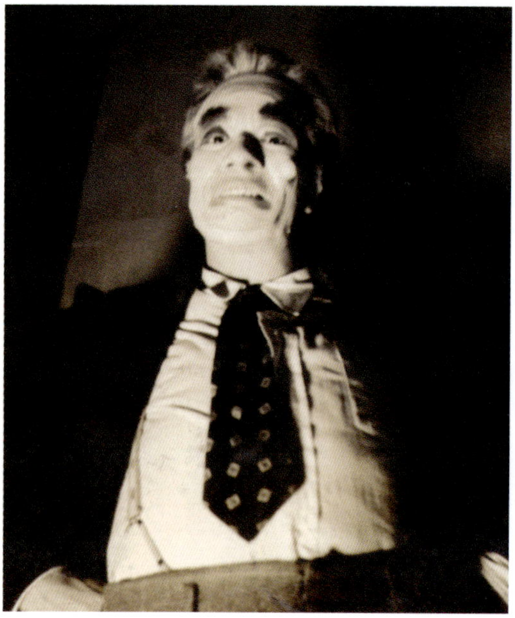

1. 胡导中《生意经》中扮演顾大康的造型照
2. 上海剧艺社演出的《生意经》（图左为胡导）
3. 上海剧艺社演出的《生意经》（图左为胡导）

身子……我一定得穿上大肚子型的“胖袄”来给自己这庞然大物造型，……就必须先把我面孔化妆成个大方脸。那时“剧艺社”没有化妆师，当然全得演员自己动手。我剪了两块约8cm见方的橡皮膏，里面厚厚地垫了几层棉花贴满两腮，再厚厚抹上皮肤色的油彩……在两眉间拉开距离粘上两撮浓浓的黑眉毛，同样用黑眉笔把两个眼眶勾得圆圆的，大大地，好让“我”像个“食肉兽”般虎视眈眈瞪着眼睛看人。

这是我第一次穿胖袄演戏，穿上胖袄不仅有了想象的，而且有了结结实实的庞然大物的自我感觉。……这一下，好，胖家伙的步态，用不着设计，自然就出来了——我只能走两腿分的很开的大八字步，而且皮鞋后跟先着地……看起来步子跨得很大，实际却很小……

一次排演时，我刚把左手翻成手背，仞之先生突然大声说了一句：“你要财大气粗！记住——财——大——气——

粗！”

好一个“财大气粗”！这一下，我不仅把这一段戏演活了，以后用这些身段手势时全都找到了感觉。

——胡导：《杂忆》第131–133页

这几天，上海剧艺社上演的《生意经》（徐渠编剧，吴仞之导演）中的顾大康，就是米蛀虫的标准代表。他凭着大量的金钱，操纵投机，囤积营私……玩弄民食，饱其私囊……

胡导的米蛀虫，疯疯癫癫，老奸巨猾，演成魔鬼似的，把吃人的米蛀虫的个性，活泼泼地透露在演技中。《生意经》只有他一个人的戏，自始至终，把米蛀虫的恶丑来引起观众的共鸣。

——小平：《漫谈〈生意经〉，严斥米蛀虫》

《平报》1940年12月29日第4版

在演员中，我所佩服的是饰演顾大康的胡导。一方面固然这个人物写得最生动，但，那么多的台词，他首先能背得流俐，是他演好的先决条件；一个演员在台词未背熟之前，在其他的造就就很困难。胡导既背熟了台词，于动作及姿态的努力，是极有收获的。我以为，他的几个姿势是好的，脚的动作胜于手的动作，手动得多，雷同，无目的。小步子和落脚重，在下场时收到很好效果。尤其是化装的神妙，头发套，浓厚的眉毛，颧骨上的小瘤及大肚子，差不多把“演员自己”的容貌完全改了。和他的姿态配合起来，恰巧造成了一个典型人物。他的亏缺依旧在发音上，叫得高，显得平，有声嘶力竭之感，容易伤元气。

——朱紫：《生意经》

《小剧场》半月丛刊 1941年1月16日

《新婚曲》剧组演员合影（前排左二为胡导）

胡导在《新婚曲》中扮演弗莱弗斯的造型照

在《新婚曲》（上海剧艺社1941年1月17日—20日）中，胡导饰党组织者“弗莱弗斯”。

> 我是怎么也想象不出他（角色）是什么样儿的。我按照导演指示，先化妆一个下巴上留着整齐胡子的俄国人，接着要我穿上长筒皮靴，上身披一件黑皮短大衣，头戴俄式便帽……导演说你这不就是苏联二十年代的布尔什维克！……说实在的，我对着角色本身就是懵懂的，演了二十几场，竟还不知道这位“党组织者”究竟是何许人。
>
> ——胡导：《杂忆》第141、142页

在《家》（吴天改编本，上海剧艺社1月24日—4月2日）中，胡导饰冯乐山。

上海剧艺社演出的《家》（右为胡导）

《家》演出说明书

胡导对于演技，有着丰富的理论修养。冯乐山戏太少，不容许他有意外的发展。演冯乐山没有（不）失败的。至少在内在演技上讲，他（注：指胡导）喜欢外形上的修饰，这里他就太外形化了一点。因之在人们看来，近于装腔作势。犯的是同徐立一样的毛病，上场时肌肉紧张。

——金陵　铁流：《〈家〉、剧本、导演和演员》

《小剧场》半月丛刊1941年3月30日

《女性的解放》（红梅剧团2月13日为妇女义务补习学校募款演出），根据挪威易卜生《玩偶家庭》（即《娜拉》）改编，胡导导演兼饰演“姜恒甫”。①

在这一出戏里，比较演得成功的是胡导。姜恒甫这个人在剧本中就仅有一个模糊的性格。要是没有经验的人，我相信一定会演得不知所以。胡导还能在态度上、读白上传达出这个人的严峻。所欠缺的是，外型上还缺少银行职员的风度。与林洗清的谈话，感情运用得很好。

① 易卜生原作《玩偶家庭》，易乔的改编本，剧中人名均取中国化。如娜拉更名叶安娜，海尔茂更名庄永年，柯洛斯泰更名姜恒甫；林丹太太更名林洗清，阮克大夫更名李觉康等。是当时剧坛演出的通行本。

红梅剧团演出的《女性的解放》（左图左为胡导）

——金陵：《女性的解放》（剧评）
《剧场新闻》1941年第2卷第1期

胡导在全剧中是最成功的一个，尤其在第三幕，热情的流露，肌肉的控制，情绪的把握，都显示了他演技的优越性。不过也许是受剧本影响，姜恒甫的转变过程显得很突兀。

——史俊　莫野：《女性的解放》
《小剧场》半月丛刊1941年3月30日

在《撒谎世家》（上海剧艺社4月3日—16日，根据美国作家费齐《真话》改编）中，胡导饰演“老花花公子罗照煦”。

我和柏李演《撒谎世家》打情卖俏的一段，最初几场，老感到舞台空气不和谐和自己心情上也缺少些什么，当导演提醒我们多用眼睛时，情绪立刻增高了，舞台空气也活泼多了。

上海剧艺社演出的《撒谎世家》（左图左为胡导，右图右为胡导）

——胡导 柏李：《演技讲座：谈“恋爱场面”》

《舞台艺术》1941年第1期

设计它（他）的风度、造型时首先想到的是一定得给他穿一件剪裁得非常得体非常入时（的）华丝葛（当时最讲究的男士衣料）绸长衫，可能旧一些，但一上它（他）的身就甭提多潇洒多飘逸了。为此我特地去找了一位当年讲究穿着打扮的阔少，他说了一套如何拎袍、撩袍、摔袍……又如何挽袖、抖袖、摔袖、拂袖……还有怎么嗅鼻烟，怎么用长柄象牙烟嘴吸烟，怎么耍银头手杖……有的我把它们安排在戏中，果然，慢慢有了“老花花公子”的味儿。

还创造了这人气质上的“轻”——轻松，轻快，轻巧，轻灵，轻声轻气，轻手轻脚——这些，在我诸多的人物性格创造上是较少的。特别与诸如沙菜、顾大康等人物气质上“粗”的创造全属两码事。而我，糟糕的是恰恰在创作状态上是不擅于松弛的。

——胡导：《杂忆》第134页

上海剧艺社演出的《鸳鸯劫》（左图右为胡导，右图左为胡导）

在《鸳鸯劫》（上海剧艺社5月9日—12日，根据英国作家高尔斯华绥《最先与最后》改编）中，胡导饰贵族青年“赖立”。

> 饰演赖立的是胡导，恐怖惊慌绕围他的四周，在寂静的舞台面中，诉说他怎样爱温达以及扼死华伦的经过；每一句话，每一个动作都充满着力，引起观众的同情和共鸣。饰岐司的是石挥，法律人情的矛盾，纵横交错在他的演技中，充分透露。因此这幕戏虽只有二个人表演，但却处理得并不怎样沉闷。
>
> ——景行：《情侣双服毒，〈鸳鸯劫〉悲切动人》
>
> 《平报》1941年5月12日第4版

> 我演刚刚在格斗中杀了一个恶汉的英国贵族青年拉莱。（注：原文系70年后回忆文字，作者记忆有误，应为“赖立”）第一幕他求助正担任大法官的哥哥，他紧张、慌乱、歇斯底里，由于始终在积极行动中，我还能抓住些人物感觉，故尚能在较正常的状态中演出这幕戏。但，二、三幕他全沉静下来，他听说一个无辜的人顶替了他的罪被捕，就拒绝大法官哥哥让他出逃……这两幕戏没有强

胡导（左一）与吴仞之导演和《鸳鸯劫》演员合影

上海剧艺社演出的《枉费心机》（中为胡导）

烈的外部动作，也不是主要依靠台词来创造和表达人物的精神生活，是需要用极高的心理技巧才能演好的角色，而我只是“演情绪”。

——胡导：《杂忆》第142页

在《枉费心机》（上海剧艺社7月18日—25日）中，胡导饰大学职员“高敬祥”。

胡导是多方面的演员，可是高敬祥却不能有什么较好的成就……当他听见孙祥甫把财产传给李美英时，冀图挽救美英的感情，于是堂堂大学职员，拔出情书大全来，写了一封缠绵悱恻的情书。同时为着表示热情起见，举起茶杯，洒了许多茶渍在信笺上，聊作泪痕，这幕胡导演起来风趣异常，引起哄然笑声。

——景行：《虚伪的恋爱：〈枉费心机〉一场空》

《平报》1941年7月26日第4版

在《边城故事》（上海剧艺社7月31日—8月27日）中，胡导饰偏远小城的县长“刘唯一”。

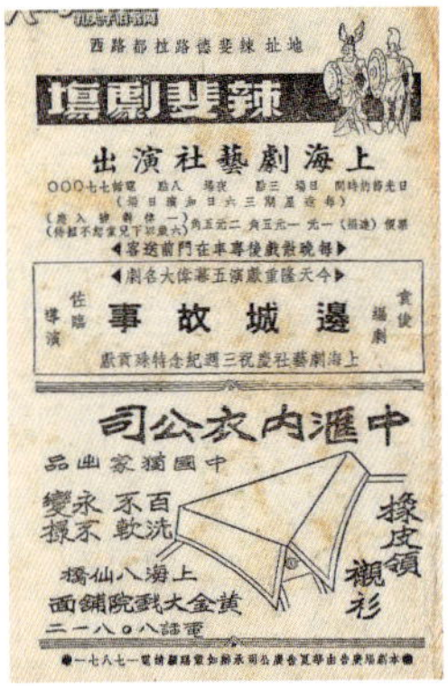

《边城故事》演出说明书

导演佐临指示我，这也是个“大物”，但没有“顾大康”那样“庞然”。我在形体造型上就没再用那件大胖袄，只在肚子上绑了个小枕头，穿着大型号的马裤、马靴，上身是大号黄咔叽布中山装，戴了个硕大的光头头套，大长方脸，也是八字黑胡……和“顾大康”相似的是“粗”——粗暴、粗鲁，也有些粗野，但粗直——朴实、直率、直言直语、直来直去……我不了解这人物，也不喜欢这人物，创作上就粗糙些，说起来基本上也是按“顾大康”那一类型来演的。

——胡导：《杂忆》第137-138页

在《牛郎织女传》（上海剧艺社8月28日—9月13日）中，胡导饰演恶霸“杨嵩”及其象征性化身魔王。

“牛郎” 在梦幻中看见欺压他的恶霸成了凶神恶煞的魔王。阿英先生找了名伶张翼鹏（即盖叫天）先生，帮我导垫了胸，扎了假臂，还教了我“喷火”和耍钢刀……“我”这“魔王”是按京剧“架子花”的功架来演的。

——胡导：《杂忆》第139页

上海剧艺社演出的《牛郎织女传》（左图左二为胡导，右图高处为胡导）

上海职业剧团演出《蜕变》卡尔登戏院门口盛况

上海职业剧团创办人黄佐临

《蜕变》演出说明书

1941年9月，上海剧艺社由于种种原因“分家”了，黄佐临等原剧艺社部分成员离开另组上海职业剧团，胡导随后也加入了该剧团，胡导参加上海职业剧团的原因和其他人是有所不同的：

> 在我和剧艺社的关系上，这时正发生一个连我自己也意料不到的情况：一次，史原偷偷告诉我，有人说我是“托派”，得当心。那时“托派”一词，是和“汉奸”相提并论的，如果成立，人们立即会对你敬而远之。我一听这话，顿时感到奇耻大辱！满肚子愤懑冤屈不知如何向人倾述，更为剧艺社也许立即要将我除名而恐慌万分……正在这时，恰幸遇仞之先生，他示意我参加“上职”。
>
> ——胡导：《杂忆》第119页

《申报》演出广告（1941年12月5日）

在上海职业剧团，胡导才参加了《蜕变》《阿Q正传》《凤娃》三个戏的排演，就因太平洋战争爆发，租界沦陷而剧团被迫解散。此后的胡导，除了在华艺剧团任导演，还兼职演员演了几个戏，在所演的五六个角色当中有的被当年的剧评人点赞过，也有的只“赚”到了批评：

在《人间世》（华艺剧团1942年8月）中，胡导饰演“金律师”。

《申报》演出广告（1941年11月19日）

《申报》演出广告（1942年8月5日）

最使人满意的，当然是胡导的金律师。吹牛拍马，无孔不入，十足一个上海商业律师的典型，真是无懈可击，最大的优点，就是帮助别人做戏。

——华华：《评〈人间世〉》

《影剧人》1942年第3卷第9期

胡导之金律师演得很灵活，他的对人接物之圆滑周到，这可以说上八面玲珑，但笔者以为金律师之动作未免过火一点，实际上为律师者绝没有像这样轻飘飘的。

——俊：《〈人间世〉华艺演出》

《话剧界》1942年第1期

在《窈窕淑女》（华艺剧团1942年9月）中，胡导饰演“恋爱青年陈念英”。

《申报》演出广告（1942年9月8日）

剧中人物：胡导的陈念英傻态——足（却）和《人间世》中的金律师相反，成绩很好。

——鸣之：《人生大事三部曲》

《话剧界》1942年第6期

陈念英当他发现被爱的时候，脸上露出焦急的样子，他的母亲登场后，欲辩无语的神气，演出上很有抓住观众情感的力量。

——周小平：《沉寂的九月剧坛：评〈人生大事〉三部曲》

《太平洋周报》1942年第1卷第37期

在《云彩霞》（华艺剧团1942年11月）中，胡导饰演“大银行董事长陈师范”。

胡导演的陈师范，他活生生地刻划出了当时“大人”们捧角的丑态，在冷场的时候，许多演员都因故阻碍了剧情的进展，只有他却能帮助别人底演戏，这就是他的独特的地方。读词似乎太粗鲁了一点，动作有些地方也嫌过火，使观众们会疑心到这不是一个很有名望的董事长。

——驰帆：《剧评：云彩霞 》

《影剧人》1942年第1卷第16期

《申报》演出广告（1942年11月16日）

胡导的陈师范，虽然有的地方有些过火，却无甚妨碍，因为他演的是一个喜剧角色，宁可过火不可不及，恰到好处当然更好。

——欧阳婉华：《云彩霞和芳华虚度》

《杂志》1942年第10卷第3期

在演员中，我很佩服胡导的陈师范不论是姿态读词，都有老年者的味儿，是难得的演员。

——戈丹：《〈云彩霞〉——艺光演出》

《春风》（上海版）1942年创刊号

胡导的陈师范可以说成了一个捧女戏子的阔人的典型，深刻的表现了那些士大夫阶级卑污的体面。

——兰：《戏剧与电影·剧评:红星泪·云彩霞》

《女声》上海1942年第8期

《晚宴》演出说明书

在《晚宴》（艺光剧团1942年12月）中，胡导饰演“暴发户潘大兴”。

演员中以胡导与蒋天流最为成功，他们完全将一个粗鲁而卑鄙的性格呈现在观众面前，而胡导的小动作与蒋天流的媚态，都使人叹为观止。

——徐春：《晚宴》

《话剧界》1943年第22期

演员都非常努力，而且也相当成功，尤以胡导和蒋天流，他们的演技获得了至高的发挥。

——池清：《〈秋海棠〉及其他·〈晚宴〉》

《杂志》1943年第10卷第5期

在《秦淮月》（艺光剧团1943年2月）中，胡导饰演“有钱老爷钟紫卿”。钟紫卿在剧中仅是一个配角，但这已是胡导转行当职业导演后的最后一次客串演戏了。

胡导的这段职业演员生涯究竟扮演了多少角色？当时报纸上有过这样的报道：

在民国廿八年十二月廿一日到廿九年六月十四日这五个月另二十三天中，有下列的演员在舞台上造成了如下的

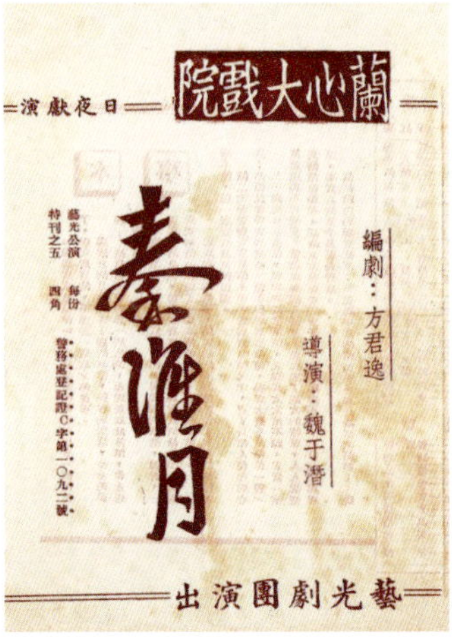

《秦淮月》演出说明书

艺光剧团演出的《秦淮月》

上海剧艺社演出的《李秀成殉国》

《李秀成殉国》演出说明书

纪录：

韩非　共演戏二百七十三场，在一百七十多天中是有一百四十多天每天在登台演戏，而且常有日夜两场。

英子　共演戏二百十五场，在演戏中的日子是一百十一天，在五个月中她演了七个戏。

胡导　共演戏二百二十场，但是他在五个月中演过十个戏。这十个戏是：《祖国》《陈圆圆》《恋爱与阴谋》《被迫害的》《女子公寓》《李秀成殉国》《职业妇女》《梁红玉》《武则天》《海恋》。

以上是根据上海剧艺社第二期演出统计所摘录下来的，而这样的数字在其后，几年来一直并未被他们本人或其他演员所突破，而以目前各剧团演出状况而论，欲破上项纪录，殆已不可能。

——吉：《话剧界的纪录保持者》

《正报》1945年9月20日第4版

胡导本人的回忆（时间下限比以上引用的报道资料后延一年半）：

> 我自1939年初冬至1942年初冬，也就是我参加上海剧艺社职业演剧以来的两年间，我在剧艺社演过32个角色（其中6个是原角色的演员病假或事假找我代演的），在上海职业剧团演了3个角色，还在大钟、邮工等剧团演了5个角色，两年一共演了40 个角色。
>
> ——胡导：《杂忆》第127页

（二）代演救场的“职业能耐”

所谓“救场”就是演出时演员因故未能到场，临时找他人“代戏”。

虽然已经有过六年多业余演剧活动，胡导当上职业演员后心中仍然充溢着极大的创作欲望，不论怎样的角色，不论这角色是否适合自己，他都想上台过过“戏瘾”，所以当别的演员因故未能到场，请胡导帮忙“代戏”时，胡导总是非常乐意。特别是遇到他心仪的角色，甚至盼着能有人找他“代戏”。

胡导认为，“代戏”既有自己的愿望，也是一种职业道德和对于剧团的忠诚及义务。这种临时救场的事情过去很少在表演艺术的书里提及，“代戏”表演说不上什么创造性，但这又是作为职业演员应当具备的一种“职业能耐”。

既然是“能耐”就当然是认真的，不是随意的“凑合”。

> 每次答应给人“代戏”后，一定先看戏，带着剧本看戏，对着剧本看台词，特别是还记调度——在什么个“调度”或怎么样“调度”上说什么台词、怎么说台词，然后就闭目凝神“默戏”，——在脑子里“看”和“感觉”在相关的“调度”上说台词，做动作。当然，不时还要翻阅剧本，不过很快，两三遍这么一“默”，“脑子里”就大致差不离的有了，一上台就基本能适应，可以让观众看不

上海剧艺社演出的《正气歌》（中为胡导）

出是“代戏”。

——胡导：《杂忆》第141页

胡导的这种“能耐”当时在上海剧艺社是被认可的，所以他的“代戏”也比他人机会多，短短两年中，他人演过的角色有：《李秀成殉国》中的“林福祥”，《家》中的“高老太爷”，《小城故事》中的“乡绅杨绳祖”等，而最让他过瘾的是1941年6月《正气歌》的几场演出：

我最初只演第三幕才出场的投敌的临安知府贾余庆，主要用穿官衣的文丑的造型来演。之后，代周起演贾似道；再后来演右丞相江万里的吴琛也找我代戏。江万里那白发、白鬓、白眉的扮相和激动时两手甚至全身都会颤抖起来的衰派老生的“做工”身段，就一口答应了他，全按他的表演处理代演江万里。有几场我“一赶三”——先演贾似道，再演贾余庆，又演江万里。改装，换装，变人物，变心态，变工架，忙个不停。可感到演得过瘾，痛快，满足。

——胡导：《杂忆》第138-139页

上海剧艺社演出的《小城故事》（左图左二为胡导，右图右为胡导）

也有让胡导措手不及的“代戏”，也就是最能体现他代戏“能耐”的是1940年9月的《小城故事》。

佐临先生……在剧艺社导演的第一个戏《小城故事》上演的第二天，演男主角的夏风忽然病倒了！昨晚首演我没来看戏，特地兴冲冲赶来看佐临先生的戏，不料舞台监督已等我多时，佐临先生也在，要我立刻化妆，马上登场代演杨绳祖——可我剧本也没读过，根本不知道这杨绳祖是何许人，不知道他上场干什么，连一句台词也没有……

好在第一幕开场是剧中主客方诸人在打麻将，佐临先生让舞台监督马上找人把我开场时的好多台词全写在铺在麻将桌上的白麻将纸上……，这样，开场一段戏我应付过去了。以后，舞台上两边提词窗口都有人提词，更有演太太叶子的夏霞装作和“丈夫”耳语，陆陆续续把一些台词也告诉了我。更妙的是她还拉着我胳臂作亲昵状地领着我把诸多舞台调度都按导演处理走了一遍。二场中，名叫“鼓上蚤”的贼的一场戏，佐临先生告诉我：你整场戏就坐在沙发上摆老爷威风，沙发上有本线装书，台词全写在上面了……，这场戏演得轻轻松松过了关。以后每个幕间和每次下场都强记一些台词和调度，再加上同台演员的临场指引和帮助，我既然把大部分台词都说了，主要调度也都走了。似乎大部分观众并没有发现我是连剧本也没有读过就上场的。

……按前一天夏风的化妆八字胡须一粘，长袍马褂一穿，就职业本能地迈开八字步……我所见过的家庭、亲友、社会中那些穿长袍马褂的四十岁左右的人的印象涌上了脑子……我竟感觉到我就是那个小县城里有房有地的绅士了，于是一切风度、仪态、礼貌、谈吐、待人接物、察言观色以致手势、步伐全都绅士般的不请自来，而且有时来的那么自如那么流畅……

——胡导：《杂忆》第135页

（三）上海剧艺社：胡导的戏剧大学

胡导一直把上海剧艺社称为“一代演员的戏剧大学”。这样的赞誉也确有其道理，因为剧艺社是按“让无数的新的演出者和演员有一个试炼他们才能磨炼他们技术的机会”（夏衍：《论“此时此地”的剧运》）这一宗旨办社的，确确实实培养出了一批出类拔萃的导演和演员，在当年的舞台上纵情挥洒，吸引着一大批观众，而且其影响一直延续至上世纪五六十年代（如果不是“文革”可能会更长）。

胡导在七十年后的回忆中这样写道：

我是搞了六年半业余演剧活动才登上职业演剧舞台的，也就是说，梦想了六年半才真正当上了职业演员，当然很兴奋很激动，当时的一个想法就是，一定要掌握职业演技，学会性格化创造，把一个个角色创造成具有各自独特造型、气质、性格的人物形象。这个想法可以说贯穿在这二年我大部分的人物创造中，每参加一个戏的排演，总是在认识人物的同时，就不自觉地捉摸起这个人物的模样儿来，有的人物，我总得找到让人叫绝的特征才罢休。贾伯望、刘汉、刘德才、沙莱……等都是这样创造出来的，给了观众较深的审美印象的。所以，我喜欢造型上不一般的，最好带些传奇色彩或有点怪异味儿的角色。当时剧艺社有的演员同事爱把我叫做“怪派”演员，导演有时也给我“怪派”角色演。我自己也不无自诩地认为，我演的每一个角色（包括演失败了的角色）都是在造型上赋予了一定的特征，因而让观众看到的是一个个人物，而不是演员的我——生活中的自己。

——胡导：《杂忆》第142页

从这个意义上说，上海剧艺社是胡导的“戏剧大学”，因为剧艺社为胡导提供了舞台，提供了舞台实践的机会，使他在“磨炼”中学会了做演员的技能。

辣斐花园——上海剧艺社旧址

上海剧艺社被胡导称之为“一代演员的戏剧大学”，是因为与其他演剧团体相比，它有一个更加优长之处，就是自己办刊物，开办戏剧艺术的讲习班，甚至还有自己的图书馆。在那里可以看到、听到国内外最新的戏剧理论、戏剧动态；上海剧艺社还鼓励演员们发表自己的见解，这种氛围和条件，给胡导在表演理论上的探求也创造了良好的外部环境，尽管演出很忙，胡导还是挤出时间来不断总结自己演戏的得失成败并形诸文字，这对胡导提高自身创作能力和加深对戏剧本体的理解大有裨益。1940年至1941年间，胡导在戏剧刊物上先后发表了《演剧漫笔——谈“肌肉紧张”》《谈

《剧场新闻》1941年10–12期

《剧场新闻》1941年第2卷第1期

《剧艺》1941年1月号

《舞台艺术》1941年第一辑

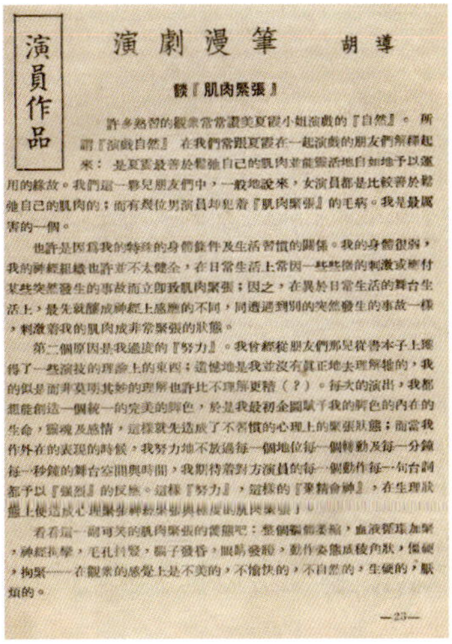

《小剧场》半月丛刊1940年第3期

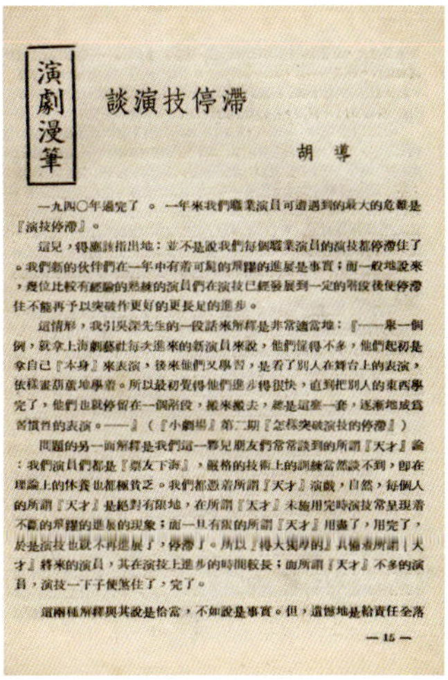

《小剧场》半月丛刊1940年第5期

（一）弃短图新，悄然变身

1941年12月8日，太平洋战争爆发，侵华日军开进租界，接管了上海的电影业，许多不愿与日本合作的优秀爱国演员转行到了话剧界，这对于胡导作为演员的地位予以了很大冲击。对此胡导是有自知之明的。尤其在《正气歌》代戏时，和优秀演员同台更给了胡导的职业危机感：

石挥

黄宗江

> 在《正气歌》演出过程中，我无法不为石挥、黄宗江有技巧有高艺术修养的出色创造，还有严俊的伯颜元帅形象所感动，接着又为《镀金》中韩非的天才的喜剧表演所震惊，他们都是出色的性格演员，都是光彩夺目的性格化人物创造……
>
> 我想起"梨园行"一句"行话"：祖师爷不再赏饭了。
>
> 比起他们几位来，我所具有的创作资质不会让我在人物形象创造上有更高的发展。我自己应该认识到这点。
>
> ——胡导：《杂忆》第143页

严俊

尽管此时的胡导对自己作为演员职业的前景有了新的考虑，但何去何从，一直拿不定主意，接着发生的一件事，终于使胡导下定决心，改行导演了。

韩非

> 日寇进租界统治整个上海后，美艺剧社能争取到继续在辣斐花园剧场演出，对我意味着剧艺社的演剧路线"复活"了，我又可以参加演剧活动了，可美艺剧社并没有找我参加演出，……我不得不担忧，作为职业演员，我还有多少前途，是的，自打石挥、黄宗江的几个杰出舞台形象——创作出来，我就知道要把"戏饭"再吃下去，是非"改行"不可了，而"改行"我也只有一"行"可改——

巴金《春》书影（开明书店1938年）

搞导演。

——胡导：《杂忆》第143页

有六年的业余戏剧演出和两年多的职业演员生涯的经历，使胡导熟谙剧坛运作的机制，也了解了观众的喜好，便决定从改编剧本迂回入手。第一个戏选什么，从何处着手，胡导是这么回忆的：

也许是由于一年前上海剧艺社《家》的演出受到过广大话剧观众的欢迎，而巴金先生的《激流》第二部《春》和第三部《秋》也正在广大青年读者中流传，我当即决定先改编《春》。先用了五整天时间把三十几万言的《春》读了多遍，再用了两整天考虑分场结构和进行全剧情节的安排、进展。没写提纲也没写分场摘要，就紧赶着一天写一场戏，只六天时间就把全剧六场戏写完了。

……正因为我不是作为一个真正的剧作家，而只是稍稍熟悉些舞台演出情况，就大着胆子要把作家已经创作得很强戏剧性的小说，按话剧舞台演出的样式“改”成为话剧剧本而已。

——胡导：《杂忆》第160–161页

胡导凭着与原剧艺社同事们对他的认可和他与辣斐剧场管理者的熟悉，几经周折，终于与原作者、演出者在“照顾、鼓励年轻人写剧本”名义下达成了编、演一揽子协议。又请来了姚克挂名作导演，以确保自己一炮打响。该剧在1942年3月17日顺利上演（日夜两场），演至4月30日；由于叫座，5月8日至20日又再度上演。

这一段情况后来报纸上有过比较详细的介绍和分析：

美艺剧团演出的《春》

他（注：胡导）在演员上是受到种种的限制，自己明知没有更大的发展在前，要在戏剧圈子里打滚的话，只有另辟新路径，因为戏剧圈是最残酷而不留情面的地方，一年中有多少人在沉浮，假如你不能控制它，受它的打击必然是（要被）淘汰的。

……胡导要在编导上占得一席地位的时候，他势必先要拿出一点货色来给人们瞧瞧，编呢？还是导？导演可不是一件容易的事，一个新导演假使“来路不明”还好，人家不知道他的根底，介绍者可以替他吹得“天花乱坠”，说是外国有名气，或者闻名于内地等，到“货色”拿出不成时，再打招呼也来得及。可是胡导是一位演员，他的根底如何，大家是一目了然的，要是他很快地升为导演，立刻排起戏来，非但老板不肯，而演员也是不服贴的，所以他只能在编剧上转念头。……戏，是人们需要的，欢迎的，必演的，而且营业上需必操左券。这种条件下，他当然排那时候走红剧目的路子，正是《家》在剧坛上得意之秋，巴金作品之吃香是势所必然的，于是《家》之后，一个《春》没有上去，胡导立刻把全神贯注在《春》。

……

既然得有《春》的改编权，剧场老板只图戏有生意眼，也顾不得是（否）名家作品了。但是胡导却是第一炮，非得找一个大导演合作不可。可是谁又肯与新从演员升为编剧的合作？……胡导在没有办法中，只有找一个被人们所视为并不高，而自己却认为很高的姚克。

——庄啸：《“流线型”导演胡导》

《社会日报》1944年6月6日、7日、9日第4版

姚克

幸运的是胡导第一次在职业导演生涯中的“亮相”基本成功了，虽然还得在姚克先生盛名的荫庇下，但胡导还是大大获取了创作的愉悦感和自信心。

……公演的第一天，卖座九成，可见观众们对《春》是怎样的注意。

《春》的导演是姚克，担任改编的就是以前一度在《家》中饰演高老太爷的胡导。本来他是一个优秀的演员，二年来在“上剧”演过许多种个性不同的戏，演技洗练，动作沉着有力。《海恋》《生意经》都是他的代表作。现在凭自己的演员经验，编写剧本。他把《春》改编为六幕剧，把数十万言的小说情节，完全归纳到三小时的演出中，当然是件艰难的工作。因此，他只以高觉新与表妹蕙的隐痛为中心，衬以高淑英的出走。所以剧本还不致像“十鸽乱盘”的“炒什锦”。

第一幕序幕叙述高老太爷死后高家子孙们的动态……第二幕是一个春光明媚的春天，一群活泼的青年男女正读着觉慧的来信“春天是我们的！”第三幕拼命挣扎的蕙，终于在顽固父亲的强逼下嫁给了丑陋庸俗的郑国光。第四

幕蕙与觉新重叙旧情。第五幕蕙患小产……牺牲了性命。第六幕已往的血的教训，使觉新赞助淑英出走。于是大家快乐地说“春天是我们的！”而觉新却暗自流泪。

这六幕中，每个演员都有演戏的机会。剧情的推展，虽无特出的紧张演出，但还能抓取观众的情绪。

……在这春已来临的季节中，《春》不失为一出可看的戏剧。

——慧琳：《〈春〉·蓝兰哭得伤心》

《平报》1942年3月19日第4版

《申报》演出广告（1942年6月4日）

有关《春》的演出情况，媒体也有这样的报道：

《春》是巴金原著胡导改编，姚克导演者，现已连演一月有余，上座极盛，前些日改编者胡导宴客于大西洋饭店，到会近百人乃一大盛宴也。

——剧坛近况：《“春”上座极盛》

《三六九画报》1942年第15卷第6期

《春》的成功让胡导对改行职业导演充满了信心，接着又被荣伟公司邀请去导演《比翼鸟》（即《新孔雀东南飞》）但却未能如愿获得舆论好评。

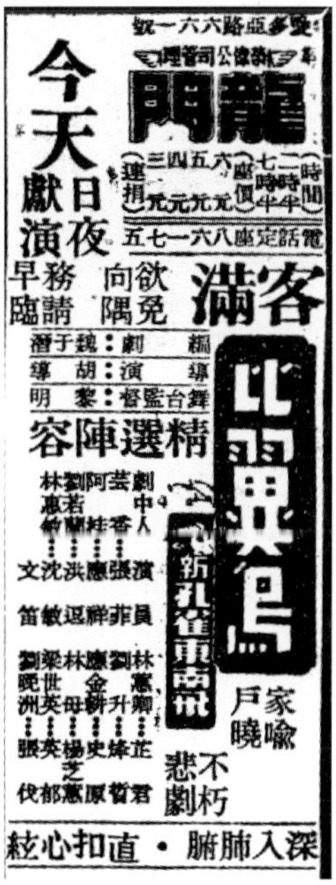

《申报》演出广告（1942年6月4日）

导演是胡导，在“辣斐”舞台上，胡导相当活跃，《生意经》《海恋》等，都有良好的演出，近来大概改变作风在舞台上少见他的影子，在编导方面，渐渐地见到他的名字，以往担任《春》的改编工作，现在又导演《比翼鸟》，可是胡导虽有多年的舞台经验，而在他到眼下的《比翼鸟》，却并不像他演戏般，留下宝贵的成绩。

第一第二两幕，演员位置，纷乱异常，胡导真是胡闹

朱端钧

洪谟

的导演……

——小平：《〈比翼鸟〉飞进“龙门”》

《平报》1942年6月17日第4版

（二）办剧团，《甜姐儿》底定职业导演地位

在那个时代，要成为一个职业导演，没有自己的剧团为依傍，是很难如愿的，如果说《春》只是胡导走的职业导演之路的尝试，那么《春》的导演成功，坚定了胡导走职业导演之路的决心。1942年4月在老朋友洪谟、朱端钧邀请下，胡导和他们共同组建了华艺剧团（为了能长期在兰心大戏院演出，该剧团一度以“艺光”的名义演出），有了自己的剧团，胡导就可以按自己的想法进行创作。

这里，不得不提一笔，由于当时商业演出竞争激烈，演出频繁，各剧团都苦于生存困境，故尽管这一时期话剧演出兴盛，但留下的图像却很少。这不能不说是本章节极大的缺憾。

由于上一个戏《比翼鸟》的演出未获期望中的好评，胡导在“华艺”首排姚克编剧的《鸳鸯剑》时不免多了一份顾虑，为票房卖座经济利益计，他主动提出还是请姚克先生挂名导演，此举也得到了剧团和姚克的首肯。

这次演出效果还算不错，尤其是导演的舞台处理得到了舆论的肯定：

从开始到剧终，可歌可泣的剧情，洗练的演技，造成极度凄凉的空气，相信观众们见到了董景濂（注：剧中男主人公）的殉情，堕民的痛苦，虽不泪下，至少有窒息呼吸的可能。的确！在这三四个月来《鸳鸯剑》是比较可以过瘾的一个戏。

第一第二两幕的幕落，相当动人，第一幕当黄宗江（注：剧中人董景濂）经过内心痛苦的挣扎，决定回去的

《申报》演出广告（1942年8月19日）

时候，黄宗英（注：剧中人王筠倩）静悄悄地出场说：“别走！我有话对你说！”接着一声响脆的锣声，幕慢渐渐垂下，紧张有力，恰到好处。第二幕呢？与第一幕相反的情调，黄宗江赴考离别，与黄宗英四目相视，有火也似的热情融合在彼此的视线中，沉静的舞台面，约有一分钟之久，于是幕落。凄凉的气氛，盘绕在观众的心坎上。

……第二幕跪求老师周味道（注：剧中人名），顶冒三代履历的演出，无论灯光、演员的地位，都有美丽的支配，第三幕黄宗江手拿鸳鸯剑，传来黄宗英的（被）责打与哭声，最后含泪被逐，伤感的情调充分地发挥，观众们为之泪下的大有人在。

第四幕剧情简单，……紧张激昂，凄凉的空气流荡在整个舞台面。

……报上刊着姚克编导，听说事实上担任导演的是胡导，功不可没。

——小平：《〈鸳鸯剑〉刺痛了每个观众的心》

《平报》1942年8月24日第4版

胡导最初的职业导演之路就是这样走过来的——既有本身对于

华艺剧团演出的《鸳鸯剑》（左图、右图）

卡尔登大戏院

兰心大戏院

戏剧艺术难以舍弃的钟情，又有职业发展前途的考虑；既有剧团同仁给予的认可，又要依附于名人名气的荫庇；既有自己付出的努力，也有机会的赐予；有失败也有初步的成功。

1942年12月9日至12月30日，“华艺”假艺光剧团之名在兰心大戏院上演《甜姐儿》（根据法国作家嘉禾《椰子姑娘》改编），这是胡导作为职业导演的立足之作。当时胡导已经意识到，沦陷之前剧艺社演出的那些具有明显进步色彩的戏剧，在日军统治下的上海是不能上演的，唯有走商业戏剧的路子才是剧团生存之道。同时，出于强烈的个人奋斗的动机，所以在这出戏的排演上胡导也是动足了脑筋，花了大力气的。

> 在这商业戏剧兴起，需要有新导演来参与的当口，我必须按商业戏剧的规律来进行我的职业导演创造，一定得抓住这一机会，来充分运用、发挥、展现自己多年来通过演戏、看戏所取得的对导演技巧认识、记忆的积累，特别

《甜姐儿》演出说明书（封面、封底）[①]

是近年来向往于喜剧导演手法而自发地留存在创作记忆中的积累，当然它们都极幼稚，极浅薄，也绝不高明，可总还是“积累”，要是尽最大努力用上它们，把这个戏搞成一个多少能展示自己已有了一点导演能耐……这样我才可能争取到再排第二第三个戏。

喜剧导演技巧是最容易让观众感受到的。一定要抓住这个机会，把剧本中提供的，不，还要把剧本中没有明确提供但自己想象力所及的一切喜剧因素全都运用自己的技巧把他们发掘出来，展现出来。

——胡导：《杂忆》第181-182页

胡导调动了一切可以动用的舞台表现手段，包括舞台装置、灯光、音响、道具，当然还有演员表演时的形体动作设计，等等。如：办公室场景，借用苏联导演梅耶荷德的象征主义手法，搭建高低顺次的平台为剧中职员按职务高低的办公区，职员上班（出场）

① 人物速写图作者陈致通即著名演员陈述。

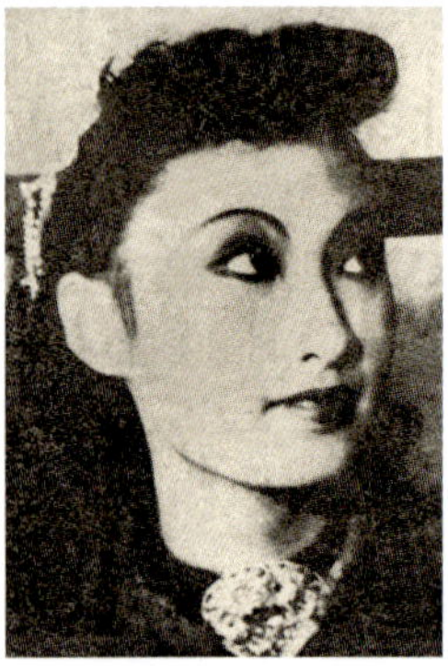

“甜姐儿”扮演者黄宗英

《甜姐儿》采用梅耶荷德象征主义舞台装置

也按职位高低依次到达，并配以灯光区域性照明，放大了声音的时钟机械声，营造一种等级制氛围；舞台上聚光灯的运用造成类似电影“特写”般的效果，又配以演员的“画外音”或是（另一情节场合）哑剧式夸张的肢体语言；剧中汽车夫强凑上去亲吻女孩，却被女孩用花瓶堵住嘴，而车夫还以为占到了女孩的便宜；最富于喜剧性的是一场“决斗”，演员双方同时摆出架势，一作西洋拳击状，一作太极拳起势，正欲展开拳脚，双方却互相学起对方来，结果是类似电影中“慢动作”的拳击和类似电影中“快进”的太极拳，快慢、刚柔恰成反比，恍如漫画，最后，谁也没有打到谁，却各自以“好汉”造型收场。胡导在七十年后写的回忆录中，对该剧的许多细节都有详尽的描述，其中主角甜姐儿一段用了接连七个惊叹号，足以让我们感觉到作为导演的满足。

> 说时迟，那时快——全台灯光大亮！随着后台一阵快步流星般橐橐皮鞋声，黄宗英演的孙小玉手执马鞭一阵旋风式的大步走进厅来。两眼流光四射，边走边四面一看，很自然地转了个不大不小的圆圈后在舞台中心站定。好个亮相——只见这位好挺拔的高挑儿少女，头戴鲜红的法国帽，一身（只在好莱坞彩色电影里看到过）健美女明

星的猎装：洁白的白色马裤，擦得亮晶晶的大红马靴，白红交织色彩鲜艳夺目而又极富高雅感的羊毛衫紧裹着她的苗条、丰盈美的身材——生气勃勃！英姿勃勃！明媚！亮丽！挺拔！智慧！青春美！纯真美！还闪烁着童真的美！连着她的娇气和骄气也带着些美了。

——胡导：《杂忆》第184页

为了吸引观众，除了采用新颖的表现手法，还在广告上加了“流线型喜剧”五个字，果然收效不错，当年媒体这样评论：

整个演出，在喜剧立场说是轻松活泼，而舞台装置之美丽与新颖，更有美妙的感觉。像第三幕财务局办公室，科员等的写字台，平行排列，而主任的写字台，比科员的排高一级，部长的写字台比主任的更排高一级，算是职位高低的分别，还有到办公室的时间，也依职位高低而分早迟，从吸烟及烟盒也分等级，总之，这段有强力的讽刺性，简直是一幅完整的讽刺画。

巧克力厂厂主念出女儿留下的信件的时候，并不开口，他把信笺拿在手里，做出看信的样子，同时，饰女儿的黄宗英，在幕后，念出信笺上的字句，这是很可采取的导演手法，用在喜剧中，是可以制造出不少的笑声。

——小平：《讽刺泼辣〈甜姐儿〉笑料大竞卖》

《平报》1942年12月13日第4版

如果站在一个观众纯享受的立场上说，《甜姐儿》是看得非常过瘾而舒畅，它那明朗的节奏，机巧的构图，优美的画面，俏皮的台词，温厚的讽喻，夸张的动作，滑稽的举动，以及紧凑的演出，和流线型的一切，使人在不断的笑声中，觉得时间老人是太会开玩笑了！在喜剧演出

《申报》演出广告
（1942年12月4日）

艺光剧团演出的《甜姐儿》

的技巧上说，这是本年度的佳作。

……

舞台上的一言一语，一举一动，都是经过导演者精心的考虑和安排，这是显然的。尤以演员间的地位，动作，姿态，语调，以及音响效果的配合，都吻合着剧情间的进展而予以明朗的节奏展示。显然，导演是把它当作Tarce来处理，只要达到喜剧效果，他是不顾及情理上通否的问题。他大胆地应用了许多新的技巧，接受了许多好莱坞喜剧电影的小噱头，所谓“流线型”的演出，也许就是指此罢。第三幕利用装置上地位的高低来暗示官僚间的等级，非常聪明而有力。

还有，戏的末了Ending的静止画面，固然构图非常优美，但却不自然，因为不是舞台行动的自然发展，而是灯光骤暗后的一个变动过的画面，这未免有“故弄玄虚”之嫌。导演者利用Spotlight来发生电影上特写镜头的效果，非常可取。

——池清：《这一月的电影和话剧》

《杂志》1943年第10卷第4期

对于所谓“流线型喜剧”这一广告“噱头”，当时有人这样说：

介绍这“流线型喜剧”到中国来的便是今日以闹剧鸣于时的胡导，说介绍还不如说发明，因为外国的剧坛还没有这个新奇名称，还倒是胡导费尽心机想出来。但是你别小觑它，觉得用这三个字来代表一种闹剧，是有所不当，观众可早明白了这一点，凡是里面有些跳跳蹦蹦，打情骂俏，甚至热烈火爆等引人大笑的演出，那就是“流线型喜剧”。看来唯一的感觉是拉开嘴来，莫名其妙的笑一阵子，要求其他是很难的。可是，能从头看完也不气闷，难怪胡导在今日剧坛要走红了。

——庄啸：《“流线型”导演胡导》

《社会日报》1944年6月4日、6日第4版

六十年后，胡导自己是这样解释的：

“流线型喜剧”这个概念来自上世纪三四十年代美国好莱坞电影的一种流行样式——“好莱坞流线型喜剧片”（三四十年代上海报纸上美国影片广告上常能看到这类词儿）。我有印象，那时有的好莱坞喜剧片是按舞台喜剧原著或舞台演出来改编的，它们通过电影技巧手段——如镜头、布光、“蒙太奇”剪辑等，常常把戏处理得比在舞台上更流畅、更明亮、更轻快，具有一种特有的喜剧电影的魅力，这样，人们自然地就有了“流线型”这个概念，而这概念又加强了观众对这类影片的审美喜爱。

我作为导演向往的也正是喜剧应该具有的流畅、明朗、轻快的艺术格调，那为什么不明确宣称就用这“流线型喜剧”样式来排演，来进行舞台艺术创作！即使，从商业宣传、广告着眼，这提法也是有利于争取原来爱看好莱坞电影的观众的。

这类戏主要是商业性产物：特偏重技巧——台词一定要写得锋利、俏皮、富有情趣，情节安排当然不能一般化，必须具有幽默意味，既出意料之外又必须合乎情理之中。从商业着眼，自然不讲究是否具有深刻的思想内涵。

《申报》演出广告（1942年12月22日）

而艺术格调上，又是“不俗的”，具有高度幽默意味的。但达不到如莫里哀对人的劣行的鞭挞入里，更谈不上有莎翁那样对文艺复兴精神的讴歌和欢唱。剧作题材一律是爱情喜剧，男女主角差不多也全是中青年的绅士、淑女或受过高等教育的学人、青年。他们或因性格上的矛盾，或由于环境变化而产生矛盾……总之，主角间总有一场风趣的爱情纠葛，似乎闹得沸沸扬扬，而总有一天，上帝会保佑他们——他们互相在爱情的给予回馈上产生的“悲欢”，有一朝定会云开日出般神奇地取得“新”的默契。当然，又全都是以happy ending（大团圆）式的喜剧性结尾而让观众笑到闭幕的。

——胡导：《杂忆》第182–183页

《甜姐儿》上演二十多天，卖座极好，天天客满，但按合同约定还是在12月30日终结演出，另上新戏。尽管上演时间不算长，不过胡导作为职业导演的能力在剧界和观众当中也终归得到了承认。使“流线型喜剧”成了那个年代的胡导“品牌”，是年胡导27岁。

从1942年末到1946年初，胡导导演的“流线型喜剧”包括《春闺风月》《鸳鸯谱》《甜甜蜜蜜》《莺妒燕娇》等十二部，以“发噱”“滑稽”为特色的表现手段吸引上海的市民观众，在坊间很有一点影响。

“流线型喜剧”作为一种表演形式，是“沦陷”时期商业戏剧这一特定环境下的产物，在受观众青睐的同时，也一直备受诟病。直至改革开放以后，学界对此才有了比较客观的评价。

喜剧多，正好反映了人们郁结的精神要求宣泄。在那样畸形的环境里，这些都应当认为是正常现象，是不难理解的。但所有这一切，都曾受过责难，特别是对喜剧，在“孤岛”期间，责难就已经开始。健全的生命不能与啼笑绝缘，一听说喜剧就皱眉头，……认为这是无聊和不严肃，恐怕正是封建时代头巾气的遗留。

——柯灵：《上海沦陷期间戏剧文学管窥》

《上海师大学报》（哲学社会科学版）1982年第7期

闹剧的产生，在西方就与市民阶层的喜好密切相关，“流线型喜剧”的大行其道，说明日益扩大的以市民阶层为主体的观众对此类续集产品旺盛的需求。以往过多地从政治因素着眼谈论40年代上海喜剧的繁荣不免牵强。同样，简单地将这种现象斥为浅薄、庸俗、低级趣味也是不恰当的，正如柯灵所言：“花开以季，鸟鸣以时，离开时代、社会背景和作者生平，架空作品，妄加雌黄，那不但是隔靴搔痒，还会失之毫厘，差以千里。”（引文原注：柯灵：《战火中的艺术》，《文苑漫游录》，三联书店［香港］有限公司1988年版，第298页）

——李涛：《大众文化语境下的上海职业话剧》第118-119页

上海书店出版社2011年10月

剧团要生存，就要不断地有演出，而且要有票房的演出，在华艺（艺光）剧团短短一年半的时间里，胡导导了8部戏，除前述的3部外，主要还有：

《春闺风月》（1943年1月20日—2月1日）。

《申报》演出广告（1943年2月10日）

不久前在兰心公演过博得一致好评的《甜姐儿》，那是世界著名大喜剧《巧克力姑娘》改编的。胡导导演这一个戏，用尽心思，发明透视舞台面，运用流线型风格，所以在一般观众的脑膜中，都有新的印象。大约胡导处理这一类戏别具匠心吧？新作《春闺风月》新鲜噱头层出不穷，若干地方，固然太夸张了，但在一般观众的苦闷心理下，谁都欢喜笑笑，正同观悲剧洒眼泪一样，完全是一种自然的发泄。而《春闺风月》的笔触，相同《第八夫人》《多夫宝鉴》者，笑的资料丰富，可以意想到的。

——枫：《从〈春闺风月〉说起》

《社会日报》1943年1月21日

胡导导演的《甜姐儿》，一部分相当成功，而《春闺风月》，限于剧本，未见他的“天才横溢”，不过有几个小动作，有轻松的处理。至于整个地说，只见纷乱。

——小平：《硬派滑稽——流线型的〈春闺风月〉》

《平报》1943年1月28日第4版

看过《甜姐儿》《春闺风月》的读者们，大概还记得该剧导演处理全剧的优美手法吧？尤其是节奏的轻快，灯光的柔美，更使观众满意。后起导演中胡导可算是不凡。他本人对“趣剧”最感兴趣，对于“趣剧”的手法也很有研究。一个剧本到他手里，便大改特改，务使在演出上获得较好效果。

——于良：《话剧的导演们》

《杂志》1943年第11卷第2期

喜剧以第一幕最难，因为它要介绍人物，于是对于剧情就难顾及。《春闺风月》的好处在一开幕就能抓住观众，几个角色上场都介绍的很妙，叫人想：到底这是怎么回事？于是剧情紧张地接了下去，不松一步。好戏像泉水般源源流出，幽默、噱头、妙语百出，一气呵成，看后好像在倦后洗一次温水浴。

本剧导演胡导在《甜姐儿》时，已经获得很大成功，这次《春闺风月》的成就更是超过前者。夸张都正到好处，全剧无一闲笔。更好的是本剧的节奏，温和，自然，从容不迫。许多剧本上二个角色的戏的场面全无冷和温的感觉。

——戴理：《观〈春闺风月〉》

《中华周报（上海1942）》1943年第32期

全剧三幕三景，灯光和布景都很和谐，空气始终能保持在喜剧的氛围里，足见导演者是花费相当的努力。许多小动作，都能细心地不让他轻易放过，例如司徒太太将发现那取下来好久的听筒，而潘太太立即将它仍归原处，始将自己作弄司徒太太的用意掩饰过去了，这颇能显示导演者的聪明之处。

不过女仆阿秀，以及男仆的戏实在少得可怜，这当然编者应负疏忽之责。尽管是配角，也应派上一些戏，现在只成了舞台上的浮光掠影的人物，这是糟蹋了演员。

——沙雁：《剧评〈春闺风月〉》

《太平洋周报》1943年第1卷第54期

《大地》（1943年3月19日至4月17日），根据美国作家布克夫人（即赛珍珠）同名原作改编，朱端钧（执行）、洪谟、胡导联合导演。

《申报》演出广告（1943年3月19日）

序幕是哑剧，专用音乐和唱歌来展现。真地把

华艺剧团演出的《大地》（左图、右图）

锦绣田原，苍茫大地搬上舞台，背景、人物劳作造型都极美。一、二幕儿啼，狗吠，炮鸣种种响声效果都很逼真。三幕茶馆两场另成气氛。尤其是最后一场王龙听得女丐求乞的哀声忆起妻子，极感人。后两幕善恶斗争——天真淳朴的阿兰和王龙终究获得了胜利！有福的人到底还是受苦难最深的人。

编、导方面可说无懈可击。舞台装置的美丽和巧妙，设计时似曾费相当的心力。

——谭雯：《大地》

《杂志》1943年第11卷第1期

导演的处理是成功的，往往在一种沉默之中，剧情仍渐渐地开展，演员（在舞台上）的地位很优美，每一幕都有特殊的气氛，稳健的手法，正适宜于一种戏剧，可惜“万花楼”的一幕，采用了喜剧手法，流近于文明戏了。

这出戏的成功，最值得我们称颂的，是装置，灯光，和音乐。序幕完全是装置，灯光，音乐的表现，令人宛如观看五彩电影，序幕两种不同的色彩，简直疑为不是同一的装置，那当然是颜色与灯光的配合。

效果也很尽职，末幕两场间，以效果来接连剧情，是很聪明的地方。

——洛城：《评〈大地〉》

《话剧界》1943年第2卷第3期

把文艺作品改编之后，无论搬上银幕或舞台，往往有流于沉闷的毛病。《大地》的导演大概有鉴于此，所以在全剧的处理上，不独注意于保持浓厚的文艺气氛，还能把紧张的地方加以适度的配置，极力避免场面的呆板。

总之，在这一剧中，不独可以看到中国千百年来农民生活历史的缩影，还可以感到最亲切自然的人性，以及嗅出大量的泥土气味。

——若望：《〈大地〉观感》

《太平》1943年第2卷第7–8期

《大地》是成功的。尤其是序幕，导演处理最成功，有很浓厚的文艺气氛，这不是噱头式的序幕，它一开场就介绍出气魄浩大的大地与她的子孙。歌词、歌曲、音乐都很成功。第一二两幕比较凌乱，两个抢劫场面应该使观众沉痛，同情的，却都加儿戏。而下幕都很好，三四幕较完整，没有什么缺陷，下幕时王龙跌在扶梯上十足刻画出一个土老儿。第四幕王龙发觉儿子渐习下流的一段过程与蝗虫来袭空气很紧张，音乐效果配的最好。末一段太沉闷，高潮勉强，我以为高潮倒在前一幕蝗虫来袭。

——（未标作者）《大地》

《太平洋周报》1943年第1卷第62期

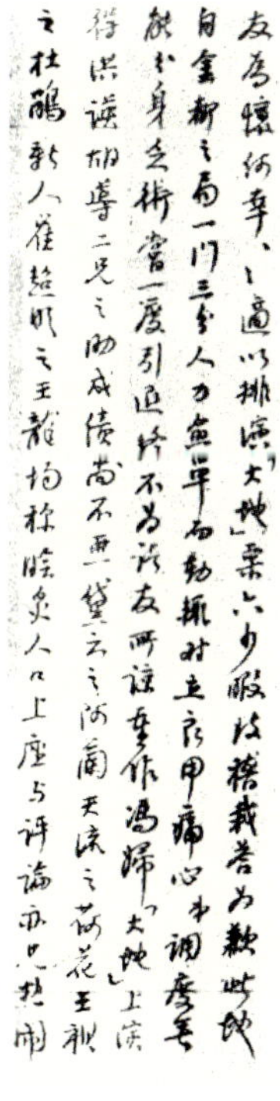

朱端钧致于伶信手迹（部分）

该剧演出后，朱端钧先生曾致信远在重庆的于伶先生：

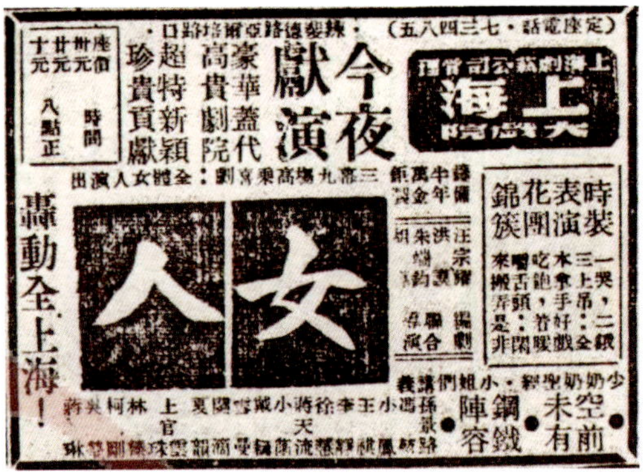

《申报》演出广告
（1943年7月10日）

《大地》上演，得洪谟、胡导二兄之助，成绩尚不恶。戴耘之阿兰（注：前一人名为演员，后一人名为角色；下同），天流之荷花，王祺之杜鹃，新人崔超明之王龙，均称脍炙人口。上座与评论亦见热闹。惟未能与老友同场共话甘苦为憾耳。……

——上海戏剧学院朱端钧研究组编:《朱端钧的戏剧艺术》
中国戏剧出版社1982年

《女人》（1943年7月4日至8月8日），由朱端钧、洪谟、胡导联合导演。

导演处理这个戏也很美国电影化，近来演出的戏好像都给观众情感尽量发泄，常常利用舞台技术故作惊人之笔，……而《女人》则纯粹喜剧作风，轻快，简洁。几个人多场面的地位，如时装公司（场景）、青岛海滨饭店（场景），非常美丽适宜。

——史蒂华：《〈女人〉评》
《海报》1943年7月12日第4版

"你对于导演有什么见解？"

"怎么说呢——几乎看不到集体导演的痕迹来吧。"

"洪谟与胡导受西洋风格的影响似乎是很深的，《女人》之有统一性，这一点也很重要，几个场面如时装公司与跳舞会的休息室等的地位非常适宜。节奏很轻松，画面很明朗……这些都是导演的优点。"

"我以为第一幕打牌很不好，首先是与甜姐儿重复，其次是打牌往往容易散乱，不够把观众的注意力集中。”

——陈沉　蒂华：《女人》与《武则天》

《太平洋周报》1943年第1卷第74期

集体导演，有优点也有缺点，优点是集个人的特长，而综合成一件艺术品，缺点是每个导演有每个不同的风格，如此集合之后，不是少风格，就是不统一。我说，导演的风格是绝对需要的，像佐临先生的喜剧风格和胡导先生的喜剧风格，有绝对的不同。那么，集体导演能否使这风格受破坏呢？这是要看导演的手法了。像《女人》这种戏，第一要握住西洋风格的特点，因为这戏中出场人物，大都是“高等华人”，高等华人是受洋化了。所以西洋风格的特质，先必抓住，像胡导、洪谟和朱端钧三先生，在这点方面，似乎很注意到。

《女人》可是三位导演以自己的特长，而创造一个新风格的企图，结果，并没有失败，所以这次的集体导演，成为三位导演艺术的溶合，得到一个统一的风格，好像其中许多的画面组合很含有诗的意境，剧情的处理，高潮的处理，也特别觉得明朗新鲜。

华艺剧团演出的《大鹏山》

《申报》演出广告（1943年8月23日）

——英荻：《每周剧评〈女人〉》
《国报周刊》1943年第5期

《大鹏山》（1943年8月27日至9月23日）根据俄国作家普希金《杜布洛夫斯基》改编，胡导、方君逸联合导演。

论《大鹏山》的导演也值得称道的，方君逸和胡导两位先生均属前（剧）坛最优秀的编导，成绩常属不凡，尤其其中采用许多电影特写的手法，在舞台上尚属初创，能集电影之特长，优点，而移用于舞台上，使“舞台电影化”的理想，终于实现，实应大书特书的一个特点。

不论在舞台构图上，地位安排上，物体的组合上，两位导演均曾下不少心血，据说《大鹏山》的排练，约费一个多月光阴，在《女人》尚未上演之前，就已开始排了，所以，演出时从容不迫，熟练精密的样子，实在不是一般粗制滥造者可比。

——小冬：《评〈大鹏山〉》
《海报》1943年8月27日第4版

这次《大鹏山》的导演名义上虽云集体，其实只有方君逸胡导两位先生而已，两位均是历史悠久，经验丰富的名手。据说第一幕，第四幕和第五幕是方君逸先生所导，第二幕第三幕由胡导先生负责。因此在导演风格上，□□出特殊的不同，方君逸先生注重有趣的小动作，胡导重视电影化的“舞台特写”，均在剧中表现出来。

群众场面，在《大鹏山》中特别多，而且这几场群众，若不处理好，全剧就归失败，但是这重要的场面，导演没有把它弄糟，反而，很能显出和谐共鸣的作用，这成功是《大鹏山》成功的主演原因之一，理该特别指出。

——英荻：《大鹏山》

《国报周刊》1943年第一卷第10期

《春去也》（1943年12月9日至12月14日），根据意大利作家渥娶勒《青春不再》改编，署名李时建导演。

公演之前，上海和天津的报纸都刊登介绍文章曰：

导演是李时建，他就是喜剧圣手胡导，用李时建的名字他写过剧本（并且记得是从鲁迅小说改编的），而“胡导”则在大家的印象中总还留着《甜姐儿》吧，他是以技巧的新颖与演出的轻松著称的。至于演员，吴漾在《钗头凤》里演陆放翁，众口交誉认为成功，这次演伤感性的喜剧《春去也》，驾轻就熟，成绩一定是不差的，王薇系将门之后，近来演技突飞猛进，此次独当一面演出，显示充分之把握，王祺是剧艺社时代的健将，当时素来饰端淑之家庭女子，可是近年来却转变作风，风骚泼辣，无一不佳，足见其演技有多方面之成就……《春去也》是一个骨子里的悲喜剧，并不是无意义的闹剧之流，而编导演出成绩又在意料之中，相信必然获得美满的成绩。

——小风：《上海剧坛新作〈春去也〉是一部新的十字街头》

《新天津画报》1943年第12卷第18期

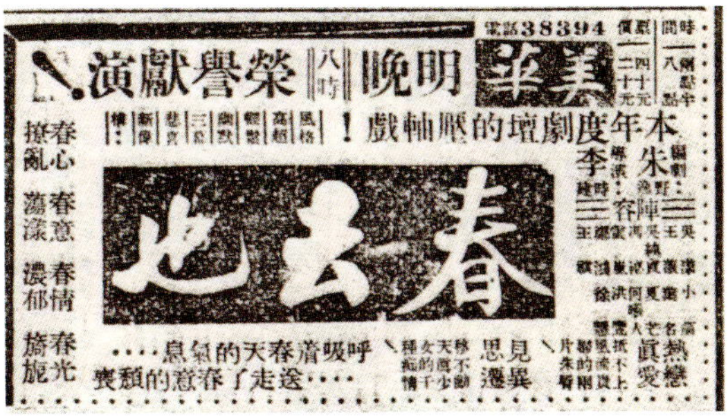

《申报》演出广告（1943年12月9日）

而演出之后的剧评则认为：

在编、导、演三者中比较好的是导演，前二幕中的轻松活泼，末一幕中的悲惋凄惘，都很可取，而最后马烈武和丽芳（注：剧中人名）临别依依，气氛尤甚，借重灯光和音乐，颇为得当。唯“趣剧”部分纯以“动作滑稽”为事，滑稽流而为“硬”岂不惜哉。

——诸葛蓉：《春去也》

《天下》1943年第1卷第5期

《春去也》是一个三幕悲喜剧。以大学生的浪漫生活为题材，演出的方式，前二幕有趣剧风味，后一幕则是悲剧色彩。前二幕可以给你嘻嘻哈哈地笑笑，相当轻松，后一幕灌输作者所提供的“意识”，有诗意的对白，然而平淡的很。由喜而悲，转变突兀，生硬。而以平淡殿在热闹之后，显然也难讨好。

第一幕中有……接吻拥抱之热情表演，……也有贵妇人风骚姿态显露，他们多少带有点洋化。

第二幕，由纯粹的喜剧渐渐转入悲的色彩，然而供给的笑料独多，比如呆子的傻头傻脑，混蛋大学生的混蛋作风，都能惹人发笑。……

而第三幕则舞台面突然染上灰色气氛，一群离开学校的学生、博士，唉声叹气，怨恨忏悔，交织成这幕戏的前半部，（女主人公）不忘旧情，走来送行，临别依依构成了后半部，故事太强调，演出也平淡。

——古英：《评〈春去也〉》

《社会日报》1943年12月13日第4版

（三）与“中旅”和其他剧团的戏缘

中国旅行剧团是唐槐秋先生组织领导的职业话剧团体，多年来演出了许多颇具社会影响的戏， 槐秋先生本人就是个大演员大导演，并且剧团还拥有唐若青、孙道临、陆露明、 顾梦鹤等当红话剧

中国旅行剧团创办人唐槐秋

《申报》演出广告（1943年12月24日）

明星，可谓盛极一时。1943年初，中国旅行剧团在北平长安大戏院演出时被日本宪兵队抓捕多人，一个多月之后，部分成员被逐出北平返回上海。而唐槐秋先生一直到年底才设法潜逃至上海。

也许是胡导在导演方面取得的一些成功被中国旅行剧团所青睐，先期来到上海的"中旅"成员们便邀胡导来剧团导演，胡导以"李时建" 署名。先后为中国旅行剧团导演了5个剧目，并就此和中国旅行剧团结下了一段戏缘。

《枇杷门巷》（1943年12月24日至1944年1月12日）

1944年7月5日至25日，这出戏易名为《蕊香院》再次上演。

胡导导演喜剧颇有心得，这应该归功于他的演戏经验，他在"辣斐"（剧场）时，是很好的喜剧角色；记得在吴仞之导演的《生意经》里，他演米蛀虫一角，大腹便便，装模作样，笑得让人肚子发痛。

担任导演，以台上噱头渗入导演手腕，《甜姐儿》一剧更获收很多。《枇杷门巷》原本是伦理悲剧，可经他编的剧本，把第一幕妓院老板做寿一节，十足喜剧化起来，赵恕（注：饰演妓院老板的演员）的许多怪动作，引人大笑，都是胡导插科打诨的妙思，第一幕之所以能使观众笑声哄堂者，这是导演第一功。

《枇杷门巷》结尾凄凉万分，女儿堕落出来，老父希望破产，酸人心鼻，与第一幕之笑声恰成为比例，一会儿笑一会儿哭，观众连呼吸都无由自主，情绪紧张万分。这是一部道地的悲喜剧。

——伏曦：《唐若英·胡导〈枇杷门巷〉各显神通》

《海报》1943年12月27日第4版

我受胡导兄的导演，这是第二次。第一次是参加中中剧团，客串演出的《血海冤魂》，那时也是扮一个老头子，一个凶恶残刻的老头子。胡导兄曾给予很多的指点和帮助，这次老头子似乎比上次那个难演些，也有趣些，这倒真是一种有意味的尝试，当我听到剧本导演又是胡导兄时，不仅放下了一百廿四个心，因为我知道他会补足我一切缺陷，走上正确道路的。

这剧本原是重感情的发展，深刻处固然十分动人，沉闷处却也未免单调。尤其是第一幕，人物的介绍和故事的开端，没有什么紧张场面，倘若处理的平淡无奇，不免会使观众索然无味，在这点，导演运用他聪明的手法和灵活的技巧，把整个场面处理的轻松无比，引人入胜。无疑地是一种难得的功绩。演出后作者谈起过，也认为是导演对于这不易讨好的剧本匠心独运之处。

——赵恕：《我与〈枇杷门巷〉》

《杂志》1944年第12卷第5期

《鸳鸯谱》（1944年3月17日至5月7日）导演署名“李时建”。

他俩,经过“女主人”多次巧妙撮合，虽然都已互相默许，可他有男性尊严，她也有女性骄傲，谁都不先作表

《申报》演出广告（1944年3月17日）

《鸳鸯谱》女主演陆露明

示。只见二人先是默默相对——对坐，对视，对饮，对笑；继而又默默同立，不禁相视一笑又并肩同立，还并肩向行起来……另一位“君子”上场见此情况，立即悄声无息地蹲下身来，走着武丑的矮步跟在两人的后面，俏皮地偷偷把自己的右手伸向“她”的左手，非常温柔地把“她”的左手握住；当然接着自己的左手伸向“他”的右手，更温柔地把“他”的左手也握住……这一来，当然，“她”以为是“他”偷偷地握住了自己的手向自己示意！“他”也以为是“她”偷偷地握住了自己的手向自己示意！两人都不禁触电般相视而笑，笑的好甜！好甜！于是三个人两高一低在舞台上走了两圈……

——胡导：《杂忆》第209页

导演打破第四堵墙，让“亲爱的哥哥”来自观众席，这固然是新鲜的玩意儿，但并非创举，……导演的处理亦多在技巧上下功夫，胡导以擅长导演喜剧蜚声剧坛，以往以《甜姐儿》最特出。他对演员的大小动作都很注意，地位尤显然，常用对称手法，以收宏大的喜剧效果，每幕的落幕，给观众的印象都非常好，从画面的组合和人物的强调上，显见导演对喜剧下过一番功夫，成就虽不及《甜姐儿》，却比《枇杷门巷》好得很多。

——赛德尔：《〈鸳鸯谱〉里的鸳鸯》

《文友（上海1943）》1944年第2卷第11期

剧中两对夫妇口中各用一些重复的台词，是很聪明的，……而这些针锋相对的台词是被导演机巧地抓住了，导演者常用一种“对称”的地位使话语表达得更觉美妙。如第一幕孙道临与云岚（注：剧中男女主角扮演者）的由互诉衷曲而至恋爱的场面，便是一例。

拉杂地写了这些，让我来总结一句：《鸳鸯谱》的整个演出上，比较最有成就一些的还是导演。

——凤朝阳：《〈鸳鸯谱〉评》

《社会日报》1944年3月21日第4版

至于“中旅”第《鸳鸯谱》，剧本平平不足道，导演胡导倒令人相当刮目。可以说《鸳鸯谱》是胡导所导演过倒比较最好倒一个戏。有许多地方吸收旅美国喜剧电影倒精华，比如配音及动作节奏等。而孙道临等演出更值得赞誉。

——麦耶（董乐山）：《观剧漫评》

《杂志》1944年第13卷第2期

《白燕劫》（1944年5月12日至5月24日）署名李时建导演。

我在处理这段戏时，让陈、杨二位演员充分发挥自己具有的“自我喜剧演员感”……形成几乎是同一感应状态。这样，舞台上的二个角色——说话的他在舞台左面，听话的她在舞台右面，面对面地都似乎自然生发了造型上

《申报》演出广告（1944年5月13日）

相似的动作、身段与调度来。

这样，似乎让观众有了双人舞感。于是，接下去的场面，我试着用了带图案性的舞台调度——先是让二人从舞台中后部两侧，他走正“P”字形调度，她走反“P”字形调度。继而在相反又相对应对两个“P”字形调度图案形成的舞台中线上，各自向前再拐弯走了大半个“O”字形调度.继而，一人从台中线后部右侧都稍斜着走向台中，两人成一直线走向台口，像是合走了个“Y”形调度，然后两人再分别向左右，再向后相互左右交叉，前后形成两次“X”形调度……

——胡导：《杂忆》第210页

胡导导演喜剧，有《甜姐儿》例子在前，后来导演《鸳鸯谱》卖座亦盛，他是一个纯粹迎合观众的导演，此次“中旅”以唐槐秋唐若青父女演《白燕劫》于“丽华”

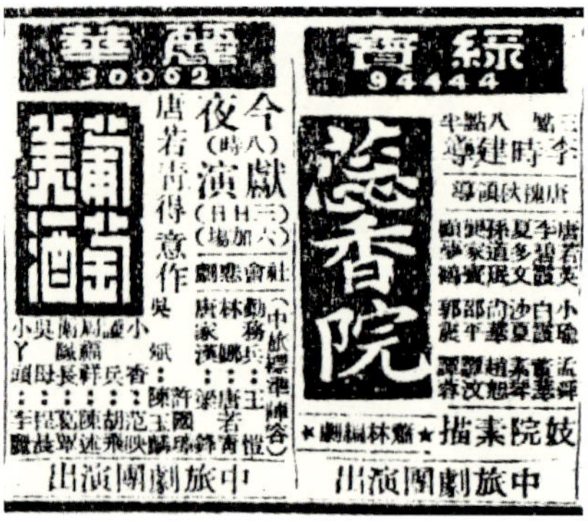

《申报》演出广告（1944年7月10日）

《葡萄美酒》主演唐若青

（剧场），全剧笑料之多，视《梁上君子》尤甚，……《白燕劫》之优点在于趣而不俗，在目前古装剧盛行时，“中旅”作风不妨另标一格，专向时装戏方面努力，比较容易售座，《白燕劫》演出后，足以影响于“中旅”往后演出的路线。

——豪客：《〈白燕劫〉宝贝大会串》

《海报》1944年5月21日第4版

从技巧来观，《白燕劫》可以说集成《福尔摩斯》与《梁上君子》的大成。三幕戏第三幕太短，结束显见匆忙。结构最好的是第二幕，笑料最多，气氛最恐怖。导演运用了全部电影的噱头，胡导导演的这种闹剧也许可以说是拿手了。演员唐槐秋最努力，陈述最突出，有点受《福尔摩斯》中华生的影响。

——麦耶（董乐山）：《影剧漫步》

《杂志》1944年 第13卷第3期

《葡萄美酒》（1944年7月1日至8月13日），署名李时建导演。

《葡萄美酒》的变易剧名可说是最繁复的了，以前叫

《夜光杯》，《恩与仇》，……在《白燕劫》后唐若青选定《葡萄美酒》。

导演是胡导，他现在老是用李时建的名字来弄戏，圈内人对于他的喜剧认为非常出色，《甜姐儿》与《白燕劫》的成功是颇不平凡的，可是现在这《葡萄美酒》是悲剧，他无非是说，一个导演不是未（注：原文如此，“是未”疑为“能”字的排字错误）囿于某一范围中的，何况胡导常常研究费穆手法，是非常心折于“气氛作风”的，这一回预备也从这方面尝试一番。

——神农：《〈葡萄美酒〉
舞台上先演出！》
《海报》1944年7月1日第4版

胡导在回忆这段往事时写道：

我也是在这时荣幸地获得长者槐秋先生的邀请，……作为一个自由职业导演，在三个剧场先后排演了以当时好莱坞“流线型喜剧电影”型的商业戏剧为主，也包括由于伶先生的《夜光杯》改编的《葡萄美酒》共五个戏。尽管可尊敬的上面提及的演员们在创作上仍一贯是严肃的，有的在人物造型上还是很有成就的，而我在槐秋长者的艺术监督下也总力求好自为之的，但今天，首先面对当年《雷雨》《日出》初演的那些光彩的经典的导演形象的回顾，我只有愧疚，只有汗颜，我实在鼓不起勇气来谈这些戏的处理，来谈如何有负于槐秋先生重振“中旅”说（所）期望的了。

——胡导：《谈唐槐秋先生与中旅的演出》

中国旅行剧团演出场所绿宝剧场

《申报》演出广告（1943年4月1日）

《唐槐秋和中国旅行剧团》

中国戏剧出版社2000年6月，第303-304页

“沦陷”时期的上海话剧演出，商业竞争是空前激烈的，各剧团为了生存，绞尽脑汁希望吸引观众，每上一个戏，都要找与之最匹配的导演、演员。这样，演职员的客串、兼职、流动就成了当时话剧演出的一道风景线。1943年，华艺剧团解散，胡导开始以自由职业者的身份从事话剧导演，到抗战胜利前后，除了前述在中国旅行剧团以外，还先后应邀在不同的剧团导戏，主要有：

《血海冤魂》(中中剧团1943年4月1日至20日)。

胡导处理本剧，看上去是曾下过一番苦功的，每一幕都有紧张的高潮，第一及第四两幕阴气沉沉，黑暗中的摸索获得非常的成功，他很能抓住重点，舞台面绝不凌乱，不过第四幕在间不容发的场合下，莉莉和彩娥（注：均为剧中人物）却笃定的谈话，空气立刻被松懈了下来，如果为了要加重彩娥演戏的机会，那么读这一段台词时，亦应特别加快和语气加强，否则我认为这一段台词可删去的。又李二爷的个性，尚须强调，他不够阴险，恶毒，观众感到他是个多余的人物，这或许是编剧者的失败。

——孙一帆：《〈血海冤魂〉》观后》

《社会日报》1943年4月16日、17日第4版

《阖第光临》（天祥剧团、银旅剧团联合演出，1944年7月1日至26日）与朱端钧联合导演。

导演为朱端钧与胡导合作，他们过去合作过《女人》

《阃第光临》主演顾兰君

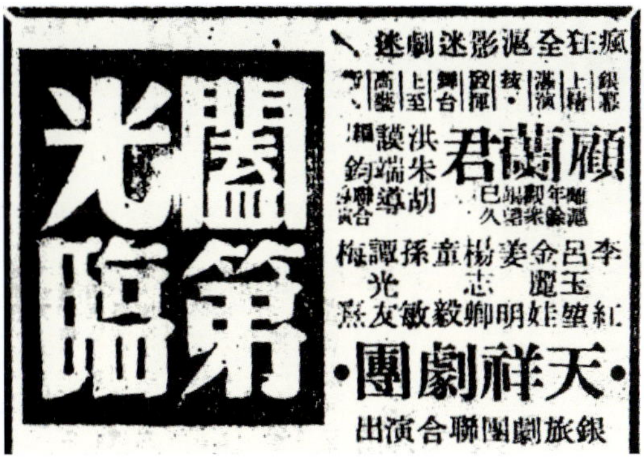

《申报》演出广告（1944年7月4日）

等剧，朱端钧排闹剧还是初次，而胡导却以此种戏为擅长，在导演上，在很多地方是充分流露出导演的小聪明来，像闹鬼和张惟宁的岳家阃第光临时，在大吵大闹中而不显得紊乱。

——周玖：《评〈阃第光临〉》

《海报》1944年7月15日第4版

《莺妒燕娇》（实验剧团和美华剧社联合演出，1945年2月13日至3月23日）。

胡导导演，一贯他的夸张的手法，把故事弄到热闹至荒唐的地步。有些相仿的动作，重复两次，那是很有些喜剧效果的。观众不自意地看到类似的夸张画面，笑了，“那是很滑稽的！”然而到第三次，观众已意料到，“又要来了”，果然来了，而且和前次没有分别，观众照样笑，然而已不是纯粹为表演的艺术而笑。导演者是聪明的，迎合了他们的口味。他们也许会心底说着：“这不坏”，然而那艺术品的价值，却有减无增。

《莺妒燕娇》演出说明书

有一点（场面）值得一提的是：女秘书用一支铅笔，陡地

《申报》演出广告（1945年4月14日）

《申报》演出广告（1945年6月7日）

《申报》演出广告（1944年12月25日）

一竖，把主任注视别人的目光，引到物上来。这铅笔的运用，犹如魔杖，既吸引起了观众的注意，又表达出女秘书与男主任的暧昧关系，场面空气也弄得非常活泼。手法经济而深有效果，可不知是原作上就有，还是导演的创作。

第四幕大闹别墅一场，登场人物一多，就未免有些凌乱。仅诗人荒木有戏做，余者都不像活生生的人物，是导演没有赋予他们生命吧？

……我们的胡导先生是专擅喜剧，善插噱头的。他的企图，是使它夸张成喜剧。与其深刻，他是宁愿浅薄而至哄堂大笑。在这一点，他是成功的。

——居然：《〈莺妒燕娇〉观后》

《社会日报》1945年3月6日－9日第4版

《结婚十字街》（剧艺实验剧团演出，1945年4月14日至5月15日）。

导演与演员倒都各尽了他们的力量，有相当成绩可言。

导演者于处理这种闹剧是有“特长”的，场面之热闹，末幕人物地位之安排，确具匠心。

而律师事务所接电话一场，导来很为别致，最后，仆欧（boy）大发牢骚（虽然这一节插入极牵强），将全场灯光突然暗去而用Spotlight照在一支长短针正中，转动着的时钟上，在这样一种情景下，那一段“人生哲学”的演讲，听上去是可以勾引起不少感触的。

咖啡馆的装置，可说是在舞台上别开生面，利用几只沙发座，演了不少戏。

自然，导演者也有不少夸张过度的地方，不很妥当。

——凤朝阳：《漫评〈结婚十字街〉》

《社会日报》1945年4月17日第4版

这一期间，胡导还导演过《甜甜蜜蜜》《蛮女天堂》两出喜剧，因未能找到相关剧评和其他文字资料，且将演出广告列此存照。

（四）叶明先生评说胡导的导演

1944年上海杂志公司出版的《杂志》刊登了《谈胡导的导演》。该文作者署名“康心”——就是后来上海电影制片厂的导演叶明先生。

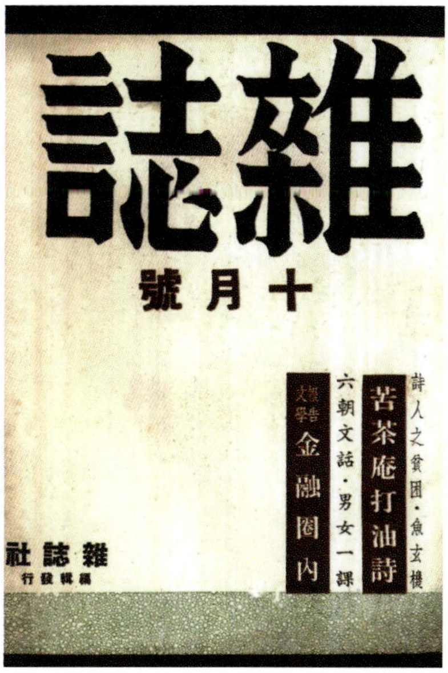

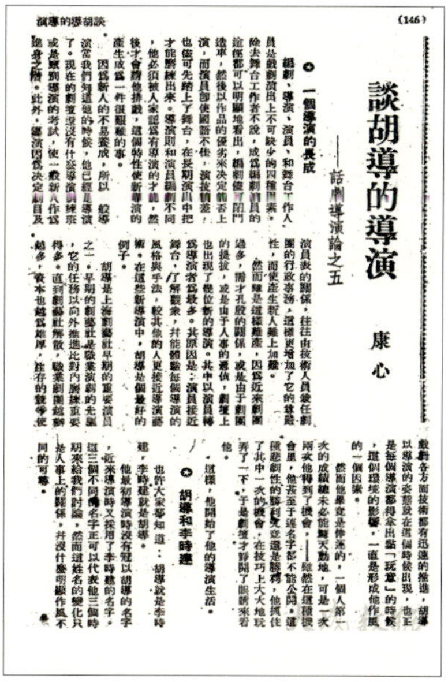
談胡導的導演 (146)

談胡導的導演

——話劇導演論之五

康心

✪ 一個導演的長成

編劇、導演、演員、和舞台工作人員是戲劇演出上不可缺少的四種因素。除去舞台工作者不說，成爲編劇演員的途徑都可以明顯地看出，編劇儘可閉門造車，然後以作品的優劣來決定能否上演，而演員即使國語不佳，演技稍差，也儘可先踏上了舞台，在長期演出中把才能磨練出來。導演則和演員編劇不同，他必須被人家認爲有導演的才能，然後才會請他排戲，這個特性使新導演的產生成爲一件很艱難的事。

因爲新人的不易養成，所以較導演當我們知道他的時候，他已經是導演了。現在的劇壇還沒有什麼導演訓練班或是類到導演的考試，使一般新人作爲進身之階。此外，導演因爲決定劇目及演員表的關係，往往由技術人員兼任劇團的行政事務，這樣更增加了它的複雜性，而使產生新人難上加難。

然而雖是這樣難產，因爲近來劇團過多，需才孔殷的關係，或是由于劇團的提拔，或是由于人事的遷依，劇壇上也出現了幾位新的導演。其中以演員轉爲導演者爲最多。其原因是：演員接近舞台，了解觀衆，并能體驗每個導演的風格與手法，較其他的人更接近導演藝術。在這些新導演中，胡導是個最好的例子。

胡導是上海劇藝社早期的重要演員之一。早期的劇藝社是職業演劇的先鋒，它的任務以向外推進比對內磨練重要得多。直到劇藝社解散，職業劇團越辦越多，資本也越爲雄厚，生存的競爭使戲劇各方面技術都有迅速的推進，胡導以導演的姿態就在這個時候出現，也正是每個導演都得拿出點「玩意」的時候，這個環境的影響，一直是形成他作風的一個因素。

然而他畢竟是幸運的，一個人第一次的成績雖未必能驚天動地，可是一次兩次他得到了機會，——雖然在這種機會里，他甚至于連名字都不能公開。這種悲劇性的勝利究竟還是勝利，他抓住了其中一次的機會，在技巧上大大地玩弄了一下，于是劇壇才睜開了眼睛來看他。

這樣，他開始了他的導演生活。

✪ 胡導和李時建

也許大家都知道：胡導就是李時建，李時建就是胡導。

他最初導演時沒有冠以胡導的名字，近來導演時又採用了李時建的名字。這三個不同的名字正可以代表他三個時期來給我們討論，然而這姓名的變化只是人事上的關係，并沒什麼明顯作風不同的可尋。

《杂志》十月号书影（杂志社1944年）

文章发表时胡导的“职业导演”不过两年左右，但这篇文章所作的评说大体可以概括胡导在那一段时期从事导演的全部得失成败，可以视为叶明先生替胡导所作的导演初期创作小结。文章写得非常中肯，言之谆谆，以至胡导终身难忘。兹全文转录于下（对无关紧要的题外话略有删节）：

话剧导演论之五
——谈胡导的导演

康心

一个导演的成长

编剧、导演、演员和舞台工作人员是戏剧演出上不可缺少的四种因素。……导演则和演员编剧不同，他必须被人家认为有导演的才能，然后才会请他排戏，这个特性使新导演的产生成为一件很艰难的事。

因为新人的不易养成，所以一般导演当我们知道他的时候，他已经是导演了。现在的剧坛还没有什么导演训练班或是甄别导演的考试，使一般新人作为进身之阶。此外，导演因为决定剧目及演员表的关系，往往由技术人员兼任剧团的行政事务，这样更增加了它的尊严性，而使产生新人难上加难。

然而虽是这样难产，然而近来剧团过多，需才孔殷的关系，或由于剧团的提拔，或是由于人事上的凭依，剧坛上也出现了几位新导演。其中以演员转为导演者为最多。其原因是：演员接近舞台，了解观众，并能体验每个导演的风格与手法，较其他的人更接近导演艺术。在这些新导演中，胡导是最好的例子。

胡导是上海剧艺社早期的重要演员之一。早期的剧艺社是职业演剧的先驱，它的任务以向外推进比对内磨练重要得多。直到剧艺社解散，职业剧团越办越多，资本也越为雄厚，生存的竞争使戏剧各方面的技术都有迅速的推进，胡导以导演的姿态就在这个时候出现，也正是每个导演都得拿出点“玩意”的时候，这个环境的影响，一直是形成他作风的一个因素。

然而他毕竟是幸运的，一个人第一次的成绩总未必能惊天动地，可是一次两次他得到了机会，——虽然在这种机会里，他甚至于连名字都不能公开。这种悲剧性的胜利究竟还是胜利，他抓住其中一次机会，在技巧上大大地玩弄了一下，于是剧坛才睁开了眼睛来看他。

这样，他开始了他的导演生活。

胡导和李时建

也许大家都知道：胡导就是李时建，李时建就是胡导。

他最初导演时没有冠以胡导的名字，近来导演又采用了李时建的名字。这三个不同的名字正可以代表他三个时期来给我们讨论，然而这姓名的变化只是人事上的关系，并没什么明显作风不同的可寻。

最初他在舞台上导演的是他自己编导的《春》，然后在荣伟公司的《比翼鸟》和华艺剧团初期排的《鸳鸯剑》。这三个戏我们称为他的练习时期，在排戏中他得先熟悉导演上的一切技巧，然后在这过程中他一面摸索而一面慢慢建立起自己的作风。

此后的几个戏对他是最重要的，第一个该说的是《甜姐儿》和下面一串他在华艺剧团排的戏，包括《春闺风月》，《大地》，《女人》和在中中剧团排的《血海冤魂》。其中《大地》《女人》二剧是与别人联合导演的。

最重要的还是《甜姐儿》，它奠定了他导演的基石。在那个时候，《甜姐儿》在喜剧演出上该是一个大胆的尝试，结果不是叫大家开怀大笑，便是被骂得体无完肤，而结果是笑了，并且笑得很厉害。如果不是当时华艺剧团急于在新年换上别的新戏，也许它的观众还要多，也许华艺剧团也不会因为《晚宴》的惨况而退出兰心剧院，这是题外的剧坛史话，不谈也罢。

然后是他离开华艺剧团开始用李时建的名字排的几个戏，有《春去也》，《枇杷门巷》，《鸳鸯谱》，《白燕劫》，《葡萄美酒》，和与朱端钧合导的《阖第光临》。

在这十五个戏的经历中，我们以作风的不同把它分为三种：一种是他的喜剧演出，是《甜姐儿》，《春闺风月》，《春去也》，《鸳鸯谱》，《白燕劫》五个。一种是他的悲剧演出，有《比翼鸟》，《春》，《鸳鸯剑》，《血海冤魂》，《枇杷门巷》和《葡萄美酒》六个。以及最后一种与人合导的合作戏四个。在第三项几个戏里，……很难看到各别的风格，所以在这里，四个戏将略去不提。

从喜剧到闹剧

记得某日报上有导演的“三字评”，在胡导的下面是“噱头多”三个字。

这位作者的确想得很对，我想随便是谁一提起胡导，就会想到他的“小噱头”。当然“小噱头”是相对于“大噱头”而言，“小噱头”是动作之间，言语之间和利用舞台技巧等而获得的喜剧性，如此说，“大噱头”是指情节和人物性格的夸张性，也许这是编剧的事，不在导演份内了。

……

关于喜剧的演出手法，无疑地最初是很严肃而拘谨的，剧艺社的前期也是如此。前面我们已经说过，那时的话剧向外推进是甚于对内磨练的，向外推进之一，是有着一部分反文明戏的任务。当然，现在文明戏是不存在了，但是在当时喜剧也好，悲剧也好，一律是踱着严谨方正的绅士步伐，唯恐稍微活泼一点，就被人讥为文明戏之流。然而渐渐地导演们在试探，佐临在《小城故事》里介绍了外形的刻画（可以说在他以前没有人对化妆服装如此重视过），和在《圆谎记》里采用对称的地位。洪谟在他的《职业妇女》中也稍微的点了几笔。

然而正式的尝试是以后的几个独幕剧，因为独幕剧近乎一种奇袭队，胜利了可以再干，失败了也不过是个玩笑，于是《白取乐》《求婚》《哑妻》演出了，成绩都不错，这些尝试的结果是洪谟导演的《镀金》，这个戏在闹剧演出上可以说是个起始点，紧接下去，更夸张的表现就是《甜姐儿》了，而它们的不同可以说《镀金》是“点的夸张”，《 甜姐儿》是“面的夸张”。从这两个戏演出以后，闹剧的前途才出现一条康庄的大路。

甜姐儿和其他喜剧

《甜姐儿》演出后，接着他导演了四个喜剧，包括从清淡的风俗喜剧，感伤喜剧以至于较低级的纯闹剧和恐怖闹剧。这些剧品虽然不同，而在导演手法上则隐隐一脉相通的。

虽然“胡导导演”这四个字会跟“小噱头”联想到一起，然而我们只能承认噱头只是他的一鳞半爪，而非全豹。在他导演的这些戏中，我们能找出的一个主要的共同点就是：使作品得到技巧上的花俏而悦人耳目。

我们可以想象使他成为这样的原因。胡导是演员出身，而且是擅演怪派的演员。所谓怪派者是指含有喜剧性而有良好的效果的角色，直到现在，观众的效果对演员是多么大的安慰，在他长期的演剧中，这种安慰一定给他很大的影响，他怕演员在舞台上僵着，他更怕他的戏也冷冷地僵着，针对这个缺点，他必得叫他的戏热闹而花俏起来。

前面我们说过，他出现在一个技巧卖弄的时候，他必需要拿点东西出来，同时在企业化的剧坛下，对一个新进的导演，生意眼是最有力的诱惑，这些外在的原因，加上他本身的习惯，就是形成他作风的主因。

以《甜姐儿》来说，他动员了多少样东西来帮忙他争取效果：在装置方面他用了三级不同高低的平台形成办公室中等级的象征；在灯光方面，他用了聚光灯增加舞台上的“特写”（以后可以说他没有一个戏不用灯光变幻的）以及服装，地位，节奏和他最最有名的在剧本所无之处加出这“胡导手触”的“小噱头”。

在这种情形之下，熟烂的技巧像脱缰之马似地跑，如此，有时剧本反成了技巧的绊脚石，他不得不把剧本大刀阔斧地修改一下，而达到满足技巧的地步。在剧本的原意下，有时剧本也成了技巧的一部分。

悲剧乎喜剧乎

被他喜剧的名气所摄住而不为人道的他，还排有六个悲剧。

虽然悲剧上不能显出它的喜剧处理手法，然而在导演手法的原则上，仍是一致的。它的全部技巧减去喜剧的“噱头”，仍是可以运用到悲剧里来的，在这里，灯光，装置，舞台面的美丽，和气氛的把握更占重要。譬如《比翼鸟》最后送葬行列的黑色剪影，《鸳鸯剑》里花园说梦一场类似舞蹈似的地位，和《血海冤魂》花园中恐怖场面气氛之处理。

然而他对喜剧性的把握也许太纯熟了，难免在处理悲剧的时候，也技痒起来，暂时收起悲剧的节奏，叫观众乐上一乐。比如在《枇杷门巷》里面，第一幕的演出可以完全照喜剧的方式演出的，固然这样可以调剂一部分观众的沉闷感，然而对于整个悲剧性却减弱了不少。

更明显的例子是《春去也》（即《青春不再》）。那个感伤剧。原剧的前面二幕固然有着部分的喜剧性存在，然而他刹不住他的夸张的技巧往下跑，于是前二幕成为纯喜剧的形式，而到第三幕纯悲剧展开后，气氛转变得太突然，前后的对比太强烈了，抒情的部分成为沉闷不堪的戏，观众更接受不下去，他自己把自己的作品杀害了。

一种浅俗的看法以为悲剧之借重于演员较导演为甚，喜剧则反是。这种看法的根据是：喜剧的演出常常看得出导演致力的地方，悲剧则以演剧为重，实际也就是说喜剧的导演较悲剧的较易为人起眼。通常地说，胡导以技巧炫目来引起他作品的悦人性是多凭外在的力量，而悲剧导演则较多需要内在的技巧。所谓内在的技巧者是指人物性格的勾勒和心理过程的发掘，这些正是有助于演员而不易为观众所察觉者。

古装剧，侦探剧，喜剧都好像已经过去了，以后的剧坛该流行什么戏？悲剧？还是其他的新花样？胡导是最趋合时令的人，我们将看他的技巧配合到一个新的形式里。

最后一幕

他的喜剧和悲剧都讲过了，我们可以来看看他究竟带给了我们些什么。在这短短的他独自导演的十一出戏的过程中，至少对于闹剧的演出造成了进一步的深度。以导演来说，他还是个新人，我们正也不必苛责他。过分注重外

《眼儿媚》书影（世界书局1944年）

在的技巧，侵蚀了艺术的永恒性，他的道路还很长，希望他向内在的艺术深处走去。

导演是一种不易捉摸的艺术，一般的观众根本对舞台上的演出，看不出导演艺术的存在，而编者所指定写的“导演论”更是不易着笔。在这么些篇幅中，我不知道对读者究竟已诠释了多少关于胡导的导演术，而其中一半竟全是些不着边际的题外话，我很想把本文的题目写为“胡导的导演和我的题外话”，但为了“导演论”的严肃性，不得不把下半截的题目放弃了。

——《杂志》1944年第14卷第1期

这一时期里，还有几件事应当记录：

一是1940年1月孔另境先生创办华光戏剧专科学校后，胡导被邀担任演员系特约讲师；1942年10月由鲁思、穆尼等开设的“星期艺术讲座”，胡导主讲了《从演员到导演》。

二是1943年胡导在《万象》杂志第3卷第4期（戏剧专号）上。翻译发表了《演技上的情感真实性》一文；又在《新影坛》杂志1943年第6期发表了《闲话“改编”剧本》——文；1944年，胡导根据美国电影改编了一个剧本——《眼儿媚》被编入世界书局《剧本丛刊》第四辑出版[1]。

三是胡导1945年2月1日结婚了，妻子是王祺。王祺也是原剧艺社的演员，在一些戏里出演过重要角色，如《北京人》吴江帆导演）中的“愫芳”、《杨贵妃》（费穆导演）中的“梅妃”，以及在《家》、《上海屋檐下》、《人间世》、《甜姐儿》等剧中扮演各种角色。

① 同题材后来又经他人改编名《豆蔻年华》的戏，盛演一时。

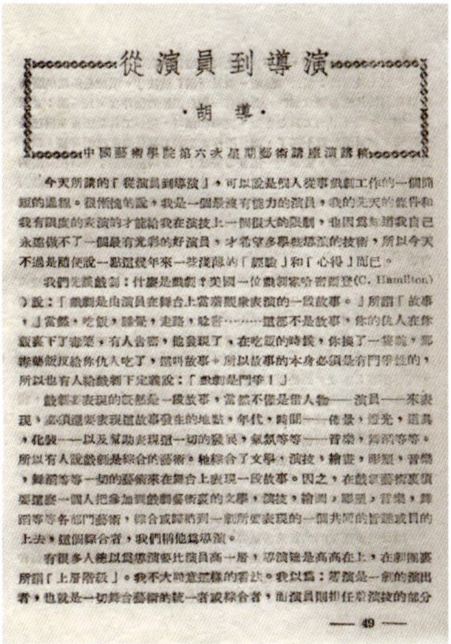

從演員到導演

·胡導·

中國藝術學院第六次星期藝術講座演講稿

今天所講的「從演員到導演」，可以說是個人從事戲劇工作的一個簡短的過程。很慚愧的說，我是一個最沒有能力的演員，我的先天的條件和我有限度的表演的才能給我在演技上一個很大的限制，也因爲知道我自己永遠做不了一個最有光彩的好演員，才希望多學些導演的技術，所以今天不過是隨便說一點這幾年來一些淺陋的「經驗」和「心得」而已。

我們先談戲劇：什麼是戲劇？美國一位戲劇家哈密爾登(C. Hamilton)說：「戲劇是由演員在舞台上當着觀衆表演的一段故事。」所謂「故事，」當然，吃飯，睡覺，走路，說話……這都不是故事，你的仇人在你飯裏下了毒藥，有人告訴，他發覺了，在吃飯的時候，你換了一換碗，那碗毒飯反給你仇人吃了，這叫故事。所以故事的本身必須是有鬥爭性的，所以也有人給戲劇下定義說：「戲劇是鬥爭！」

戲劇要表現的既然是一段故事，當然不僅是借人物——演員——來表現，必須還要表現這故事發生的地點，年代，時間——佈景，燈光，道具，化裝——以及幫助表現這一切的情景，氣氛等等——音樂，舞蹈等等。所以有人說戲劇是綜合的藝術。牠綜合了文學，演技，繪畫，彫塑，音樂，舞蹈等等一切的藝術來在舞台上表現一段故事。因之，在戲劇藝術裏須要這麼一個人把參加到戲劇藝術裏的文學，演技，繪圖，彫塑，音樂，舞蹈等等各部門藝術，綜合或歸納到一劇所要表現的一個共同的旨趣或目的上去，這個綜合者，我們稱他爲導演。

有很多人總以爲導演要比演員高一層，導演總是高高在上，在劇團裏所謂「上層階級」。我不大同意這樣的看法。我以爲：導演是一劇的演出者，也就是一切舞台藝術的統一者或綜合者，而演員則擔任着演技的部分

— 49 —

《中艺》1943年第3期

演技上的

情感真實性

胡導譯

——關法名演員C. Coquelin著的"The Arts of The Actor"(有吳天先生譯本：「演員藝術論」)的「著技」，有一段寫法國名女演員Dame Madge Kendal在美國和一些著名的演員們作演技上「情感眞實性」討論的談話。Dame Madge Kendal是一位自然主義者的演員，她當然主張力主張演員在演技上是絕對須要眞實的感情的，讀之頗饒興味，爰節譯之。 譯者

……亨利歐文(Henry Irving)主張演員是該眞實地感應(To fell)自己；而可克林(C. Coquelin)則主張演員僅聽用假裝的感情。

當我和我的丈夫到紐約後的某天，我們是被招待在紐約文藝界與戲劇界最有名的人物白蘭德墨瑟先生(Mr. Brander Matthews)家裏。同席的盡都是些著名的演員：瑟而文尼，(Salvini)他演的Othello是沒有人能比得上的；他的兒子亞力山大正努力着作一個美國的演員；愛德溫．布斯(Edwin Booth)美國最偉大的悲劇演員；約瑟夫傑弗遜(Joseph Jefferson)最偉大的喜劇演員；還有莫德甲斯卡太太(Madame Modjeska)她，卽使是一個波蘭人也都承認她是美國最偉大的女演員。

在這次談話中，一個問題被提出來討論了：「我們是否應該流眞的眼淚去打動我們觀衆？」白蘭德先生希望得到他的許多貴賓們的意見，他最初問偉大的瑟而文尼，瑟而文尼用意大利話答覆了一篇很強烈的言辭，他的聲音就像吹喇叭似的迴響在屋子裏。

當他說完後，我要求他的公子給他偉翁說的話譯成法文，因爲在我們這些人中沒有人能有合適勝任的意大利文程度去欣賞他父親演辭的全部意義的。瑟而文尼的意見：演員之是否流眞的眼淚，應視其當時演出之各種情況而定。

愛德溫．布斯是第二個被要求發表意見的；但是，他用各種可能的理由謝絕了，白蘭德先生，就徵求傑弗遜的意見。

傑弗遜先生根據他的意見在演員影響觀衆的一個甚不問題上，他

· 107 ·

《万象》1943年第3卷（戏剧专号）第4期

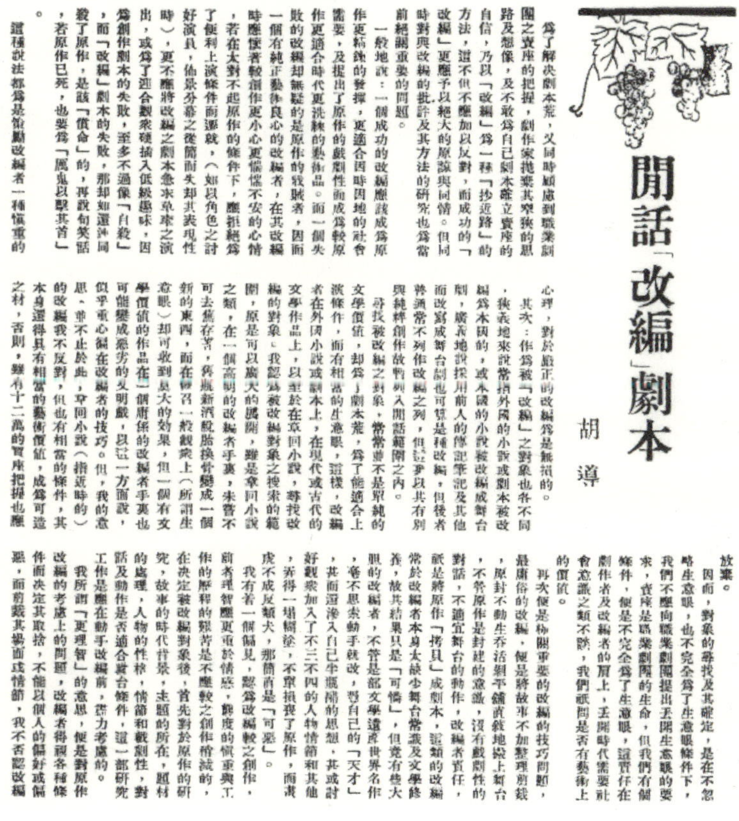

閒話「改編」劇本

胡導

爲了解決劇本荒，又同時顧慮到職業劇團之賣座的把握，劇作家拋棄其窄狹的思路及想像，及不敢爲自己劇本確立賣座的自信，乃以「改編」爲一種「抄近路」的方法，這不但不應加以反對，而成功的「改編」更應予以絕大的原諒與同情。但同時對與改編的批評及其方法的研究也爲當前絕關重要的問題。

一般地說：一個成功的改編應該成爲原作更精鍊的發揮，更適合因時因地的社會需要，及提出了原作的戲劇性而成爲較原作更適合時代更洗鍊的藝術品。而一個失敗的改編卻無疑的是原作的戕賊者，因而一個有純正藝術良心的改編者，在其改編時應懷着較創作更小心更惴惴不安的心情，若在大對不起原作的條件下，應拒絕爲了便利上演條件而遷就，（如以角色之討好演員，佈景分幕之從簡而失卻其表現性時），更不應將改編之劇本急求免來之演出，或爲了迎合觀衆硬插入低級趣味，因爲創作劇本的失敗，至多不過像「自殺」，而「改編」劇本的失敗，那卻如還汙同殺了原作，是該「償命」的，再說句笑話，若原作已死，也要爲「厲鬼以擊其首」。

這種說法都爲是警勸改編者一種愼重的心理，對於嚴正的改編爲是無損的。

其次：作爲被「改編」之對象也各不同，狹義地來說常指外國的小說或劇本被改編爲本國的，或本國的小說被改編成舞台劇，廣義地說採用前人的傳記筆記及其他而改寫成舞台劇也可算是種改編，但後者普通常不列作改編之列，但這爭以其有別與純粹創作故暫列入閒話範圍之內。

尋找被改編之對象，常常並不是單純的文學價值，卻爲了劇本荒，爲了能適合上演條件，而有相當的生意眼，這樣，改編者在外國小說或劇本上，在現代或古代的文學作品上，以至於在章回小說，尋找改編的對象。我認爲被改編對象之搜索的範圍，原是可以廣大的議闊，雖是章回小說之類，在一個高明的改編者手裏，未嘗不可去蕪存菁，舊瓶新酒脫胎換骨變成一個新的東西，而在號召一般觀衆上（所謂生意眼）卻可收到最大的效果，但一個有文學價值的作品在一個庸俗的改編者手裏也可能變成惡劣的文明戲，以這一方面說，似乎重心偏在改編者的技巧。但，我的意思，並不止於此，章回小說（指近時的）的改編我不反對，但也有相當的條件，其本身還得具有相當的藝術價值，成爲可造之材，否則，雖有十二萬的賣座把握也應放棄。

因而，對象的尋找及其確定，是在不忽略生意眼，也不完全爲了生意眼條件下，我們不應向職業劇團提出丟開生意眼的要求，賣座是職業劇團的生命，但我們有個條件，便是不完全爲了生意眼，這責任在劇作者及改編者的肩上，丟開時代需要社會意識之類不談，我們祇問是否有藝術上的價值。

再次便是称關重要的改編的技巧問題，最庸俗的改編，便是將故事不加整理剪裁，原封不動生吞活剝平鋪直敘地搬上舞台，不管原作是封建的意識，沒有戲劇性的對話，不適宜舞台的動作，改編者責任，祇是將原作「拷貝」成劇本，這類的改編常於改編者本身太缺少舞台常識及文學修養，故其結果只是「可憐」，但竟有些大膽的改編者，不管是部文學遺產世界名作，奮不思索動手就改，憑自己的「天才」，其而逕滲入自己半瓶醋的思想，甚或討好觀衆加入了不三不四的人物情節和其他，弄得一塌糊塗，不僅損毀了原作，而畫虎不成反類犬，那簡直是「可惡」。

我有着一個偏見，認爲改編較之創作，前者理智應更重於情感，態度的愼重與工作的解釋的艱苦是不應較之創作稍減的，在決定被改編對象後，首先對於原作的研究，故事的時代背景，主題的所在，題材的處理，人物的性格，情節和戲劇性，對話及動作是否適合舞台條件，這一部研究工作是應在動手改編前，需力考慮的。

我所謂「更理智」的意思，便是對原作改編的考慮上的問題，改編者得視各種條件而決定其取捨，不能以個人的偏好或偏惡，而剪裁其場面或情節，我不否認改編

《新影坛》1943年第6期

王祺戏装

胡导夫人王祺

胡导、王祺结婚照

胡导与夫人王祺结婚60年留影

寻找“自我救赎”

1946 — 1949

（一）商业话剧畸形繁荣，胡导的反思与检讨

（二）在上海周边寻找话剧演出空间

（三）回归邮局，重做业余导演

1945年秋，胡导和所有爱国的上海剧人一样用排演爱国剧目欢庆抗战胜利，胡导排演的剧目有：《抗战第一年》（即夏衍《一年间》）《天字第一号》（均在苏州演出）和《生命是我们的》（和穆尼合作）。这些反映抗战时期人民生活和对敌斗争的戏剧，完全不同于以前盛行一时的商业戏，也给了胡导思索的空间。

（一）商业话剧畸形繁荣，胡导的反思与检讨

1945年底胡导在《自由人》（上海版）杂志上发表了《话剧在沦陷后上海的繁荣》一文，这篇文章一改以往单纯谈演技、谈创作的路数，从社会大背景出发，通过分析现象论述了上海商业话剧由盛到衰的原因、过程，并对今后上海话剧的发展方向，作出了自己文化思考。这篇文章里，可以感受到胡导流露出的复杂情绪，因外部环境之严酷和剧界内部的人心涣散，原本以传播进步风尚以及追求民众戏剧为己任的话剧运动，沦为商品乃至资本逐利的工具，他对此感到无奈、苦涩和不甘。对当年话剧市场竞争性的“一窝风”上演剧目，他表示不屑；对一些“明星”被“捧”而陷于固步自封，演技停滞，他为此而忧虑；对商业话剧为着利润最大化而迎合乃至取媚观众的低俗表现手法，他进行抨击——实际上也是对自己在那一时期里导演创作上的那种“趣味”“噱头”进行了某种程度的自我反省和否定。也对一代话剧人“艺术创造性”“演出成

《申报》演出广告（1945年12月28日）

《苏报》（吴县版）演出广告（1945年10月24日）

《苏报》（吴县版）演出广告（1945年10月12日）

绩”“营业成就”处于繁荣时期而没有剧团能够能集中起优秀编导演力量搞出“精品”而扼腕叹惜。——从这种内在的反思可以看出胡导对当年上海剧艺社的职业演出精神和演剧理念还是深深怀念着的，对于胡导以后几年试图回归传统进步话剧的尝试有着密切的关系，故全文录此，作为本章节的开始。

话剧在沦陷后上海的繁荣

胡导

太平洋战争前，上海的职业演剧尚未达入完全商业化的阶段；一个经常演出的剧团，如上海剧艺社等，经济状态上采取类似合作社的方式艰苦地作着职业演剧的尝试。当时敌伪势力还没有整个侵占到“租界”上来，因之，一方面出于这并不十分太恶劣的客观情势下尽可能地在争取着有意义的演出。但由于观众的狭少，每个戏的上演期仅能短短地维持到一周或十天左右，常常在若干个戏上演后，由于营业上一连串的失败，致剧团于崩溃的危机，而幸运地往往恰在这时候会再演出一个或两个戏，获得空前的或营业上的成功而给剧团再稳固一个新的经济基础。上海沦陷后的先期职业演剧是在这样的情势下继续了二三年之久，这期间，有过好多次非常成功的演出，发掘了许多新的进步的舞台技术，培育了更多的优秀演员，导演和舞台工作人员而奠定了后日发展至商业化及极端繁荣状态的基础。

太平洋战争发生后，敌军进驻租界，把握了整个上海的统治权，上海的政治，经济等情势随着起了巨大的激变，职业演剧逐渐孕育起来的商业化的契机，遂随着这整个局势的转移而加速了它质的突变——达到完全商业化的

話劇在淪陷後上海的繁榮

胡導

太平洋戰爭前，上海的職業演劇尚未達入完全商業化的階段；一兩個經常演出的劇團，如上海劇藝社等，經濟狀態上係採取着類似合作社的方式艱苦地作着職業演劇的嘗試。當時敵僞勢力還沒有整個侵占到「租界」上來，因之，一方面處于這並不十分太惡劣的客觀情勢下儘可能地在掙取着有意義的演出。但由于觀衆的狹少，任何戲的上演期僅能短短地維持到一週或十天左右，常常在若干個戲上演後，由於營業上一連串的失敗，致劇團瀕于崩潰的危機，而幸運地往往恰在這時候會再演出一個或兩個戲，獲得空前的成營業上的成功而給劇團再穩固一個新的經濟基礎。上海淪陷後的先期職業演劇是在這樣的情勢下繼續了二三年之久，這其間，有過好多次非常成功的演出，發掘了許多新的進步的舞台技術，培育了更多的優秀的演員，導演及舞台工作人員而奠定了後日發展至商業化及極端繁榮狀態的基礎。

太平洋戰爭發生後，敵軍進駐租界，把握了整個上海的統治權，上海的政治，經濟等情勢隨着起了巨大的激變，職業演劇逐漸孕育起來的商業化的契機，亦隨着這整個局勢的轉移而加速了牠質的突變——達到完全商業化的階段。即是說：從類似合作社的經濟組織一變而爲劇團老板的私人經濟獨裁；從以掙取演出爲目的變爲給老板獲得利潤作最大的目標；此外，在從業員方面說來，從比較民主的劇團團員地位轉移至與劇團老板成僱用的關係。

概言之，由於當時政治環境的惡劣，一些領導劇運的前輩幹部不得不遠適，或退隱，或加入純粹商業化的劇團作掩護。在經濟上，僞幣發行的惡性膨脹，生活指數日漲無已，類似合作社的經濟組織，已不復能適應演員生活的須要；而在演出費預算表上的數字亦隨着有龐大的增加。這些，必須要有一筆非常豐富的資金方能使一個劇團組織成並演出。於是，有些商人們，他們曾經看見過有若干戲的演出的確賺過好多錢，認爲話劇倒也不失爲投資的好出路，於是拉攏演員不惜投入鉅額資金組織成完全商業化的劇團。

話劇在商業化以後很快地在一二年以內即達到了極盛的繁榮期。職業劇團由二三個而發展爲四五個，而六七個，而八九個，在一九四四年新年的報紙廣告上，我們可以看到上海有十個以上的劇團。造成這繁榮狀態的因素：不一是廣大的觀衆羣的被吸收。好萊塢片被敵僞禁映後，吸收了差不多全部的外國電影觀衆，「華影」作品的粗製濫造，也給話劇抓住一大批新的觀衆；另外有幾次描寫舊劇伶人生活的劇本的上演，亦吸得了若干舊劇的觀衆。同時，因着電影營業的減色，好些個影院老板，爲欲在話劇中求得利潤，自動地爲職業劇團開闢了若干新的場地。一方面

《自由人》1945年创刊号

《自由人》杂志书影（联合出版社 1945年）

阶段。即是说：从类似合作社的经济组织一变而为剧团老板的私人经济独裁；从以争取演出为目的变为给老板获得利润作最大目标；此外，在从业员方面说来，从比较民主的剧团团员地位转移到与剧团老板成雇佣关系。

概言之，由于当时政治环境的恶劣，一些领导剧运的前辈干部不得不远适，或退隐，或加入纯粹商业化的剧团作掩护。在经济上，伪币发行的恶性膨胀，生活指数日涨无已，类似合作社的经济组织，已不复能适应演员生活的需要；而在演出费预算表上的数字亦随着有庞大的增加。这些，必须要有一笔非常丰富的资金方能使一个剧团组织成并演出。于是有些商人们，他们曾经看见过有若干戏的演出的确赚过好多钱，认为话剧倒也不失为投资的好出路，于是拉拢演员不惜投入巨额资金组织成完全商业化的剧团。

话剧在商业化以后很快地在一二年以内即达到了极盛的繁荣期。职业剧团由二三个，而发展为四五个，而六七个，而八九个，在一九四四年新年的报纸广告上，我们可以看到上海有十个以上的剧团。造成这繁荣状态的因素：不一（注：原文如此，“不”为赘字）是广大观众群的被吸收。好莱坞片被敌伪禁映后，吸收了差不多全部的外国电影观众，“华新”（注：汪伪汉奸电影厂）作品的粗制滥造，也给话剧抓住了一大批新的观众；另外有几次描写旧剧伶人生活的剧本的上演，亦吸得了若干旧剧的观众。同时，因着电影营业的减色，好些个影院老板，为欲在话剧中求得利润，自动地为职业剧团开辟了若干新的场地。一方面商人们拟从事于话剧投资的踊跃，这些商人们大多是在投机市场中获得了大量的利润，他们创办剧团或许并不是完全为了利润，亦仅有些抱着“玩玩”的目的，所谓“办个剧团玩玩”者是。他们要想搜罗一些演员或其他戏剧从业员并不是一件困难的事：因为事实上差不多每个剧团都常常在闹着人事纠纷，最严重的人事纠纷的结果，往往是一批导演演员等退出原属之剧团，这时立刻就会有新的投资人来找他们而重组织起一个新的剧团。所以，在这样的繁荣状态下，有十个以上的戏院同时在上海公演着话剧并不是一件值得惊奇的事；因为，尽有些投资者组织个戏团，聘雇了演员，排好了新戏始终找不着剧场上演的，也有些剧团以在上海演出的不易而赴外埠“淘金”者。

在这样商业化的繁荣状态下，剧团与剧团间不可避免地得互相竞争起来。例如在人事上，剧场的获得，知名演员的拉聘，“生意眼”剧本上演权的谁属，这些都从没有休止过地在剧团间酝酿着剧烈的争取战。在营业上，大资本的剧团利用其丰富的资金在演出上使布景和服装等尽可能地致成其富丽堂皇，以悦取观众。或者，有些则利用电影明星登台客串来号召观众。事实上，这时候剧坛本身可发展的主角制度或明星制度亦以长成，每个职业剧团至少要有一两个主角演员或明星演员才能使营业有胜利的把握，老板一定得捧卫（注：原文如此）这些明星演员才能维持剧团的生存。自然，这些演员们能获得广大的观众的爱护而成为“话剧明星”，自然有其本身优秀的演技或其他条件在，而在这制度下所造成的不幸的成果是：这些“明星”常常隔离了一般的演员而高高地及非常优越的处于一种超然的地位，渐渐养成傲慢的习性，或因之而致演技永远停滞在某一个阶段里。更不幸的是另外许多有天才的优秀演员因之失去了表现的机会，不能被发掘而成长。

此外，在这样的繁盛期中，常常表现着一种似乎很奇异而事实上并不值得奇异的现象，那就是各个时期中各个不同性质剧本的上演的一窝风热：比如说《秋海棠》上演后，各个剧团都争排演着类似的五幕六景或六幕七景情节上曲折离奇的奇情剧(Melodrama）；去年度的冬季，有三四个剧团同时或次第上演着以袁世凯蔡松坡等为题材的历史剧；此外，古装剧、喜闹剧、恐怖剧等俱各各盛行过一个时期。这原因很简单，老板们要获得大量的观众，必须要在“迎合观众心理”的条件下，投观众之所好；某一类剧本的上演，在营业上获得了成就，似乎就是表示观众心理对于某一类剧本的爱好，于是每个剧团都争着演这一类的剧本以投观众之好。很不幸的，在这样营业竞争的演出中，若干个戏的上演已由“迎合观众”而达于“取媚观众”的状态。

不过，另一方面：尽管在这样的繁荣期间始终呈现着若干的畸形及纷乱，但几年来仍不断地收获了许多宝贵的成果。更多更广大的观众群不断地仍在扩张着，并赢得了他们的信任，从业员们尽可能地经过商业的利润目的还是不断地在作着争取演出的努力！好多个戏的上演确因为具有了优异的演出成绩而奠定其营业的成就！在这点上可惋惜地仍是由于剧团数量的增多，造成人力的分散及浪费，否则必将产有更多光辉灿烂的优秀演出。

现在抗战已经胜利，新的光明的日子到来，上海已经从"沦陷"中跃起，重回到祖国的怀抱，这旧日的话剧繁荣状态必将衰落，是的，这呈畸形状态的繁荣是应该使之衰落，但如何抓住原有的这广大观众群，并如何创造出更优秀的演出成绩而造成未来的"真正的繁荣"，将是上海戏剧界目前最大的课题。

——《自由人》（上海版）1945年10月创刊号

（二）在上海周边寻找话剧的演出空间

抗战胜利后，随着美国好莱坞电影大举进入和观众的观赏兴趣的转移，剧院老板的商业运作的重点也开始转向电影；"大后方"的剧团、剧人纷纷 "登陆"上海，引发了影剧演出团体重组，不少优秀演员"复员"回到了电影公司；国民政府提高演艺业的税赋，三个因素的叠加，兴盛一时的上海话剧不可避免开始走向了衰落。1946年初上海闹起了"剧场荒"，报纸上有人惊呼"上海近来正闹着剧场荒!……目下最困难的，是话剧，实在不容易找到剧场"[①]。著名导演吴仞之也在报上撰文呼吁《解除剧场荒！》[②]，可见那时职业话剧团体生存的不易。面对这样的现实，胡导和一部分上海话剧人一样，除了找机会在上海演出外，把目光转向了上海近邻城市。1946年起开始了他的上海、苏州二地"巡回"导演，先是3月，应徐立、上官云珠之邀同往苏州，为当地正风剧团导演《魂归离恨天》。接着又和新美剧团的部分演员把正在上海演出的《二度蜜月》搬到了苏州，仍以正风剧团的名义在苏州金星剧场演出，以后又把在苏州导演的《魂归离恨天》移植到新美剧团在上海演出。

① 《海风》1946年2月2日第6版，酱翁：《上海剧场荒！》。
② 载《海风》1946年1月19日第1版。

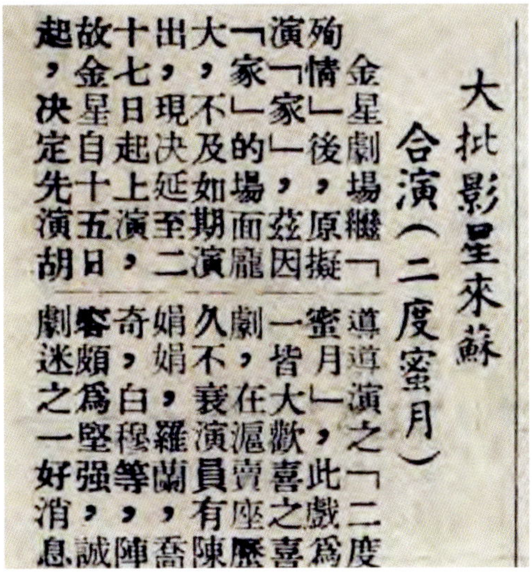

大批影星來蘇

合演（二度蜜月）

金星劇場繼「殉情」後，原擬演「家」，茲因「家」的場面龐大，不及如期演出，現決延至二十七日起上演，故金星自十五日起，決定先演胡導導演之「二度蜜月」，此戲爲一皆大歡喜之喜劇，在滬賣座歷久不衰，演員有陳娟娟，羅蘭，喬奇，白穆等，陣容頗爲堅強，誠劇迷之一好消息

《戏报》1946年第11期

《申报》演出广告（1946年5月14日）

《申报》演出广告（1946年1月28日）

《二度蜜月》（新美剧团 1946年1月28日至3月15日）。

“丽华”（大戏院）继《离离草》之后上演《二度蜜月》，后者是一支喜剧，说来也凑巧，“丽华”自开幕至今，每逢旧历新正，总是上演喜剧，第一是“中旅”的《莺妒燕娇》，其次是“联艺”的《甜甜蜜蜜》和月前“新美”（剧团）的《二度蜜月》。这三支喜剧的导演，恰巧又是胡导一人，圈内人常羡慕他运道好。凭他的才干，小噱头，又轧进新年……

平心而论，他只有导演喜剧，才能一展所长，别的部分往往失之过火，场面太闹太乱。以前在好莱坞影片禁演之秋，他常凭他的记忆所及，采取好莱坞电影精彩处，在舞台上大显身手，但现在珠玉在前，我想他大概要另辟蹊径。

在新年里看戏，还是看喜剧笑笑顶有劲，《二度蜜月》各方面都不错，尤其剧本、演员方面的确堪称令人满意。

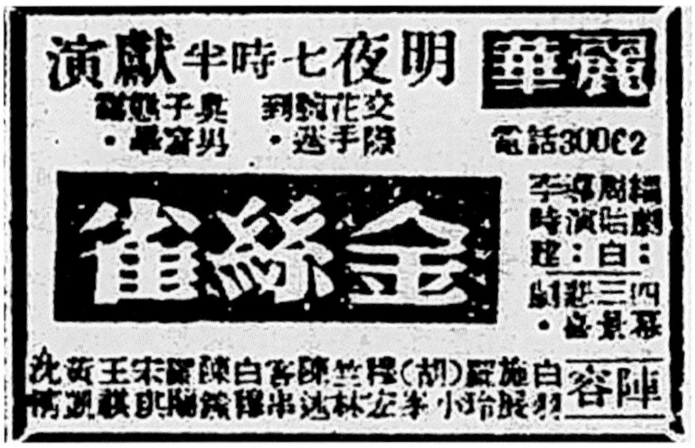

《申报》演出广告（1946年3月19日）

《大同日报》演出广告（1946年5月11日）

《东南日报》演出广告（1946年6月11日）

——台人：《胡导的导演风格》

《铁报》1946年2月10日第4版

《金丝雀》（新美剧团1946年3月16日至4月7日）

《金丝雀》的演出已不止三次了，由于它情节曲折，人物之复杂，倒吸引了不少爱看《秋海棠》的通俗观众。

剧本自身时有不少缺点，人物之性格只是浮面的，而且不彻底的。周贻白的剧作常常是把剧中人“呼之即来，嘘之即去”，所以原作是很普通的。

以前的导演是“中旅”的李景波及唐槐秋，这番换了胡导，当有一番新的气象，而且戏好像紧凑了一些，时间也不长，连三小时都不到。

——陈伟：《〈金丝雀〉·罗兰大翻行头》

《铁报》1946年3月24日第4版

5月至6月，胡导又去了杭州，连续导演了三个戏，为中国实验剧团在杭州中央大戏院连续导演了三个戏，分别是《金小玉》《群

中央大戲院
三元坊巷
中國實驗劇團演出
喜劇能手胡導導演
羣魔亂舞
（鬧魔窟）
避免擁擠從速定座
（上午十時預售）
電話定座二六七八
夏令時間
日：三時
夜：三時半

《大同日报》演出广告（1946年5月27日）

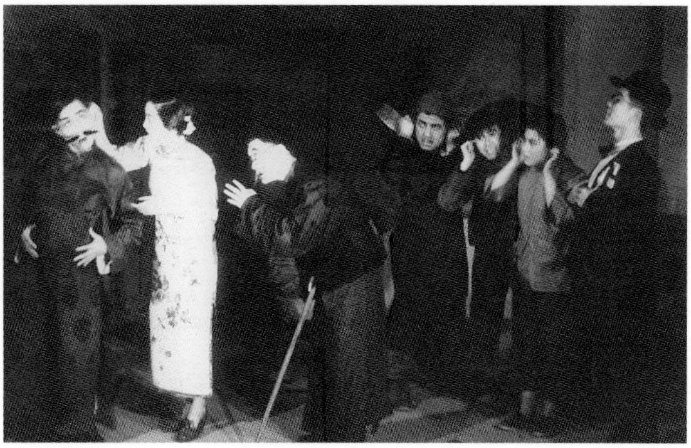

中国实验剧团演出的《群魔乱舞》

魔乱舞》和《三千金》。这三个戏中《群魔乱舞》是临时调整的，原来剧团计划排演的是《梅萝香》，这本是30年代以来在剧坛上常常演出的一个老戏，但胡导此时已有自己对于艺术质量的考虑：

……各方面可说是准备的差不多了，不料到了第二幕，导演胡导为全剧演出慎重计，认为一二位演员因为排演时间太匆促，恐怕不能达到理想的成绩，临时更换剧目。“中实”当局力主仍演《梅萝香》……但是导演始终主张更换剧目。他认为“中实”应该保持《金小玉》演出的水准，甚至应该超过以前的演出成绩，而《梅萝香》是一个注重内心演技的剧本，需要给演员一个长长的时间来创造角色。经过一番详尽的讨论，“中实”当局终于接受了导演的建议，改排陈白尘的《群魔乱舞》。……记者在排演场参观他们的排演，觉的很愉快。《群魔乱舞》是个老剧本，演过和看过的人很多，这次胡导创造了许多新的画面和处理方法，使故事主题更加突出，更显明……（注：以下文文字难以辨认）

——探子：《“中实”情报》

《中央日报》演出广告（1947年1月19日）

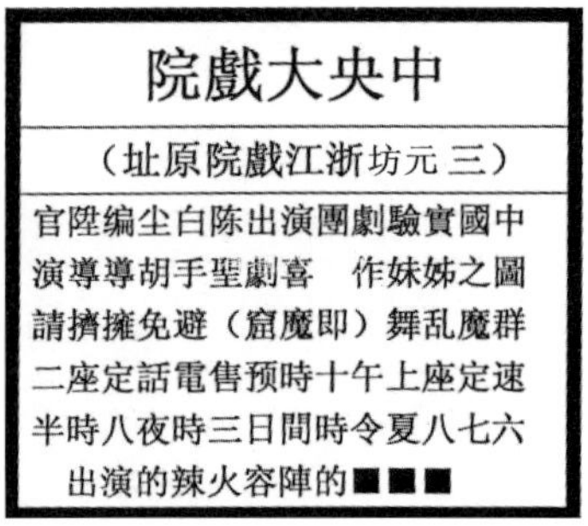

《东南日报》演出广告（1946年5月26日）（右图为模拟还原件）

《中央日报》演出广告（1946年10月23日）

《大同日报》1946年5月25日第3版

继杭州演出之后，10月，胡导偕一批上海话剧人以“东南剧社”的名义去了无锡，胡导还是担任导演。在无锡大戏院导演了《钗头凤》《秋海棠》。嗣后，胡导又赴南京，与佐临先生共同为长城剧社导演了《升官图》。1947年1月，得知中国旅行剧团已陷入困难重重的窘况，胡导以不忍之心恪尽所能之愿，专程赴南京为“中旅”导演了《喜相逢》。当然，胡导也无力回天，一个月后“中旅”终于还是解散了。一度雄踞话剧界龙头地位的、以演出优秀剧目起家的、中国旅行剧团最终倒在了商业戏剧之中，话剧式微至此，着实令胡导唏嘘不已。

尽管胡导忙于他的“旅行演出”，但作为一个在上海成长起来的本土导演，面对熟悉的上海舞台和上海观众是留恋难舍的，所以尽管剧场紧张，演出困难，但有机会，胡导是不放弃的，在上海也先后导演了《结婚进行曲》《殉情》《梁上君子》《甜甜蜜蜜》《原野》等剧。

纵观这一时期胡导选择的剧目，可以发现，过去一度作为他“品牌”的“流线型喜剧”已经被摒弃，取而代之的是回到上海剧艺社遴选剧的路线：选有现实社会意义的或根据外国名著改编的或被名导演创作演出过的优秀剧目。导演思路也已经明显有别于以往

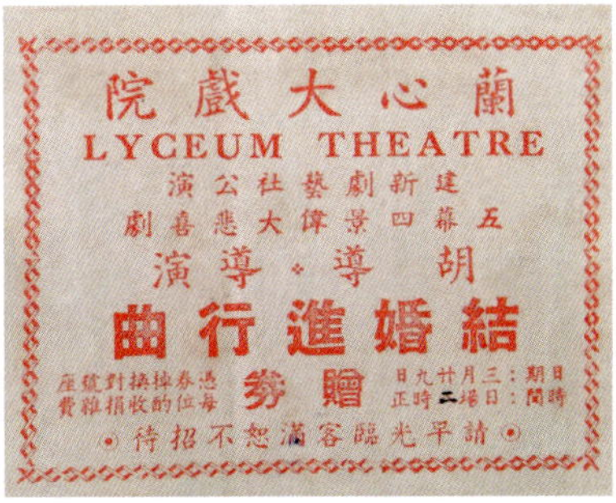

《结婚进行曲》演出赠券

《甜甜蜜蜜》演出说明书

《申报》演出广告（1947年5月23日）

《申报》演出广告（1947年8月29日）

商业话剧的“制造工序”。其中《群魔乱舞》的演出广告居然也有一则轶事：由于这出戏讽刺官场贪腐丑态，当地《东南日报》不敢像通常那样用大号字体凸显剧名，而是用密密麻麻的小号字体仿“启事”格式来刊登，也算是“另类”了。

胡导“跑码头”在外地排戏，也引发了业界的注意，有媒体发布消息称：

> 上海的喜剧导演胡导，最近去了一趟苏州，□过杭州，日前返回上海，磨装甫卸，又为“丽华”导演了。在上海的沉默的剧团里，一经胡导的手，便好像打了一针强心针，生意马上为之一振。北方某剧团，前些日子曾由友人的关说，约他到北平在北方显显身手，听说他很同意，交通找到办法马上就可以登程。胡导如果能真的来北方，那好像在北方剧坛上放了一枚“原子弹”。
>
> ——《喜剧权威导演胡导有北来讯》
>
> 《147画报》1946年第4期

《申报》演出广告（1947年4月25日）

这条消息对胡导不吝溢美之词，而归根到底还是把胡导视为商业戏剧导演，可以赚取票房，仿佛这就是他的导演价值。但此时的胡导内心深处已然不甘于此。

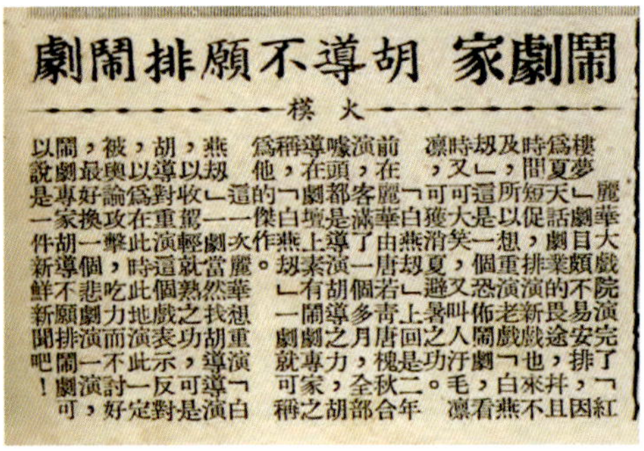
鬧劇家 胡導不願排鬧劇

火模

《星光》1946年新4期

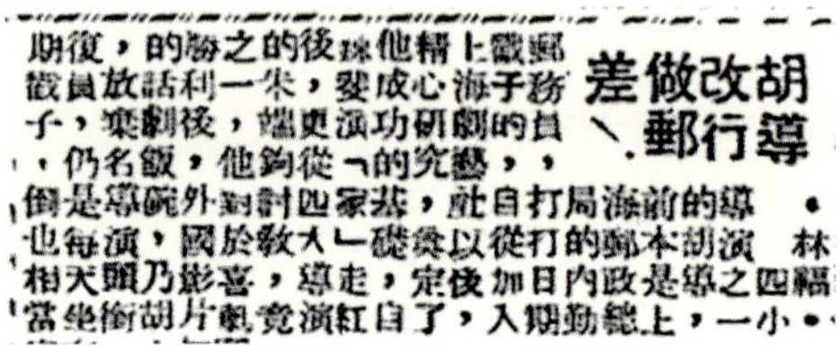
胡導改行做郵差

《新上海》1947年（总）第52期

矢志于话剧，又曾经多年投身于左翼戏剧运动，适值“而立”之年的胡导，在抗日战争胜利后憧憬未来的日子里，不由自主地对今后话剧发展的前景进行考量和展望。他认为，沦陷时期商业戏剧的畸形繁荣必将被崭新的戏剧创作和演出所替代，为此还专门撰写了一篇文章《话剧在沦陷后上海的繁荣》发表在1945年《自由人》杂志创刊号上。文中对那一时期商业戏剧产生的社会条件进行分析，并对商业戏剧的演出情况做了反思和检讨，文章最后热切地提出：“这畸形状态的繁荣是应该使之衰落，但如何抓住原有的这广大的观众群，并如何创造更优秀的演出成绩而造成未来的‘真正的繁荣’，将是上海戏剧界目前最大的课题”。

——火模：《闹剧家胡导不愿排闹剧》

《星光》1946年新4期

胡导几经考虑，终未应邀赴京而决定“归隐”老东家邮政局。

（三）回归邮局，重做业余导演

胡导回邮局上班的消息不胫而走，当时有媒体作了这样的报道：

四小导演之一的胡导，前本是上海邮政总局的内勤邮务员，打打日期戳子的，自从加入上海剧艺社以后，进行研究，奠定了他成功的基础，自“辣斐”《家》（注：应为《春》）走红后，更从四大导演的朱端钧讨教，竟一

中共地下党领导下的邮工剧团成员合影（前排中为胡导）

跃而为四小导演之一，他对于喜剧闹剧，更有心得。胜利后，外国影片打碎了吃力不讨好的话剧饭碗，乃胡小导演见风转舵，放弃名导演头衔，重进上海邮政局复员，仍是每天坐在办公室里打打日期戳子，倒也相当安闲呢。

——林福：《胡导改行当邮差》

《新上海》1947年（总）第52期

其实胡导并不“安闲”。“归隐”邮政局的确与话剧舞台的不景气有相当大的关系，但至关重要的还是邮局的中共地下党组织起到了作用。虽然胡导和陈述、夏芒等都是自邮政局出走而登上职业话剧舞台的，但邮局地下党领导人仍然与他们一直保持着密切的联系。本来邮政局就有一个职工业余话剧团体“雁群剧团”，胡导曾是创始人之一（本书第二章已提及），而且这个剧团在业余话剧团体中还颇具名声。日本侵略军全面进占上海后，剧团被迫停止活

邮工剧团成员60年后再相会（左三为胡导）

动。抗战胜利后，邮局地下党组织召集胡导等原来雁群剧团骨干讨论恢复职工业余话剧活动，胡导等人当然十分乐意尽一份力。于是在地下党的领导和参与下，1946年春邮工剧团首先排演了《爱情与阴谋》，导演仍由胡导担任（当时胡导还在职业剧团排戏）。

1947年2月地下党组织研究决定，利用旧有的邮务工会架构，正式成立“邮工剧团”，地下党员刘纪元和胡道祚（即胡导）、陈致通（即陈述）、李颂（即夏芒）等7人被推举为剧团干事，胡导还兼任编导课长。有着中共地下党背景的《上海邮工》杂志刊文热情洋溢地盛赞邮工剧团：

因为，这是一个起点。

这是一个工运与剧运汇流的起点呵！

为了剧运的低潮，剧界的人士们曾经强调过业余剧团的重要。为了能广泛地教育人民，剧界的人士们，也曾在地方戏上，下过不少功夫。然而，作为历史再造主流的工人群众的成长及行进的一名吹鼓手，“戏剧”自然也不能委谢自己的义务的。

中国前途是那么遥远。工运与戏剧的艰苦的日子，依然那么漫长。我们立脚在现在的岗位上。这正是一个开始新的战斗的严肃的起点。事实不允许我们忽略这起点。

——柔：《一个起点——邮工剧团公演之后》

《上海邮工》1947年第14期

上海邮工剧团演出的《梁上君子》

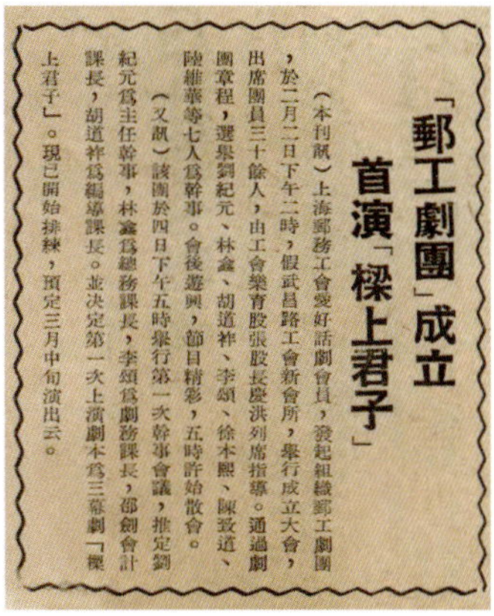

「郵工劇團」成立
首演「樑上君子」

（本刊訊）上海郵務工會愛好話劇會員，發起組織郵工劇團，於二月二日下午二時，假武昌路工會新會所，舉行成立大會，出席團員三十餘人，由工會樂育股張股長慶洪列席指導。通過劇團章程，選舉劉紀元、林鑫、胡道祚、李頌、徐本熙、陳致道、陸維華等七人爲幹事。會後遊興，節目精彩，五時許始散會。

（又訊）該團於四日下午五時舉行第一次幹事會議，推定劉紀元爲主任幹事，林鑫爲總務課長，李頌爲劇務課長，邵劍會計課長，胡道祚爲編導課長。並決定第一次上演劇本爲三幕劇「樑上君子」。現已開始排練，預定三月中旬演出云。

《上海邮工》1937年第11期

当时邮工剧团的演员，完全是尽义务的，非但没有酬劳，有时还要自己贴饭钱、贴车费。演出服装，除特殊的以外，一般都由参加演出的人自己去借，或者在家里翻箱倒柜去找。但大家都心甘情愿，乐意这样做，因为他们认识到这是革命工作。

——李颂：《忆邮工剧团》

《上海解放战争时期邮政职工运动史》第246页

中共党史出版社 1991年1月出版

剧团成立后接连排演了《梁上君子》《钦差大臣》和《葡萄美酒》3个多幕剧，都交由胡导导演。

《梁上君子》（1947年3月25日至28日，民光大戏院）：

我第一次看《梁上君子》，是在巴黎大戏院，由苦干剧团演出的，“苦干”是一个职业剧团，演员阵容，十分整齐，这出戏曾轰动一时。……

这回看《梁上君子》……从导演、装置一直到演员的演技，在在都有惊人的成功，我真像坐在巴黎大戏院中，重看“苦干”的演出一样。以一个业余剧团而能有这样优越的成绩，除邮工剧团外，恐怕难屈第二指了。这是因为总干事刘纪元先生在内地搞过好几年戏，导演胡道祚先生是此中老手，而陈致通李颂诸位又是蜚声剧坛的名演员，角色分配的恰当，使这出戏达到最高成就。但我想把最大的称誉，放在其他几位演员身上，他（她）们或许没有多少舞台经验，只凭着对人生的一点认识，对戏剧的一点爱好，这种信念支持他们，使他们成为舞台上的好演员，适当，称职，熟练，就如他们在人生社会里一样。

——唐弢：《外行人语》

《上海邮工》1947年第13期

这出戏的演出，可以说是成功的，导演胡道祚君是那样敏感和富于想象，使得这个剧本能够在增加了许多可笑的动作之后，生动的露在观众等的面前。

——做：《邮工剧团动态》

《上海邮工》1947年第13期

这个戏主要是揭露资本主义法律的虚伪、官场的丑恶。演出这个戏，目的在于引导观众联系到国民党反动腐朽本质的了解。这次演出得到了上海戏剧界著名人士夏衍、于伶、史东山、金山等人的支持，他们为这次演出题词："谁也不能不强调此时此地人民的需要……"在题词后面有白杨、舒绣文、张瑞芳、郑君里等二十几位著名演员的签名。邮工剧团把题词和签名制成锌板印在说明书上，加强宣传效果，扩大政治影响。

——李颂：《忆邮工剧团》

《上海解放战争时期邮政职工运动史》第246页

中共党史出版社 1991年1月出版

胡导本人在《梁上君子》演出后也发表了一篇文章，表达了他对邮工剧团业余话剧运动开展的看法，从中可以看出当年左翼戏剧运动演剧理念给胡导留下的影响，也可作为胡导为什么要脱离商业话剧演出而回归业余戏剧的一个诠释。

……由于演出形式有独幕剧进至多幕剧，比较优秀的演员，遂获得了更多的演出机会。每次演出的参加者都是他们，永远是几个优秀演员，这样，演出“质”上逐渐地获得了更高的评价。而遗忘的另一群，爱好演剧而缺乏演出经验的团员们，也逐渐地丧失了他们的兴趣及信心。这现象一直到最近演出的《梁上君子》为止都是如此。

是不是为了演出上“质”的提高，就该放弃这剧运最主要的意义。每个参加剧团的团员均等地获得演出的机会与“质”的提高是个矛盾。

不，相反的，质的提高是依赖于演剧运动做更广大的开展，每个团员都有学习的机会，都有演出的机会，他们在不断地演出和学习中，获得丰富的演剧经验，这样将造就更多一批优秀演员，未来演出中在质的方面将获得更高的评价。

——胡道祚：《谈邮工演剧运动》

《上海邮工》1947年第15期

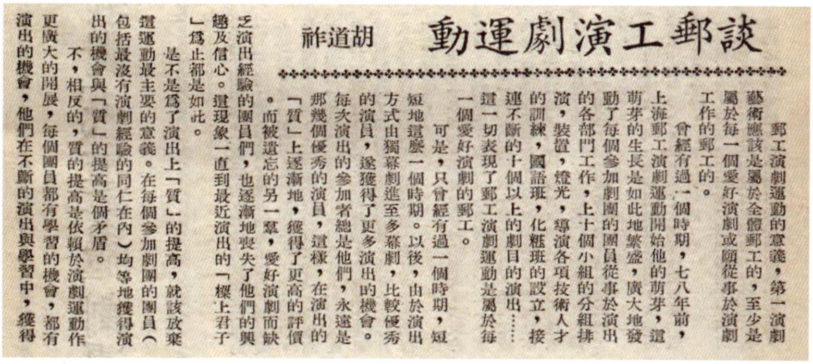

談郵工演劇運動

胡道祚

郵工演劇運動的意義，第一演劇藝術應該是屬於全體郵工的，至少是屬於每一個愛好演劇或願從事於演劇工作的郵工的。

曾經有過一個時期，七八年前，上海郵工演劇運動開始他的萌芽，這萌芽的生長是如此地繁盛，廣大地發動了每個參加劇團的團員從事於演出的各部門工作，上十個小組的分組排演，裝置，燈光，導演各項技術人才的訓練，國語班，化粧班的設立，接連不斷的十個以上的劇目的演出……這一切表現了郵工演劇運動是屬於每一個愛好演劇的郵工。

可是，只曾經有過一個時期，短短地這麼一個時期。以後，由於演出方式由獨幕劇進至多幕劇，比較優秀的演員，遂獲得了更多演出的機會。每次演出的參加者總是他們，永遠是那幾個優秀的演員，這樣，在演出的「質」上逐漸地，獲得了更高的評價。而被遺忘的另一羣，愛好演劇而缺乏演出經驗的團員們，也逐漸地喪失了他們的興趣及信心。這現象一直到最近演出的「樑上君子」爲止都是如此。

是不是爲了演出上「質」的提高，就該放棄這運動最主要的意義。在每個參加劇團的團員（包括最沒有演劇經驗的同仁在內）均等地獲得演出的機會與「質」的提高是個矛盾。

不，相反的，質的提高是依賴於演劇運動作更廣大的開展，每個團員都有學習的機會，都有演出的機會，他們在不斷的演出與學習中，獲得

《上海邮工》1947年第16期

上海邮工剧团演出的《葡萄美酒》（上图、中图、下图）

《葡萄美酒》（1947年12月 海光大戏院）

此次《葡萄美酒》演出的前后，我们——剧团里的朋友，都献出了不少力量，也都忍受了不少委屈。不论在人事上或经济上，都发生过困难，应该争取的也都争取了。同时，我们应该感谢李家齐兄和站在邮工剧团圈外而完美热情鼓舞与赞助的许多朋友，“戏”总算及时搬上了舞台，而且，不但博得邮工代表们的一致的赞赏与嘉誉，连一般观众们也莫不有口皆碑，寄以愉悦的反响……

——刘纪元：《上海邮工的剧运活动》

《中华邮工》1948年第1期

邮工剧团在海宁路的海光剧场演出了吴琛根据于伶原著《夜光杯》改编的大型话剧《葡萄美酒》，于伶是党在上海戏剧界的领导……当时选于伶写的这个戏，主要是想以文艺为武器，揭露国民党当局挑起内战，镇压共产党杀害进步人士，实行白色恐怖的罪行。……当时来看这个戏的邮政职工和其他观众……都心领神会，取得了极好的演出效果。

——李颂：《忆邮工剧团》

《上海解放战争时期邮政职工运动史》第247页

中共党史出版社 1991年1月出版

邮工剧团几次演出的成功，使胡导对排演优秀话剧剧目的自信心再次复燃，借助于当时邮局职工的休假制度，或者自付酬劳请同事代班，胡导再次走向社会为职业剧团排戏。然而当时上海的话剧已经衰败。1948年全年，上海的话剧演出总共不过11个剧目。而胡导却在11个戏里占了3个导演的份额。这3个戏分别是《原野》《大团圆》和《续弦夫人》，其中《原野》反映平平，另两部反映较好。

> 这个戏（注：《原野》）是老戏，已有定论，但在今天，再来传扬“原始性的复仇”观念，恐怕是“不识时务”了吧？
>
> ——王衔远：《一九四八年剧院回顾》
>
> 《影剧杂志》1949年第1期

《大团圆》（中国演剧社 1948年4月7日至5月18日）。该剧是当时上海最有影响的话剧，连演50余场，引起各方的关注。尤其是各媒体接连多天就此剧的演出发表不同观点的文章，在当时上海的话剧演出已经衰败的情势下确乎罕见。

> 《大团圆》第一场就卖客满，为胜利后话剧仅有的盛况。票价虽售三十万元一张，而每天排队购票，和《秋海棠》时情景差不多。
>
> 第一夜徐苏灵到场坐镇，散戏后到后台与导演演员研究演出问题，洪谟以客卿地位提供若干技术问题，一时情绪异常热烈。

「大團圓」的聲勢

「大團圓」第一場就賣客滿，為勝利後話劇僅有的盛況，票價雖售三十萬元一張，而每天排隊購票，和「秋海棠」時情景差不多。

第一夜徐蘇靈到場坐鎮，散戲後至後台與導演演員研究演出問題，洪謨以客卿地位提供若干技術問題，一時情緒異常熱烈。

「崐崙」老闆任宗德至後台慰問黃宗英，並定票若干，任年事甚輕，不像老闆，頗像初出道的新聞記者。

「大團圓」各演員的服裝，有三種式樣，長短袖不一，均為演員自費辦理的。

•神晨•

《铁报》1948年4月12日报道

《申报》演出广告（1948年4月7日）

——神农：《〈大团圆〉的声势》

《铁报》1948年4月12日

电影走红、话剧衰枯的今日，既然有幸看到夙负盛名的演员们济济一台底演出，未始不是一桩重大的事。

《大团圆》徒然是借个人的抒感，夸张的人物，俏皮的对话组合成一出悲欢离合的戏而已。就演出论，导演与演员极尽所能地夸张了全剧的趣味部分，于是场子里洋溢着钟情享受的笑声。我却为话剧艺术流泪。

——黎纹：《小评〈大团圆〉》

《新民晚报》1948年4月18日第3版

《大团圆》这个戏虽然还有着一些缺点，但是它仍然反映了一部分真理，它的演出对某些人起一定的作用的。然而，正因为有成就，有观众，我们更须要提出这个观点上的错误（注：指这个戏没能指明应当如何改变现实世界的出路），使观众不沉醉于这个散文诗式的气氛情调里，而忽略了严肃的主题。

——费厘：《看〈大团圆〉谈好人》

《新民晚报》1948年4月23日第3版

剧中有许多都用象征的方法，这很使观众难懂，因之就显得没有力量，鸽子受伤了，这个象征在全场观众中有多少人能懂？序幕和象征中的瞎子究竟是尾声（注：该报原文如此）什么？我问过五六个友人，谁也不能肯定地答复出来——当然，有一些地方不能不用象征，但应该用大众都能懂的象征。

——李行：《我看〈大团圆〉》

《新民晚报》1948年4月23日第3版

读了黎纹先生的《小评〈大团圆〉》，我感到黎纹先生有许多地方未免太近苛求了。为了艺术良心，我不能不为《大团圆》辩诬。

毫无疑问，《大团圆》是一个比较成功的剧本，因为它具有一个现实的故事……至于《大团圆》中的人物果然写得夸张，但至少不能说，这些人物没有存在的真实性。……这一点我倒认为是剧作者极大的成功，因为剧作者能深深体会到剧中人的个性，而能给剧中人说一句合乎身份的话……

《大团圆》的确是借个人的愤慨，真实的题材，讽刺的对话组成一出针对现实的戏。因为剧本是相当成功的，所以这次演出也就得到了应该得到的成功。

——李承芹：《略论〈大团圆〉人物》

《新民晚报》1948年4月24日第3版

（《大团圆》）所表现的是一个古老大家庭经过了抗战和胜利后就开始没落，而新生的一代，终于背负起时代所赐予的十字架，向现实争斗了。因此，《大团圆》还有它一定的时代意义——虽然我们的作者没有提示更积极的行动。

——王衎远：《一九四八年剧运回顾》

《影剧杂志》1949年第1期

《续弦夫人》（新中华演剧社1948年9月15日至9月22日）。

这虽是一个"家庭问题"剧，但它却强有力地表现了有钱的太爷们是如何把女人当做"玩具"，也为了这样，它至少反映了半殖民地半封建社会的中国对于女人们是相当歧视，根本不希望她们（拥有）应有的独立的人格。

刊登于《青春电影》1948年第16卷第32期

《申报》演出广告（1948年9月16日）

——王衍远：《一九四八年剧运回顾》

《影剧杂志》1949年第1期

《续弦夫人》不特是一出家庭剧，而且是一出社会剧。在《续弦夫人》中作者给我们雕塑了一个身世飘零的女性的典型。

关于续弦夫人的出走，似乎还嫌缺乏过程，虽为历次打击，足以铸就她的决心，但还是终觉有点突然。所以我以为不妨在末一场续弦夫人向慧芝（注：剧中续弦夫人梅伶的继女）说出江大夫就是她从前的丈夫时，慧芝不特不信任她的话，并且当面污蔑她。这么一来，她的出走似乎比较可使观众感到不大突然。

导演手法相当细腻，小聪明用得很多，但是并不破坏悲剧严肃的气氛。而且在每一“噱头”的背后，都深藏着泪痕，平淡的开端，平淡的发展，但在最后一场突然起了高潮，这高潮一直维持到剧终。全剧开始到结束，隐隐然泛露出三种不同的情调，如果借用英国理想主义者的色彩学说来说：第一幕该是纯青，第二幕从青里透出浅红，第三幕是混合着激情、哀怨，与未来憧憬的紫。

——李雪影：《评〈续弦夫人〉》

《新民晚报》1948年9月20 日第3版

从以上评论中提及的导演手法看来，胡导虽然还会用一些“小聪明”表现手法，但是在惯用的“噱头”后面充盈了悲剧的内容，不再是浅薄单纯的搞笑，而且这些“噱头”也用得恰到好处地与整个戏剧氛围相协调。

在民国最后的三年那一段话剧衰微的日子里，胡导也是尽了自己的心力，苦苦攀附着他所热爱、所追求的话剧事业，并力图摆脱商业戏剧的羁绊，进行着“自我救赎”。

勉力新文艺

1949 — 1951

《怒吼的中国》广告及剧照

1949年5月，上海解放。胡导和上海的戏剧工作者一样，满怀激情，用排演创作新剧目来迎接新的时代。上海解放后的第二个月，胡导在邮工剧团导演了《南下列车》（瞿白音编剧），这个小戏讽刺了国民党统治阶级溃败南逃的丑态，于26日在上海市保卫世界和平，庆祝人民政协成立大会上演出。接着9月，又响应上海戏剧电影工作者协会的号召，参与了在逸园（文化广场）举办的大型广场剧《怒吼的中国》的排演工作。1950年3月，根据邮政局党的领导关于“邮工剧团演出的戏更应当演出反映工人阶级的新生活的意见”，胡导和剧团其他同志一起共赴戚墅堰机车厂体验生活，为排演《胜利列车》（逯斐、乔羽编剧）做准备。

1950年6月，朝鲜战争爆发，邮政文工团京剧团根据政治任务，决定排演“新京剧”《纸老虎》（王若望、江禺天等编剧），导演由邮政工会负责人王震百领衔，胡导具体负责。所谓“新京剧”的形式，按报纸上的说法是“话剧用京剧歌唱手法表演”[①]。关于戏的内容，报纸称：“该剧情内容系将美帝侵略朝鲜及台湾真相尽情揭露”[②]。剧中出场的人物有美国总统杜鲁门、国务卿艾奇逊以及杜勒斯、麦克阿瑟等美国政要，但这又不是一个小小的“活报剧”，它有五幕十二场，完全是一出“大戏”的规模。根据报纸上的文字介绍，演出形式上它采用一种混合杂糅手法，京剧人物出场须踩着京剧锣鼓点，“起霸”程式，被转用了跳舞姿势；角色穿戴既有戏服（如“扎靠”背上插美国旗）也有西装革履，——现在称为“混搭”；天幕则打出美国国会大厦居中，蒙面枪手和好莱坞女星的大头像分占两侧的投影为大背景，诸如此类。这种实验形式的演出，在当时戏曲改革的讨论中引来热议。

①《新民晚报》1950年9月7日第2版《文娱新闻》。
②《文汇报》1950年12月11日第4版《新京剧〈纸老虎〉将在兰心上演》。

胡导中戚墅堰机车厂体验生活（左图中排左二）（右图）

我主张新京戏可以用现时代的实事穿着时装用京戏方式表演，……用真人真事做戏更好……前天我看了邮政文工团演出的《纸老虎》就是用的这个方式，已告成功了。

——苏少卿：《对于戏改的意见》

《文汇报》1950年10月1日庆祝开国纪念一周年特刊

（《纸老虎》）是特出心裁创造新的形式，新的台步，新的唱法，新的服装，用幕用布景。

形式是完全新的，凭着编导的创造能力，创造出新的风格与新的演法——这必然是一条迂曲而艰难的道路。

（《纸老虎》）一方面创作的新形式还不成熟，一方面京剧老观众对于新形式还不习惯，所以比较的还不能得到人民大众的欢迎，而有待于继续的努力。

《纸老虎》大胆地用京剧形式写国际形势是值得大大称赞的。它用轻松滑稽手法来写，格调上也是成功的。……陈致通演艾契生一角，那滑稽步法配合上锣鼓的点子是有创造性的，足见京剧的台步是可以有变化的，是可以改变的，是可以创造新的方式的。推而进之，其他动作也可以改变而仍能配合上锣鼓的点子，这是值得好好研究的。

——顾仲彝：《改革京剧的两个新尝试》

《新闻日报》1950年10月28 日

我认为：像《将相和》这一类的剧改尝试，是比较正确的道路，而《纸老虎》一类的新京剧，只能说是“活报”和用了京剧的形式（这是可以的，也是值得提倡的），却决不能说，它就是改革京戏的道路之一。严格的说，《纸老虎》已并不是京剧，因为照文字上介绍的《纸老虎》……并没有保存发扬了京剧的传统和特色，它只采取了

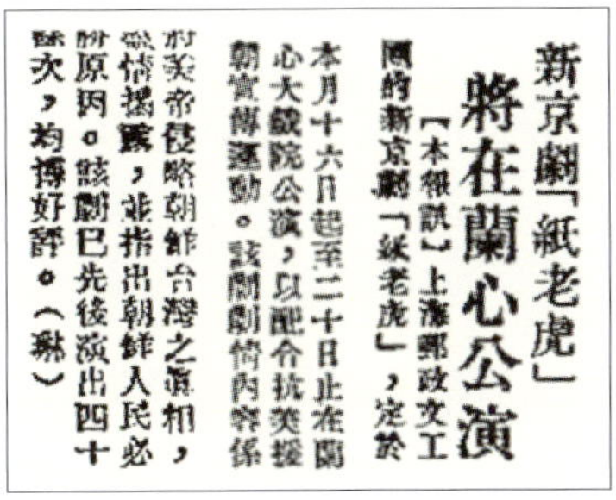
新京劇「紙老虎」

將在蘭心公演

【本報訊】上海郵政文工團的新京劇「紙老虎」，定於本月十六日起至二十日止在蘭心大戲院公演，以配合抗美援朝宣傳運動。該劇劇情內容係揭露美帝侵略朝鮮台灣之眞相，並指出朝鮮人民必勝原因。該劇已先後演出四十餘次，均博好評。（新）

《文汇报》1950年12月11日

《纸老虎》影剧连环画书影（建文出版社1951年）

新京戲「紙老虎」

昨演出浦東

·工人弟兄踴躍往觀·

上海郵政文工團新京劇「紙老虎」，十月十一日起，每晚七時在浦東勞動公園公演，演期四天。該劇係王若留等編導，內容暴露美帝侵略朝鮮眞相，揭穿麥帥之醜事，佈景服裝均極新穎別緻，先後在上鋼、國棉等工廠演出，頗受工人弟兄讚賞。浦東工人弟兄爭先往觀，甚爲踴躍。

《新民晚报》1950年10月12日

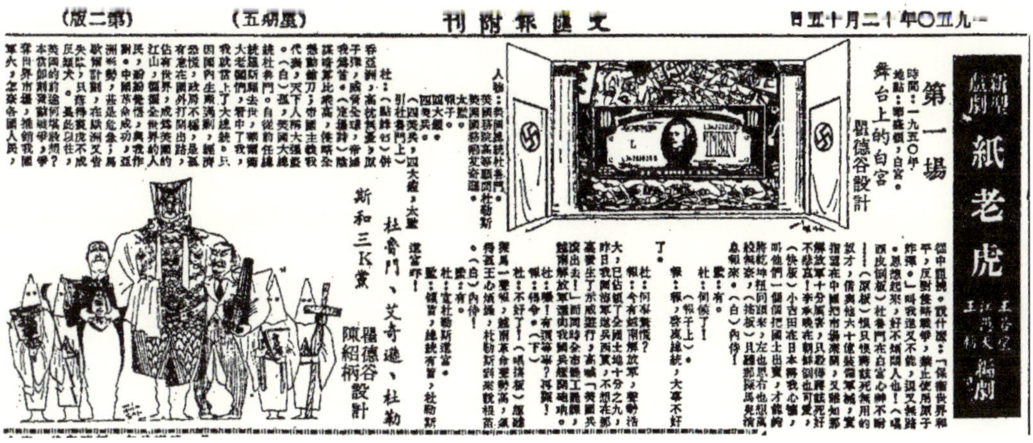
(第二版)　(星期五)　文匯報附刊　一九五〇年十一月二十五日

新型戲劇　紙老虎

第一場

舞台上的白宮　馬德谷設計

杜魯門、艾奇遜、杜勒斯和三K黨　馬德谷　陳紹柄設計

《新民晚报》1950年10月12日

京戏中的某些东西，以吸引观众而增加其宣传作用而已。

——李实：《读〈改革京剧的两个尝试〉后》

《文汇报》1950年11月24日第6版

这个戏在艺术形式上的试验是否成功并不重要，作为配合中心政治任务的宣传，这个戏从9月到次年2月几乎没有间断地在各种场合进行演出，如上海市职工教育委员会成立大会、纺织工人劳模大会、工人文化宫、浦东工人俱乐部、兰心大戏院、杨浦劳动公园、天蟾舞台、共舞台、春节军民联欢大会、邮政大礼堂以及钢铁、纺织等工厂，甚至还到过杭州，演出了近百场。同时按照演出场面逐帧拍戏剧摄影连环画出版，影响遍及一时。

就在《纸老虎》开始公演的9月，经朱端钧先生的引荐，胡导入职上海市立戏剧专科学校（简称“上海剧专”），担任话剧表演科初级班主任。接受的第一件任务就是排演配合抗美援朝运动反美宣传的话剧《美帝暴行图》。

熊（佛西）校长提出“一周内突击完成十个抗美援朝独幕剧”的创作任务，的确是一个相当艰巨的工作。但

高悬的《美帝暴行图》演出广告

上海戏剧专科学校校舍外景

在同学们的热烈支持下，这一任务为大家接受下来。由于李健吾、杨村彬、朱端钧、胡导、朱铭仙和其他先生们的指导，同学们热烈认真地讨论着剧本的题材，集体组织故事，相互研究素材的取舍，整个剧本就是在同学们的支持和帮助下，由执笔者写成了初稿。

——张江东：《〈美帝暴行图〉给我的教育》

《文汇报》1950年12月27日第6版

按照熊佛西校长的要求，李健吾、杨村彬、朱端钧、朱铭仙、胡导等在短短六天内就完成了《美帝暴行图》的创作和排演，该剧由《战争贩子》《伪善者》《原子笔大王》《景明大楼》《如此纪

美帝暴行图

上海剧专师生集體創作

序言

《美帝暴行图》演出说明书

《美帝暴行图》影剧连环画书影（建文出版社1951年）

上海戏剧专科学校演出的《美帝暴行图》之《如此纪律》

律》五个短剧组成，胡导具体负责《伪善者》的导演工作。12月21日起先后在上海市立戏剧专科学校实验剧场和兰心大戏院公演，受得了各界的好评。

上海市立剧专，今晚在兰心大戏院演出由该校师生集体创作的《美帝暴行图》，招待上海市各界人民抗美援朝保家卫国会议的代表。此次演出，意义重大，剧专教师四人均参加演出，胡导饰青年党代表，杨村彬（导演）饰陈匪诚，李健吾饰民社党代表，邱玺饰司徒雷登，校友王健饰马歇尔。

——今：《剧专演出〈美帝暴行图〉》

《新民晚报》1951年12月6日

《美帝暴行图》的演出是宣传抗美援朝保家卫国运动中的一件大事，是上海人民时事教育的一场大课，《美帝暴行图》暴露了美帝国主义的残暴行为，也揭穿了他们的阴谋诡计，使对美帝存在幻想的人们看清了美帝的狰狞面

上海戏剧专科学校演出的《美帝暴行图》之《伪善者》

目，狼子野心。

——谢无：《看了〈美帝暴行图〉》

《新民晚报》1951年12月6日

《控诉》电影海报

次年，经市委宣传部门决定，由长江影业公司与上海剧专合作摄制了《美帝暴行图》改编的电影《控诉》。

由杨村彬、朱端钧、胡导、何兆璋、谢晋、许秉铎联合导演。该片要求提前完成，除“长江”原有之两个摄影棚供该片摄制外，并租用大同公司摄影棚一座同时进行摄制。

——《文汇报》1951年2月16日第4版

《文艺短波》

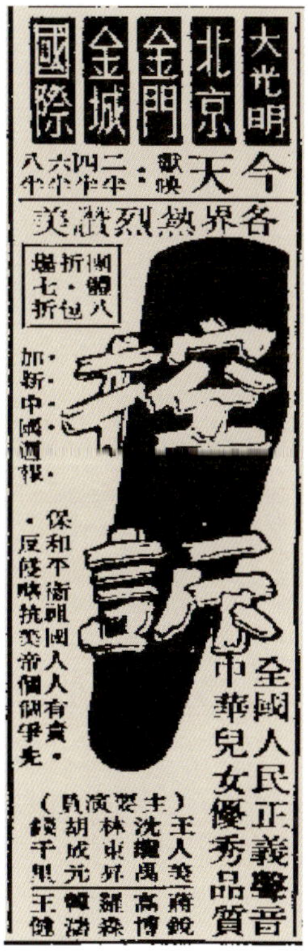

《文汇报》演出广告（1950年5月18日）

《伪善者》是《控诉》的第二部分，由胡导、谢晋和许秉铎联合导演，摄制完成后，先后在“大光明”“国际”“金城”“金门”“北京”五家首轮电影院上映。后来也编辑成一套5册的影剧连环画在全国发行。

自40年代起，胡导就与朱端钧先生保持着密切的联系，有过多次的合作，1949年9月，朱端钧先生创办《剧影日报》，邀胡导为特约撰稿人。以后胡导又加入朱先生创办的建文剧社，参与导演工作。在建文剧社胡导导演过3个戏。第一个戏是《俄罗斯问题》（西蒙诺夫编剧），1950年5月在卡尔登大戏院公演。这出戏也是以“揭露美帝国主义真面目”为宣传主题的，当时苏联拍摄的同名影片正在上海放映，观众踊跃，这出戏5月31日上演时，恰逢该影片放映期结束，于是把观众对影片的“热”转到了话剧舞台。第二个戏是6月24日，建文剧社为纪念高尔基逝世14周年排演了《夜店》（师陀、柯灵根据高尔基的《底层》改编），由朱端钧、胡导

《影剧日报》1949年12月1日

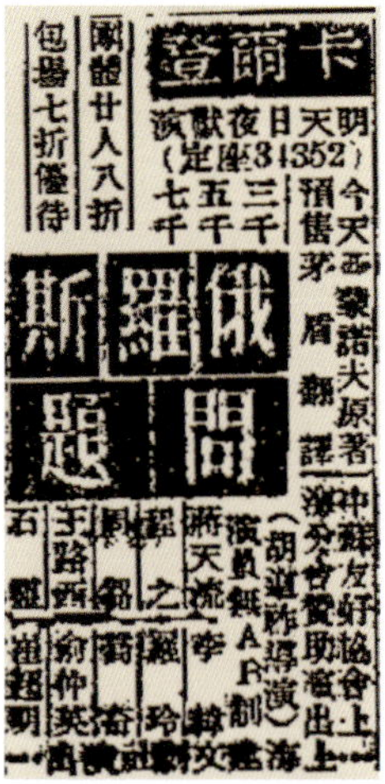

《新民晚报》演出广告（1950年5月1日）

《俄罗斯问题》剧本书影（华东新华书店 1948年）

《文汇报》演出广告（1950年6月24日）

共同导演，还特邀京剧名演员金素雯客串扮演“赛观音”一角。第三个戏是《当祖国需要的时候》（又名《医国医人》，刘任涛编剧），由朱端钧、胡导共同导演，1951年3月1日在解放剧场首演。该剧也是为配合抗美援朝宣传活动而排演的。这个戏在当时引起较大的社会关注度，报纸上登载的报道和剧评很多，广播电台也把该剧作了录音播出，还出版了连环画册。

这个戏在启发观众将爱国主义贯彻到具体行动中去的意义，是有很大教育作用的。华东卫生部与本市卫生局为扩大影响，加强政治教育，已发动本市各医务单位纷往包场，集体观摩演出。

——《包场集体观摩》

《文汇报》1950年3月3日

《当祖国需要的时候》是一部以医院为背景，医生为主要人物的话剧。从一个病人对一个医生态度不满，在报

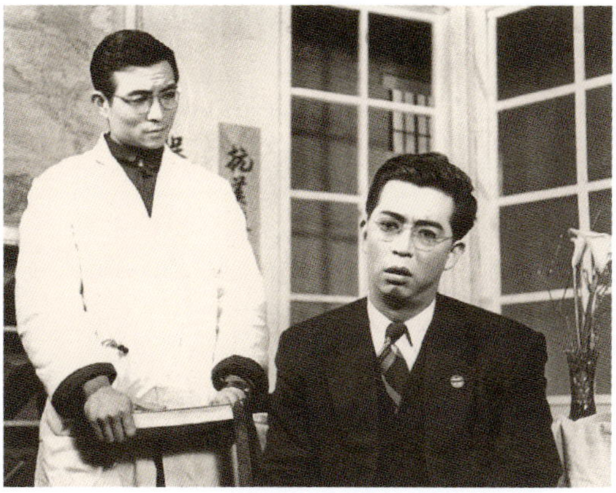

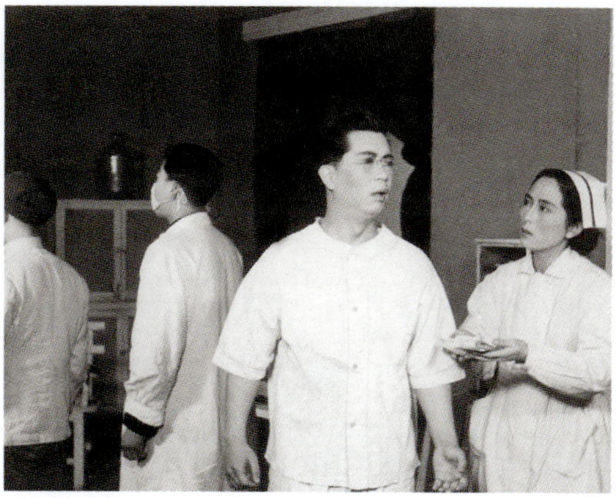

建文剧团演出的《当祖国需要的时候》（左图、右图）

胡导（前排右）与《当祖国需要的时候》部分演员及摄影师合影

纸上批评的事件为线索，而提出了思想、恋爱、家庭、技术等问题，并结合了抗美援朝医务工作者参加前线手术队的伟大行动。虽然触及问题很多，但并不见杂乱。全剧以喜剧方式来处理，所以效果很好。

《当祖国需要的时候》剧本书影（华东人民出版社 1951年）

《当祖国需要的时候》影剧连环画书影（上海建文出版社 1951年）

——引弓：《〈当祖国需要的时候〉观后感》
《新民晚报》1951年3月6日第2版

《当祖国需要的时候》结合了新爱国主义和国际主义精神，描绘了一群医务工作者的光荣事迹，以戏剧的形式，生动而具体地形象化出来了。这不仅只是在说明剧中一小撮（注：原文如此）医务工作者蜕新为光荣，贯穿了全剧的而是时代的巨流冲醒了他们……

“当”剧实在是一个好戏，我很喜爱它。如果说《当祖国需要的时候》尚有一些小瑕疵的话，那就是护士小蔡身为青年团员却未能发挥积极作用，耐心说服爱人赵大夫的落后；而个别落后分子凯蒂小姐的没有在剧中及时转变，剧作者似乎太轻易放过了她，同样赵大夫和宋大夫的转变尚不够深刻，是因专凭感情较缺乏理智的原故。另外陈述的宋大夫却演绎得生动明朗深刻，充分掌握了这一角色的性格，高小文的齐主任，难能可贵，扮演的恰到好处。

我几被《当祖国需要的时候》的剧情激动得流泪，这全是我们太熟悉的动人的真人真事，一切都写得自然而不勉强……

——邵子杰：《我们熟悉的人物出现在舞台上》

《新民晚报》1951年3月18日第2版

由建文剧社在解放剧场上演的《当祖国需要的时候》（又名《医国医人》），它是一部配合目前形势抗美援朝运动的戏。是用医务工作者为背景，从几个我们习见的典型人物中间所发生的"医生与病人的纠纷"，"思想问题"，"恋爱纠纷"，"技术观点"，"家庭顾虑"等组成一个故事。这部戏实在有深长的教育意义，而从此对医务工作者的责任感和服务态度与工作作风有所改进。

全剧由于剧作者、导演和演员们的努力，从开幕到结束，都能掌握观众们的情绪，关于此剧剧评各报都有详细介绍，这里不再多谈。在我主观上认为有些缺点的地方想提出来与大家讨论。第一，剧中表现的说服力不够，比如齐主任在说服他太太及齐小玲齐小英说服她们的妈妈时不具体，同时因说服力的勉强，而影响到内在转变过程；第二，在整个一部戏中，常常表现出十分情感而忽略了理智。如末一幕宋大夫也报名参加赴朝医疗队，在这里充分表现宋大夫因一时情感的冲动，而去报名参加，剧作者并没有显明指出他思想转变的原因；第三，整一部戏没有显明党的领导，只有齐大夫一个工会主席来代表一切，这是不够的，剧作者应该明确让观众建立这样一个概念"没有共产党的领导，是不可能发挥出大的力量"。

虽然《当祖国需要的时候》尚存不完美的地方，但在目前话剧缺乏的时期，它仍旧是一部上好的戏。我希望建文剧社的同志，从今后向工农兵大众的基础上，好好努力

《彩凤双飞》电影海报

《鸳鸯剑》观摩券

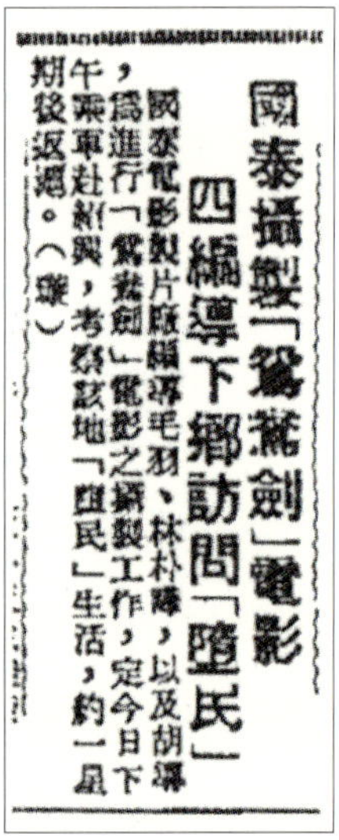
國泰攝製「鴛鴦劍」電影
四編導下鄉訪問「墮民」

國泰電影製片廠編導毛羽、林朴曄，以及胡導爲進行「鴛鴦劍」電影之攝製工作，定今日下午，乘車赴紹興，考察該地「墮民」生活，約一星期後返滬。（鍊）

《新民晚报》1950年10月28日

来为话剧界开辟一条新的道路。

——大伟：《从“医”剧谈起》

《新民晚报》1951年3月22日第2版

这一时期里胡导还协助朱端钧、潘孑农共同编写了《彩凤双飞》影剧本，并由大同影业公司摄制完成上映（1951年10月）。

全国解放不久，文化部就提出戏曲改革的口号，在田汉先生倡议戏曲剧团建立“有效的导演制度”和袁雪芬（雪声剧团）越剧演出改革的示范下，胡导受邀去了玉兰越剧团参与一些戏的筹排工作。胡导首先把他导演过的《鸳鸯剑》推荐给剧团编剧洪澜，并把当年黄宗江“剑劈祖宗牌位” 的表演介绍给了主演徐玉兰。这出戏排演后被国泰电影公司相中，准备筹拍电影，为对剧中所描述的“堕民”的历史及其乡情民俗作了较深入的了解，国泰电影公司邀请胡导和电影导演林朴晔、编剧毛羽同去浙江绍兴作调查。他们在绍兴工作了五天，回来后对剧本作了进一步的加工整理，后来由国泰公司摄制成影片。根据胡导自撰的《我的表导演简历》所述，那时胡导还作为玉兰剧团剧务部成员（兼职）积极参与了该剧团配合肃清反革命运动和宣传解放区优秀文艺作品的剧目排演工作，如《玉面狼》《白毛女》等。

在文化部戏曲改革活动中，胡导还在华东地区举办的戏曲观摩演出大会上为志成淮剧团导演了淮扬戏《郭华买胭脂》，赋予这个传统小戏以新的意义，获得了演出奖。

纵观这一时期胡导参加排演的戏，基本上是配合政治任务的演出。这类演出当然得到了党的宣传部门的支持，媒体广为宣传，舆论上也广受好评，有的戏剧本或演出中存在不足，得到的也是善意的批评。

上海解放初期舞台上的主流戏剧演出就是贯彻落实毛泽东的“文艺为政治服务，文艺为工农兵服务”的文艺方针。而对于胡导本人来说，从40年代热衷于根据美国影片改编的“流线型喜剧”到如今按照党对人民进行思想教育的方针和毛泽东对于旧戏曲要“推陈出新”的指导思想来从事戏剧活动，应该是在新的历史条件下艺术观念向前迈进了一大步。

但另一方面，胡导对这一时期一些剧本创作内容，对一些演员由于不熟悉所扮演的角色——舞台上的工农兵新主人，而产生的表演上虚假、僵化等问题的担忧。

志成淮剧团演出的《郭华买胭脂》

苏联作家爱伦堡在北京对中国新闻工作者谈他的写作经验时，这样说过：“我从来不乱写我所不熟悉的东西，要是有人要我写一本叙述中国建设的小说，我是不写的，因为这方面的事情我知道的太少。”这里爱伦堡提示了他的宝贵经验之一：“写我们熟悉的东西”。

为什么必须而且只能写我们熟悉的东西呢？爱伦堡讲了一个故事：“有一个法国作家，在前一世纪到了俄国而后他写道，他在茂密的红莓树下喝茶。红莓树是一种小果树，法国没有，只有俄国才有，这树不过这样高（做手势表明树很矮的意思），而且也不是茂密的树，他不可能坐在红莓树下喝茶的。”这就是说，那个法国作家只听到过俄国有红莓树，虽然去过俄国，却没有机会见识那红莓树，从而熟悉那红莓树原来（是）很矮也并不茂密的小果树。在这样的情况下如果不去写红莓树，也就没事了。可是那位法国作家不能这样做，又硬要把自己不熟悉的红莓树写上，并且把红莓树和自己拉上“关系”，想当然地写道“是在红莓树下喝过茶”。不知道这是根本不可能的事情。

这不是一个故事，而是一种“教训”。这告诉每个写

「寫我們熟悉的東西」

胡導

愛倫堡在北京對中國新聞工作者談他的寫作經驗時，這樣說過：「我從來不亂寫我所不熟悉的東西。要是有人要我寫一本敘述中國農村的小說。我是不寫的，因為這方面的事情我知道的太少。」這裏，愛倫堡是提示了他的寶貴經驗之一：寫我們熟悉的東西。

《文汇报》1951年12月24日

作者，要避免也作出那种可笑的事情，就不应该写自己所不熟悉的东西。

应该写我们熟悉的东西，还不只是为了避免那些可笑的事情而已，同时更重要的在：只有这样，才符合新现实主义体验生活，反映生活，指导生活的基本原则，才能写得新鲜、真实而生动，打动读者的心。

我们往往读到这样枯燥乏味的东西，虽然也是写着“斗争的生活”，写着“斗争中的英雄”，然而，一切就像木偶戏一样，从那里找不出思想，找不出感情，找不出“爱与憎”的强烈表现，这是为什么呢？应该说，这基本上就是那些写作者还不够熟悉或不熟悉自己所要写的东西，而又硬是要写它，因之写出来的就只能是抽象的概念了。这样它的不能打动读者的心也是当然的了。所以，我们必须照着爱伦堡的提示：写我们熟悉的东西。

——胡导：《写我们熟悉的东西》

《文汇报》1951年12月24日第7版

文章中举了法国作家写红莓树这样一个生动的例子，含蓄地批评了当时戏剧创作中的一些盲目追求和概念化倾向，但是对于具体的“生活”所指，对于“熟悉”的是怎样的生活、哪一些人的生活，文章并没有提及，这说明胡导当时的文艺思想还不成熟，不能跟上党对文艺工作者思想改造的要求。按作家王安忆今天的说法，那时“所谓‘生活’是有所界定的，并不是所有的人和事，而只是为政权主体认可的一部分”[①]。所以推崇爱伦堡的“经验”之谈其实与当时党的文艺理论存在很大差异的，而这一点胡导当时还不懂得，也不可能懂得。这篇文章在那个年代是否适时姑且不论，但这篇短文所提出的问题确实是表现了胡导作为一个戏剧工作者在创作上的美学观念和社会责任感。

① 《文汇报》2014年10月4日第3版《父亲和母亲的写作》。

转型：戏剧学院老师

1951 — 1966

（一）从学于苏联戏剧专家

（二）表演系1959届

（三）编写表演教材，论说演员矛盾

（四）作为导演

（一）从学于苏联戏剧专家

尽管胡导1950年9月，就入职上海市立戏剧专科学校担任话剧表演科初级班主任，但当时的主要精力还是放在了排戏上，尤其是排演有关抗美援朝和配合政治任务的演出。直到1952年10月，全国高等学校院系调整后，上海市戏剧专科学校合并了山东大学艺术系戏剧科和行知艺术学校戏剧组，1953年1月经文化部批准正式组建为中央戏剧学院华东分院。经华东文化部任命，胡导担任表演系初级班班主任后，主要精力才转入表演教学。

虽然胡导在三四十年代已经在《剧场艺术》杂志上读到过斯坦尼斯拉夫斯基（以下简称“斯坦尼”或“斯氏”）的《我的艺术生活》《演员自我修养》等表演论著，也在华光戏剧专科学校、中国艺术学院开过讲座，但多以演员的身份谈体会，谈技巧，没有系统地研究过戏剧教育，因此在教学上仍然以在剧团给演员排戏的方式来上课。这样的表演教学只能是“授人以鱼”，而不是“授人以渔”。1953年7月，学院第二届表演系（1954届）本科实习演出时，胡导先后担任了《夫妻之间》《赵小兰》两个独幕剧的导演。这两个小戏一个是通过讲述普通工人的家庭生活，批评残留的封建夫权思想，另一个是描写新农村姑娘抗争包办婚姻自由恋爱的故

上海戏剧专科学校演出的《赵小兰》

上海戏剧专科学校演出的《夫妻之间》

事，都是配合着国家刚颁布的新《婚姻法》宣传。但当时胡导的排戏方式依旧沿袭着按剧团给演员排戏的办法，导演作指示，学生照着做，缺乏结合排戏的表演理论和表演技巧教育，学生只知其然而不知其所以然。后来，胡导观摩旁听了丹尼先生在上海人民艺术剧院学馆开设的演员培训课，才开始领悟到表演教学应该是怎样的。

从我个人的经历来说，当我以做过四年的职业演员和八年的职业导演的经历进入“上海剧专”作表演教师时，我可以说完全不知道什么是表演教学，头两年我唯一的教学方法仍是像在剧团给演员排戏一样给学生排戏，直到一次在“人艺”学馆观摩了丹尼先生的学生演了“我演我”的小品，我才像发现新大陆似的领悟到表演教学应该从运用这样的实习教材形式开始，首先让学生学会掌握基本表演技巧，然后再让他们通过剧本排演学会创造人物——这才是表演教学。

——胡导：《戏剧表演学》第137页

中国戏剧出版社2009年5月第2次印刷

说来也巧，就在胡导开始进入表演教师这一角色时，文化部召开的艺术教育会议上提出：学习苏联的先进经验。随后大批苏联专家来到中国，普拉东·乌拉季米诺维奇·列斯里就是第一位被派到中国的戏剧专家。这位专家是斯坦尼和聂米罗维奇—丹钦柯的“嫡传弟子”，莫斯科艺术剧院导演。他在中央戏剧学院开设为期两年的导演干部训练班，第一个学期讲授的是表演课程。胡导有幸被派往北京跟班学习，自此开始接受相对比较系统的斯氏体系表演理论教育。在列斯里的课上，胡导听了斯氏《演员创造角

胡导（前排中）与表演系第一个班学生合影（1954届）

列斯里（中）访问中央戏剧学院华东分院

色》的讲授，也接触到了《苏联戏剧学院表演课教学大纲》，还依课程要求专心研读了克尼碧尔《在行动中分析剧本和角色》和查哈瓦《舞台行动》等专著。接着，1954年10月，另一位苏联专家，莫斯科瓦赫坦戈夫剧院戏剧学校教授，鲍·格·库里涅夫来到上海，为表演系陈明正等7名青年教师进行了16次系统的示范教学，重点是教表演系学生从小品入手，在规定情境、规定人物关系中生发出情绪的变化和着手行动。胡导虽然未被列入培训学员名单，但还是旁听了专家的讲课，并将专家传授的“假定性”“无实物练习”“内心独白”等训练方法“嫁接”到自己的教学中去。从中接受了许多斯氏体系的基础理论和演员训练元素，提高自己作为表演教师的学识和修养，藉以逐步丰富教学方式，并使他在日后许多年里对表、导演理论和教学的研究探讨有了一个初步的学理基础。

1953年10月开始，中央戏剧学院华东分院首届毕业生（即1954届）开排苏联戏剧《曙光照耀着莫斯科》，准备作为毕业剧目公演，由院长熊佛西亲自担任艺术指导，胡导作为执行导演进行排练，这也是学院第一次按照苏联斯坦尼体系方法排演的剧目。1954年2月，特地邀请了来上海视察访问的苏联专家列斯里观看排练，

苏联专家上课用的部分讲义

并按其意见和建议作了一些修改，在1954年4月17日在学院实验剧场首演，5月8日移至曙光剧场继续公演。

> 由于全体师生热烈辛勤地学习和运用了苏联现行教学经验，剧分院在教学改革上获得了相当的成绩，这次公演也是剧分院同学学习成绩的一次展览。
>
> ——《新民晚报》1954年5月8日第2版

院长熊佛西先生是这样来总结这个戏的演出的：

> 我和大家一道参加了这个戏的排练，并检查了这个戏历次总结和彩排，我觉得在你们现有的水平上，这次演出是一次比较成功的演出，虽然你们在表演上还存在着缺点（甚至严重缺点），但你们在表演上所走的路线基本上是正确的。
>
> 这个剧本在全国各地都演过，我们有不少同学也曾看过这个剧本的演出，但在我们这次演出中，却没有一个同学放弃独立的艺术创造而进行抄袭和模仿，这是我们这次演出的很宝贵的一点。
>
> 这些成就，是集体劳动和群众智慧的创造，绝非任何个

中央戏剧学院华东分院演出的《曙光照耀着莫斯科》（左图、右图）

人的劳绩。虽然我们也绝不抹杀个人在其中的贡献，然而这个创造的整体成就和光荣，却应归于大家，归于集体。

——熊佛西：《严肃认真地创造，争取集体荣誉》

《新民晚报》1954年6月4日第4版

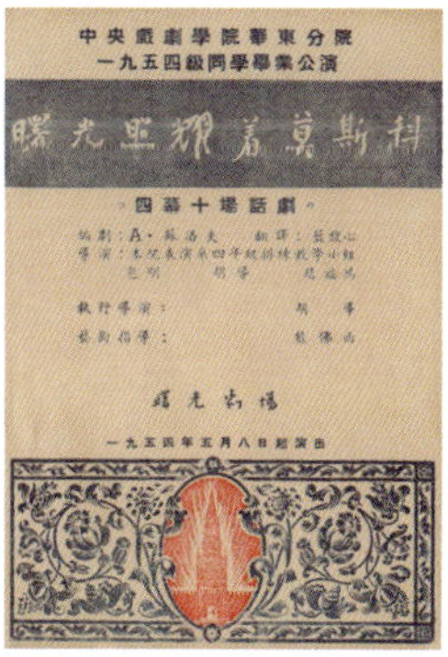

《曙光照耀着莫斯科》演出说明书

1955年10月，一位后来在上海戏剧学院留有深远影响的苏联专家——苏联乌德摩尔梯共和国功勋艺术家、列宁格勒戏剧学院的副教授，叶夫盖尼亚·康斯坦丁诺夫娜·列普科夫斯卡娅来学院，担任了院长顾问，并主持为期两年的表演师资进修班。

当年教学档案记载：

贯彻专家建议，一年级除补充形体动作记忆练习外，学期终了时要完成改编小说片段练习的工作。

苏联专家在我院的主要任务是培养师资，以适应教学改革及戏剧教育事业的发展需要，因此向专家学习的任务是全系的中心任务，要和专家工作密切配合，安排时间保证干部学习机会。

——《表演系1955-1956上学期工作总结》

摘自上海戏剧学院档案

苏联专家叶·康·列普科夫斯卡娅

自从1954年确定以“学习运用苏联教学大纲，改进教学方法，提高质量”为戏剧教学工作的中心任务后，在这段时间里，我们以表演课为主，表演课的教学内容逐渐充实起来，教学顺序基本确立，陈旧的教学（导演）方法大大革除，真实反映生活已成为全体师生一致最大的目标。

——《表演系1956-1957年度教学工作计划》

摘自上海戏剧学院档案

上述引文中提到的“一年级”，正是胡导担任班主任的表演系1959届学生。当时，胡导已经被评定为副教授职称，且担任表演教研室副主任，根据教学计划，他应当完成“如何使学生能在规定情境中动作起来”的教学训练。虽然女专家的主要任务是给师资培训班的学员上课，但在胡导的积极争取下，院领导同意了胡导特邀女专家到自己的班上讲课的请求。专家给学生们上了八次课，为学生们打下了扎扎实实的表演基本功。

第一堂课，胡导与学生们一样惊诧于女专家带来的“礼物”——

那是十几块大小不等的正方形、长方形、三角形的大型积木和一个能容一人上下九级的阶梯。这些积木组成了一套表演课的教具。

（专家）给学生布置了作业：“你们想一想把这套积木搭起来，随便你们搭成一个什么地方或是搭成一样什么东西，搭好了你们就在这里边行动、生活。”

同学们立刻就开始动作起来。不，应该说他们立刻就开始了创作。他们全体一下子就非常活跃地进入了富有灵感的创作状态。……当他们沉浸在创作的海洋中，他们就

胡导（右二）听苏联专家讲课

不再理会他们的面前正坐着个苏联专家，还坐着好几位“严厉”的教师和好一些陌生的观众；不再为了讨好某一些人而表现一些什么；他们是为了自己、为着自己的伙伴们在进行创作，在认真思考。

专家当时一刻也不放松地注视着学生们的活动，她不时地指点给我们看，学生的活动达到了一些什么教学上的要求。平时我们在教学上是很少注意学生做练习以前的创作状态，也没有意识到要去培养学生这样的创作状态。……这样一个好的创作生活开始，教师们有意识地对于好的创作状态的培养，就为他们紧接着进行“动作”或执行舞台任务提供了非常好的，有利的条件。

——胡导：《表演教学中积木教具的运用》

上海戏剧学院《院报》1956年第11期

女专家的第一堂课就给胡导带来了许多值得认真思考的问题，怎么来解决教学当中的欠缺和疑难，怎么才能培养出富有创造精神的表演人才，怎么才不会有负于表演教师的职责，这些问题让胡导诚心诚意地坐在教室里与同学们一道专注地听女专家讲的每一堂课。他还在女专家直接带教的表演师资进修班上认真观摩学习，亲眼目睹女专家在教学排演苏联名剧《决裂》和莎士比亚《无事生非》时，是怎么有效地运用大量“人物小品、练习”来促使演员认识、感受剧中人物，从而较好地创造人物形象的。女专家传授的教学方式方法，胡导在以后自己的教学中也一直贯彻运用着。

按照“学期终了时要完成改编小说片段练习的工作”教学计划，1959届表演班同学第一学年结束时，作为考试，每个学生都要准备一个自编自演的小品，用以考查学习成绩。朱端钧先生后

朱端钧先生（右二）与胡导（右三）及青年教师在一起

表演系学生做小品练习（上图、下图）

来回忆说：

> 那是我院第一个搞小品的班，……排戏做些小品，用来探索人物关系是有好处的。演员要了解人物和环境的全部关系，演一个人总要知道，他处在什么情况下，情况了解得越多越好，经验不足的演员做几个小品有好处。
>
> ——杨莹　姚家征整理：《朱端钧谈艺录》
>
> 《戏剧艺术》1982年第4期

考试那天女专家也来到现场观看。班上所有的学生的表演都令人满意，尤其突出的是戴金凤的《开路先锋》，表演生动、细腻，人物行动与规定情境完全契合，让女专家特别满意。戴金凤后来是这样回忆中当时的情景的：

表演系学生做的小品练习

上海戏剧学院82届演出的《飞来的新娘子》

这是胡导老师和教学组的成果。胡导老师激动了。他含泪的笑，打动了我的心。其他几位老师也为我们鼓掌、祝贺。苏联专家拥抱了老师，拥抱了学生。这堂考试课深深感动了苏联专家，她称赞了胡导老师和教学组的成绩和功劳。

——戴金凤：《我在“上戏”学艺路上的两个转折点》（原稿）

第二学年开始后，为了进一步提高学生的表演能力，胡导根据该班学生的特点，自己动手把日本电影《飞来的新娘子》中的部分情节改编成教学片段指导学生排练，效果也很好，女专家看过后特别推荐在庆祝苏联十月革命节时，到苏联领事馆演出。该片段后来还一度成了学院常用的教学片段之一。

我自己感到比较好和对教学有一定影响的是《飞来的新娘子》和《敢想敢干的人》两戏。他们都是轻喜剧，“飞”剧是我从日本电影剧本改编的，男女主角鲜明的人物性格和我要求演员噙着眼泪的喜剧动作，对揭示两个学生独特的创作个性起到很有效的作用，引起了教师们的注意，不断地用它作教材。

——胡导：《个人小结》原件

1981年11月

正是学习并在实践中运用苏联专家传授的方法和经验取得的成效，使胡导在表演教学上顿开茅塞，他写道：

她为我们解决了“表演教学”这门专业中一个根本性质的问题——“什么是表演”的问题。

我们曾经在学生开始学习时就把学生推上舞台表演，而专家却把学生从表演的小舞台上拉到平地上来活动，她告诉学生：不是要他们“表演”，而是要他们和她一起在她所宣称的“实验室”里做工作。

她说：斯氏的所有学说就是在于让所有来到舞台的人都能抛弃不正确的舞台感觉，去创作正确的舞台自我感觉。她认为：“首先要学会创作自我的生活感觉”，但是“舞台本身”却是“会破坏普通的生活自我感觉的”。它总是促使人们“想办法得和舞台那样，而忘了像生活中那样”，因之，这样的实验室工作就是让学生不再感到老师们和听课的同志们是观众，很自然地就把他们从企图表演的困境中解放了出来，便于他们去创作人的普通的生活自我感觉。

根据专家的教学内容、教学法及所获得的教学效果来看，“表演”意味着甚么呢？我认为，简单地说，表演就是演员能当众地在作者所提供、并经自己创造或自己创造的假定情景中生活，把它当做真实生活一样来生活。

——胡导：《艺术真实性的标准是生活》

上海戏剧学院《院报》1957年第22期

可以说，这段话是触及到了斯氏“体验派”表演理论的核心内容。

尽管当时上级要求戏剧界应认真学习、全面贯彻斯坦尼斯拉夫斯基演剧体系，尽管斯坦尼斯拉夫斯基演剧体系给胡导在表演教学上带来了极大的启示和帮助，但同时，胡导对于专家所讲授的理论观点也不是全盘接受的，在将“斯氏”学说贯彻到教学实践中时，还是有所选择和适度保留，也许是他因为自觉尚未“消化”某个概念，也许他觉得根据自己过去多年的演出实践经验对某个概念有所异议。如“从自我出发”的观念，上课时就没有照搬不误：

> 当我们进行二年级教学，即以剧本片段作为教学材料开始学习角色的行动时，似乎首先应该把诸如斯氏在书中提及的以及列斯里专家曾经对学生说过的类似的话教给学生。比如那时我指导学生张秋明排演《黛玉焚稿》片段，我得和她说：“张秋明，你现在并不是什么林黛玉，你就是你自己——张秋明，上海戏剧学院表演系二年级学生，只是你现在处在当时林黛玉所处的情境中……”
>
> 说实在的，我是无法对张秋明说这话的；的确，我在片段教学中有过几次想和学生说这样的话，可我一次也没有说出过。我不能不担心，如果这样说了，学生反问我一句：“既然我是生活在现代上海的张秋明，我怎么会回到两百多年前贾府的大观园里去呢？”我是无法回答她的。……再者，我作过演员，演过几十个角色，从来都是作为角色，以角色的名义在舞台上说话，做动作，走调度，而从没想到所演的角色是自己过。再说句实在的，我自己做不到的事怎么可能教学生去做呢？我是绝对无法用这样的语言来教会学生“二度创造”方式的自我出发的。
>
> ——胡导：《戏剧表演学》第90-91页
>
> 中国戏剧出版社2009年5月第2次印刷

胡导在教学中的这些做法，在当时表演系学期工作总结当中也从侧面地承认了它的合理性：

> 目前表演教学中普遍存在的现象是机械运用专家示范教学中某些现成方法，如表一无实物练习的偏差，表二片段案头工作与小练习运用食而不化。
>
> ——《1954—1955年表演系学期工作总结》
>
> 摘自上海戏剧学院档案

又如，1953年冬天，列斯里来上海，在学院观看学生们进行“观察模拟”戏曲教学时，将其斥之为“匠艺”。对此，胡导颇不以为然，他认为，在我国传统戏曲表演的传授过程中，弟子按照师傅的表演程式一招一式地模仿，来学会一出戏，同样应当是表演教学的一种方式，不应该轻易地否定。然而，当时来自苏联专家的意见是绝不能公然否定的，胡导只能在学院表演教研室关于斯坦尼体系和戏曲艺术传统的笔谈会上婉转但明确地提出：

> （斯坦尼体系）这门科学是总结了世界上许多舞台大师的创作经验而发现的表演艺术创作的客观规律，既然是客观规律，我国优秀表演大师的创作也必然会在实质上符合这种规律。由此它们不可能是互相对立，互相矛盾或互相排斥的。
>
> 由于过去我们没有重视自己的遗产，没有认真地，有系统地向古典戏曲表演艺术进行学习，没有把我们优秀的表演大师们的创作经验加以总结，因而到现在为止，我们还没有能建立一个有系统的，较完整的，我们自己的表演艺术体系来。这样就使得我国的话剧艺术缺少传统的艺术特色，使我们目前在话剧表演教学上借鉴于传统的艺术创造经验而又无从着手之感。这是非常大的损失。

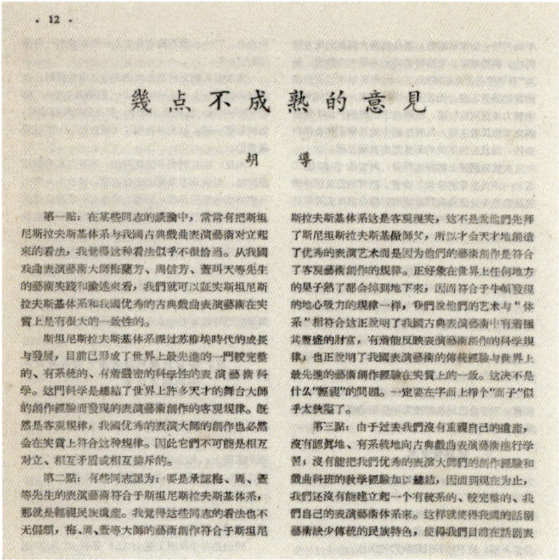
·12·

幾点不成熟的意見

胡 導

第一點：在某些同志的談論中，常常有把斯坦尼斯拉夫斯基体系与我國古典戲曲表演藝術对立起來的看法，我覺得这种看法似乎不很恰当。从我國戲曲表演藝術大師梅蘭芳、周信芳、蓋叫天等先生的藝術实踐和論述來看，我們就可以証实斯坦尼斯拉夫斯基体系和我國优秀的古典戲曲表演藝術在实質上是有很大的一致性的。

斯坦尼斯拉夫斯基体系經过苏維埃時代的成長与發展，目前已形成了世界上最先進的一門較完整的、有系統的、有着嚴密的科學性的表演藝術科學。这門科學是總結了世界上許多天才的舞台大師的創作經驗而發現的表演藝術創作的客观規律。既然是客观規律，我國优秀的表演大師的創作也必然会在实質上符合这种規律。因此它們不可能是相互对立、相互矛盾或相互排斥的。

第二點：有些同志認为：要是承認梅、周、蓋等先生的表演藝術符合于斯坦尼斯拉夫斯基体系，那就是輕視民族遺產。我覺得这些同志的看法也不无偏頗，梅、周、蓋等大師的藝術創作符合于斯坦尼斯拉夫斯基体系这是客观現实，这不是說他們先拜了斯尼坦斯拉夫斯基做師父，所以才会天才地創造了优秀的表演艺术而是因为他們的藝術創作是符合了客观藝術創作的規律。正好像在世界上任何地方的果子熟了都会掉到地下來，因而符合于牛頓發現的地心吸力的規律一样，我們說他們的艺术与“体系”相符合这正說明了我國古典表演藝術中有着極其豐盛的財富，有着能反映表演藝術創作的科學規律；也正說明了我國表演藝術的傳統經驗与世界上最先進的藝術創作經驗在实質上的一致。这决不是什么“輕視”的問題。一定要在字面上掙个“面子”似乎太狹隘了。

第三點：由于过去我們沒有重視自己的遺產，沒有認真地、有系統地向古典戲曲表演藝術進行学習；沒有能把我們优秀的表演大師們的創作經驗和戲曲科班的教学經驗加以總結，因而到現在为止，我們还沒有能建立起一个有統系的、較完整的、我們自己的表演藝術体系來。这样就使得我國的話劇藝術缺少傳統的民族特色，使得我們目前在話劇表

上海戏剧学院《院报》1956年第12期

正确地运用斯坦尼斯拉夫斯基体系的原理，亦即运用表演艺术创造的一些客观规律来研究和解释我国的民族表演艺术，这样是易于发现我们传统的表演艺术中的科学性；也能够帮助我们更迅速，更有效地建立起我们自己的表演艺术科学来。

我国戏曲演出的内容、形式、风格，都具有我们自己的、为别的国家所不可能具有的特色。因而在创作规律上也就不可能与斯坦尼斯拉夫斯基体系完全一致。……我们在接受民族遗产的过程中，必须更好地学习、研究，吸收它与“体系”相一致和不完全一致的“精华”部分。这不仅为建立我们民族话剧所不可缺少，同时也是应该能丰富世界表演艺术科学。

——胡导：《几点不成熟的意见》

上海戏剧学院《院报》1956年第12期

再如，胡导给1959届二年级学生排练了一个名叫《酒店奇遇》的小品时（这是以《无事生非》中两个不起眼的人物——薄拉邱和玛格丽——为“由头”编出来的故事），添加一些西方表演创作的元素，但在表演教学晚会上演出时，专家给予了这样的评说：

玛格丽这个角色的“种子”像火焰一样，是幽默风趣的女人，同时她还是希罗仪表、风度的家庭女教师，可是你们为什么要去这个酒店里寻找培植玛格丽的土壤呢？又是为什么让这颗种子在酒桌上发芽呢？诚然，通过这个小品，我们看到了各种别开生面的调度和处理，也看到了各

种热烈而紧张的摔打，更听到了十四行诗优美的韵律……可是你有没有看到，这里追求者（着）什么趣味？你有没有感觉到你受到一股冷风的袭击？而这股冷风正来自地球的偏□（注：原件文字难以辨识）。

——《表演系教改问题展览晚会小结》1958年3月

摘自上海戏剧学院档案

然而专家的看法到了学院里，就被视为严重的问题：

这个小品完全暴露了教师受美国电影影响的导演手法。

——《表演系教改问题展览晚会小结》1958年3月

摘自上海戏剧学院档案

胡导为此受到了批评。全面抵制美国文化恰是那个时代的风尚，所以当胡导借助他40年代的创作积累用在了50年代的小品表演上，受到这样的指责也是不足为怪的。其实艺术创作上兼收并蓄的包容性反倒应当是常态的。

（二）表演系1959届

在全国“大跃进”的形势下，1959届学生的学业是相当繁忙和紧张的，同时这批学生的对于戏剧艺术的热爱和学习的用功程度也是前所未有的。三年级就开始为排大戏做准备。那时有一个八场话剧《敢想敢做的人》（王命夫编剧）在各地风行，胡导就把它用来作为学生实习演出的剧目，并做了充足的准备工作。排戏之前，胡导学习苏联女专家对“演员天性”循循善诱的手法，布置学生们做各种不同情境下的小品，加以评说引导，帮助他们找到剧中人物的感觉，取得了较好的效果。在整出戏的构架上，依据剧本设置，通过“解说”“旁白”等“间离”手法串联全剧，让观众耳目一新。

多年后，1959届学生回忆起这个戏的排演还念念不忘：

我们不会忘记，您导演《敢想敢做的人》时，导演计划之完整是难得的表、导演教材，我至今仍保存着，它成了我后来从事导演工作的参照。

——向能春：《欢庆胡导老师九十华诞祝词》
校友通讯《横浜桥》第67期
2007年4月22日

《敢想敢做的人》演出说明书

《敢想敢做的人》演出后社会反响良好，有评论道：

戏剧学院的这次演出是清新可喜的。一个报幕的姑娘在幕间穿针引线，把整个剧情串联起来。在演出中，人物的内心活动常由幕后独白来明白地加以表达。这一手法类似中国传统戏剧表演方法中的“打背躬”，也可以说是一种新颖的旁白，它把剧中人激烈的思想斗争和感情变化，十分明确地传达给观众，及时引起观众的共鸣。

——姜振东：《幕间穿针引线，演出清新可喜》
《新民晚报》1959年1月31日

看过话剧《敢想敢做的人》的演出，大抵都会为它新颖的艺术样式和风格所吸引：那就是演出者自谦为戏剧形式上的“小小尝试”——报幕人、解说词和旁白的应用。这一尝试的成果如何，尚可研究，但这种对艺术形式大胆、热情的探求，我以为是可贵的，有益的。这正是我们多方寻求的塑造社会主义时代新人物光辉形象途径时所不可忽视的一个方面。看来大多数观众是支持并且“批准”这一尝试的：演出效果好，剧场气氛活跃，便是明证。

——莫洋：《话剧的“旁白”及其他》

《文汇报》1959年4月4日

继《敢想敢做的人》之后，这个班在学院教务长朱端钧先生主持下，排演了莫里哀的经典喜剧《吝啬鬼》。胡导作为班主任给予了积极配合，当年扮演剧中主角的李家耀曾回忆道：

李家耀饰演“吝啬鬼”

《吝啬鬼》全剧排练就绪以后，演员们感到很有收获，并为能产生出不少真实而又有意义的剧场效果而窃喜。然而朱教务长并不认为排练就此告成，为此，他又专请善于挖掘喜剧因素的胡导老师来共商计议，在真实、合乎情理的基础上发掘更多的喜剧笑料。当我看到两位驰骋艺坛的前辈并肩切磋的情景时，心底蓦地升起一股暖流。……老师们融洽的合作关系，深深地教育了我，令我终生难忘。

——李家耀：《喜剧也要刻意求真

——排演〈吝啬鬼〉的启示》

《沥血求真美——朱端钧戏剧艺术论》

百家出版社1998年版，第418－419页

表演系1959届学生毕业时适逢国庆10周年大庆，为了这一盛大的节日，在话剧舞台上把自己一系列的学习成果奉献给观众是他们热切的期望。胡导根据学院的计划给这个班级的同学排了两台戏。一台是《上海激战》（辛农、计铁编剧），另一台是由三个独幕剧组成，分别是《光荣的岗位》《柜中缘》和《巴德林先生的故事》。

《上海激战》的演出在5月份上海解放纪念日，排戏过程中，

按照学院的安排，1959届学生们要深入部队接受革命传统教育，学习战斗要领，要把自己“变成”一名解放军战士出现在舞台上。胡导和剧组其他人员也去了部队，听取部队首长对这个戏的具体意见。回学校后，离演出日期已很近了，为保证该剧如期高质量演出，胡导根据剧情需要把演员分为两个小组，在不同的排练场夜以继日同时开排，而自己则不停地穿梭在两个排练场进行指导。仅仅十几个昼夜，就顺利地完成了全剧的合成并按时演出了。据当事者回忆，当年指挥上海战役的粟裕大将亲临剧场观看并给予好评。著名剧作家蓝澄也

《上海激战》演出说明书

胡导（左）为《上海激战》演员作辅导

上海戏剧学院演出的《上海激战》

部队教官为《上海激战》演员辅导军事动作

上海戏剧学院演出的《上海激战》

刊文称该剧是“激动人心的好戏”。[①]

学院在总结1959年工作时肯定该戏的演出：

> 表演系现在的毕业班（五九级），今年一月以来共先后演过《敢想敢做的人》，莫里哀喜剧《吝啬鬼》，老舍剧作《女店员》以及反映解放上海战斗的《上海激战》，几个戏的演出，都基本被肯定，而且创作角色水平来说是一个戏比一个高，在《上海激战》中几个解放军官兵的形象，据好几个军事首长看了后评论，认为是成功的。丹尼看了《上海激战》后，以为演连长的学生一定是调干军官，告诉她入学时是高中学生，她大叫“后生可畏”。
>
> ——上海戏剧学院院务委员会：《去年以来教学工作的成绩和主要经验问题》。
>
> 1959年7月

另一台戏是9月由胡导和叶涛共同导演，由两个原创独幕剧和一个法国古典喜剧组成的演出，整个演出选用了三种不同类型的题材，采用了三种不同风格的导演手法，在当时可以算作是一次实验性探索演出。期间，为了让参加《巴德林先生》排演的学生和观众更好地理解剧本，胡导专门撰写了《〈巴德林先生的故事〉主题思想》一文发表在《文汇报》上。同时还专门请来华东师范大学历史系的老师为学生讲解15世纪法国社会历史背景。虽然这次演出的社会影响没有《上海激战》大，但从专业人士反映看，这种培养演员的方法似乎比《上海激战》更加受到好评。

> 独幕剧《光荣的岗位》是该院去年到农村办学期间的创作……他们边排边改，大大丰富了人物性格和剧本的主题思想，……参加演出的法国中古时代的闹剧《巴德林先生》的青年演员，为寻找闹剧的节奏动作，花了不少功

① 《舞台上看“瓷器店里捉老鼠”——话剧〈上海激战〉的两场好戏》，作者：蓝澄，《新民晚报》1959年5月31日。

上海戏剧学院演出的《光荣的岗位》（左图、右图）

夫，舞蹈家胡蓉蓉专门为这个戏排练西洋舞蹈；导演又重新解释剧本的主题思想，强调“卑贱者最聪明”，并加重了代表劳动者的牧童的戏。另一出根据我国戏曲改编的《柜中缘》，为探讨话剧如何向戏曲古典遗产学习做了新的尝试。

——阿棠：《三喜剧将为国庆增添欢笑》

《新民晚报》1959年9月13日第5版

（《光荣的岗位》）这是个方言话剧，话剧演员一律讲上海话。演技也吸收了不少上海农民的生活动作，还采用地方戏里的“自报家门”、独白、旁白来向观众介绍自己和剖白心理动态。因此，这个戏富有民族气派和乡土气息；观众笑声也特别有亲切感。

《柜中缘》——（描写）岳飞之子岳雷避难民家，和民女翠莲缔结婚约的故事，用古装话剧来表演，这是前面所说的《光荣的岗位》之后，话剧表演上的一个新尝试。

《巴德林先生》是一个无名的、法国中世纪的民间喜

上海戏剧学院演出的《柜中缘》（左图、右图）

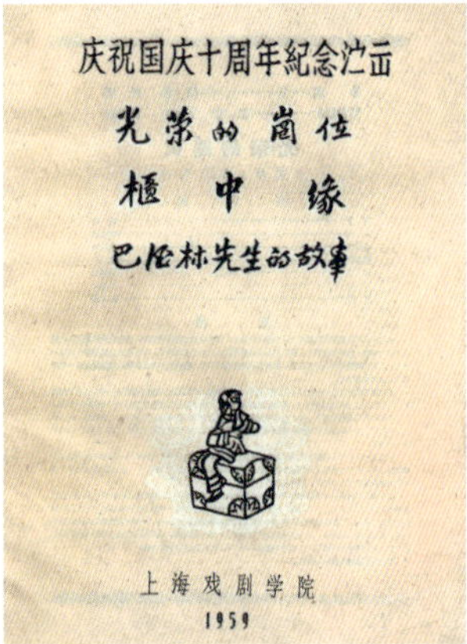

三个小戏演出说明书

剧作家的作品。……整个戏都在诡谲、轻快、喧闹的空气中进行，而以颟顸无能的老法官给奸诈的律师和神经错乱的商人弄得同样神经错乱昏倒在地为最高潮。直到闭幕时，商人、律师和律师太太三个人还在你死我活的抢夺那一段衣料。站在一旁以嘲笑态度看热闹的，是那些牧童和市民们。

这个戏的服饰、布景、道具等等，都别有风味，和戏里的这些人物一样，都具有中世纪西欧社会光怪陆离的生活色调。

——马蓝：《笑笑笑——看三喜剧》

《新民晚报》1959年9月21日第5版

建国10周年大庆时，上海剧坛热闹非凡，仅话剧大戏就有《日出》《关汉卿》《大雷雨》《决裂》，等等，而且一些著名电影演员如白杨、秦怡等也现身话剧舞台，这种情势下，三个小戏确实毫不起眼，然而其中的两个却陡然引起了独具慧眼的佐临先生的格外关注，他在接受报社采访时特别提到：

上海戏剧学院演出的《巴德林先生的故事》（左图、右图）

我认为《光荣的岗位》和《柜中缘》这两个小戏，无论编剧、演出，在试图突破话剧表演的固定格式上，是个可喜的尝试，可惜话剧界的圈内圈外都对它注意不够。

——《话剧导演演员畅谈国庆会演感受》

《文汇报》1959年11月3日第3版

若干年后，胡导在自己的总结中也提到：

我带班的1959级学生是出了一些有影响的演员的，觉得我在培养他们的创作个性上起过一定的作用。我曾努力去了解和发掘他们的创作个性，从片段到大戏，努力找到能充分发挥他们创作特点的剧本和角色，如让李家耀演哈巴贡，让杨在葆演《上海激战》的连长，或者充分运用学生所具有的独特的创作气质和特点去塑造别的演员不可能那样去塑造的形象，如让焦晃演《敢想敢做的人》中的刘书记，王家驹演《上海激战》中的雷团长等，因而当他们还在做学生时在舞台上就显得有光彩了。这样能为他们大

胡导（前排右三）及几位任教老师与表演系1959届毕业生合影

胆自如地运用自己独特的素质进行创造，树立信心，为形成他们的创作个性打下基础。

——胡导：《个人小结》原件

1981年11月

作为表演系1959届学生的班主任，从招生录取到送他们毕业，四年来在教与学（包括一起接受苏联女专家的教学）的共同生活中结下了难以忘怀的深厚情谊。在胡导90岁的时候，这些当年的学生纷纷从各地赶来为他祝寿，著名话剧演员向能春代表59届全班同学写了祝词，摘录如下：

……是胡导老师给了我们艺术生命，为我们开启和拓宽了成才之路。从进入学院起的四年里，胡导老师和诸位老师一致与我们同甘共苦，一起沉浮。随着岁月的积淀，更清晰地感到，我们班在胡导老师率领下是前历届学生中，经历最为丰富、历经的锻炼和磨难最多的一个班，不管是正面的教诲，还是负面的教训，对我们都是一笔难得的精神财富，让我们终生享用。……

……我们更难忘记，您无数次辅导我们表演作业到夜深，学院前后大门均已关闭，您就与我们一起艰难地翻越门栏顶端建立的铁栅栏。排《上海激战》时，为赶在上海解放10周年纪念演出，全班挑灯夜战，吃住均在排练场，我们都有喘息的间隙，唯有您不停地在两个排练厅穿梭导演部队和工厂的戏，没有及时的休息，终因劳累过度，声音沙哑，咽喉肿痛，直到完全失声。您把整个身心都奉献给了我们，您让我们真切地看到应怎么敬业，应如何做人。我们更不会忘记，每逢过年过节我们这些外乡人，上海没有亲戚，无家可归，胡导老师就请我们去您家过节，王祺老师亲自下厨烹饪。……

……回顾过去，我们也有愧对老师的地方，在极“左”思潮的影响下，我们也曾不自觉地伤害过老师，五八年的“教改”对老师进行了误判，荒诞的讥刺小品《小城春秋》丑化着老师，也丑化着我们自己，但胡导老师并没有忌恨学生，而是仁厚、宽容、虚怀若谷。今天回过头来看，在当时所谓的“批判展演”中，直观我们的表演，也是最为完整，最为精彩的。……不正是这种喜剧基因的传承吗？不正是老师们赋予给我们的喜剧表、导演技法的进一步张扬吗？

……胡导老师，您的学生没有给您丢脸，让您汗颜，均在艺术感知和戏剧教育战线作了各自的努力和贡献，这一切也是对老师和母校最好的回报。……我们也可以自豪地说：胡导老师的得意之作之一，是培养出了五九级这个班。……

胡导（前排中）与表演系1959届（部分）学生2004年再聚首

——向能春：《欢庆胡导老师九十华诞祝词》

校友通讯《横浜桥》2007年第67期

可以说：胡导在上海戏剧学院表演系1959届任班主任的4年，专家的点拨，学生的聪颖、勤奋，加之本人的好学、努力，使胡导最终从真正意义上完成了从职业演职人员到合格戏剧教师的角色转换。

（三）编写表演教材，论说演员矛盾

送别了1959届学生，胡导没有立即接手新的班级，除了参与到1963届学生的教学工作外，主要精力放在了教材的编写和表演艺术的理论探究上了。

1960年5月，文化部下发通知，指定上海戏剧学院为部属重点院校，要求学院提高教学质量，总结教学革命经验，在教学计划、教学大纲、教材和教学方法等方面为全国提供示范性经验。同时要

部分胡导编写的教材

进行文化艺术教育和文化艺术科学的重点研究和实验工作。于是，胡导被学院委派负责主持表演系教材编写，参加编写的老师还有薛沐、叶涛等。他们一道研究讨论，制订方案，分头草拟，再共同会商，反复修改，历时两年多，先后编出了《话剧表演教学大纲》（在原苏联专家带来的教学大纲基础上修订）、《话剧表演学概论》《表演教学大纲》（新编）、《导演技巧讲座》等几本教材（讲义）文本。这些试编教材本来准备通过表演系教学实践来进行检验，然后再作进一步修订、补充、完善的，后因1961年5月学院调胡导去参加筹建导演系工作，这些试编教材的任务就改由他人继续了。

试编教材的工作也属于学科的研究实验项目，对编写者自身提高对于这一学科的认知深度和高度都大有裨益。赶巧的是，1961年春，戏剧理论界掀起了一场关于“演员的矛盾”之争。论争缘起于北京大学美学教授朱光潜先生发表在《人民日报》上的一篇文章——《狄德罗的〈谈演员的矛盾〉》，朱先生文中介绍了18世纪法国哲学家、作家狄德罗关于表演艺术的理论，并发表了自己的见解。不久有位司徒冰先生也在《人民日报》上发表了《论演员的矛

《"演员的矛盾"讨论集》书影（上海文艺出版社 1964年）

盾》，对前文提出不同看法，遂引发戏剧界关于表演艺术这一重要理论问题的讨论。中国戏剧家协会于1961年3月召开在京的戏剧界人士座谈，就此问题展开学术争鸣。这是一个有关戏剧表演的哲学问题，对于正在从事编写话剧表演教材的胡导和他的同事们无疑具有十分重要的理论意义。为此，胡导与叶涛老师合作撰写了一篇题为《"敏感"的演员和演员的敏感——学习狄德罗演剧学说笔记之一》的文章加入了论争。文章后来被收录到《戏剧报》编辑部主编的《演员的矛盾讨论集》中。文章分为三个部分，第一部分肯定了狄德罗反对演员凭神秘的灵感去进行创作，认为：如果演员把生活中的情感赤裸裸地搬上舞台，往往会破坏艺术的真实和形象的完整。演员运用"本能演技"在舞台上进行"本色体验"不可能创造出现实主义的典型人物形象，也不可能创造出各种不同的人物性格。第二部分对狄德罗的演员创作时"不可能进入角色，总是处于冷静状态"，表演应该是"不动感情"，靠"模仿"、靠"事先温习熟了功课"这一说法表示了异议。认为：一方面演员需要控制自己的表演，另一方面，演员应当具备"舞台敏感"，即通过想象重新体验到其所应当感受到的舞台情感，按照角色的思想感情、行为逻辑产生出合乎角色性格的舞台行动，这样才能创造出具有艺术感染力的人物形象。最后胡导、叶涛就"演员矛盾"提出了自己的观点：

> 演员，他自己既是创作者，又是自己的创作工具和创作材料，这种"三位一体"的特性，决定了演员在舞台上总是处于既矛盾又统一的状态中：作为创作者的演员不能不理智地控制着自己的表演，使其不脱离艺术创作已规定了的轨道，以达到艺术的思想目的；同样作为角色形象而运动着的演员，却必须像角色一样地去希望、去乞求、去

哭笑悲欢，才能使形象具有艺术感染力。这两个任务都必须演员本人去完成，因为这里并没有两个人。这就决定了演员必须具有这样两种必须的品质：既是敏于感受，善于激动；又是能控制自己的艺术创造的。这两者的高度结合就是舞台上的真正的激情和感染力的根源。

演员在舞台上进行创作时，必须在自己创作意识的控制下，按照自己的理解和想象对人物性格去感受假定的虚构的舞台刺激，并把感受到的通过意识形式表现出来，体现出典型人物的思想情感。

——胡导 叶涛：《“敏感”的演员和演员的敏感》

《演员的矛盾讨论集》

上海文艺出版社1963年1月，第177、179页

“演员的矛盾”这个命题本身就带着比较浓重的思辨色彩，也可以说是戏剧表演学的学理问题之一。对这一问题有了自己的独立见解，无疑在教材编写过程中站到了较高的着眼点上。由胡导主持、表演教研室编写的《话剧表演学概论》提纲中提出的“以假当真，假戏真做”“装谁像谁，是我非我”的训练方法以及对“演员舞台生活双重性”的论述，应该与这次学术讨论是分不开的。通观全篇行文，胡、叶两位并没有从斯氏表演理论中引经据典作为自己立论的依据，而是按照狄德罗的文本自身，以他们多年来积累的表演经验和教学实践来论述，应当说，这篇文章也是两位老师共同的科研活动成果之一。

在编写教材的过程中，胡导研究的另一个课题，就是中国话剧民族化的问题，他先后撰写了《学习传统表演艺术的现实主义与浪漫主义相结合的创作方法》和《向戏曲表演运用程式的经验学习》两篇文章。文章在逐一剖析我国戏曲表演程式的特点与话剧表演形式的差异后，指出中国话剧应该在如下几个方面借鉴学习戏曲创造角色的方法：

戏曲表演艺术特别强调为了观众，艺术的目的是教育人民；因此创造角色只是手段，不是目的。

戏曲演员创造角色有丰富的表现手段。特别是外部技术，一套一套的，非常整齐，演员能有所本，有可凭。而这些外部技术，又总是密切结合着演员内部技巧的锻炼，戏曲演员很明确表演要为观众，所以对体现技术的勤学苦练特别强调，他们也明确强调外部体验，就是为的更好地传达角色的思想感情，也就是角色的体验，更强烈、更鲜明地体验出来，所以他们既重视体现也重视体验。

戏曲的创作方法是浪漫主义和现实主义相结合。它的一整套表现手法和手段都是在这个原则上产生的。所以继承这份遗产就对我们去学习掌握革命的浪漫主义与革命的现实主义相结合的创作方法大有好处。

——胡导：《学习传统表演艺术的现实主义与浪漫主义相结合的创作方法》（1962年） 原件摘引

体验应该是角色最本质最重要的部分，而不是琐碎的体验；同时体验的部分必须通过鲜明的有力的表现手段让他体现出来，让观众看见、听到、理解、感受和激动起来。否则又有什么舞台体验可言呢？这种琐碎和缺乏表现力的片面体验是我们话剧舞台上的一个大缺点，是自然主义影响的结果。

在我们戏曲的传统表演艺术中，集中提炼的体验和强烈的表现力的结合却是有不少范例的，值得我们学习。

要克服我们话剧表演艺术上的自然主义倾向，学习民族戏曲表演影视传统正是对症下药。

——胡导：《向戏曲表演运用程式的经验学习》（1963年）

胡导（前排右一）与田汉（前排左四）、熊佛西（前排左三）、李伯钊（前排左五）等合影

1962年夏，胡导被任命为导演系副主任，随副院长兼导演系主任吴仞之组织了首届导演系招生，并担任考生复试的主考。完成这项工作后在9月份又被调回表演系担任系副主任。1963年3月，胡导担任了学院学术委员会委员。

（四）作为导演

在20世纪60年代，受学院委派，在学院实验剧团（后来划归文化局并更名为上海青年话剧团）、上海越剧院一团、上海京剧院三团以及为表演系1963届、1965届毕业班先后排演了7个中外剧目。

上海戏剧学院实验话剧团是1957年成立的，1959年1月，学院派胡导任该团兼职导演。到1961年3月，剧团成立《无事生

《无事生非》演出说明书

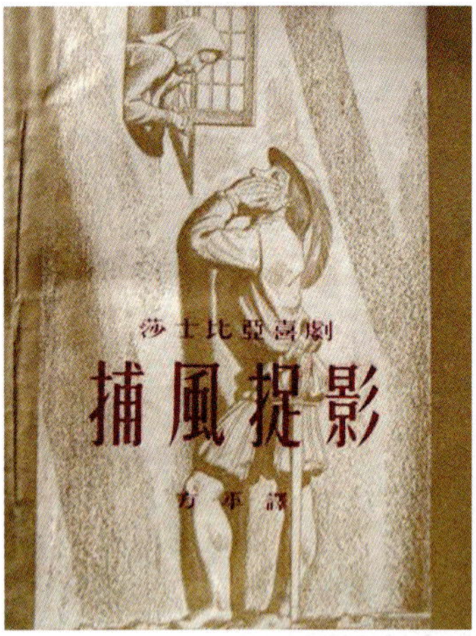

《无事生非》的方平译本《捕风捉影》

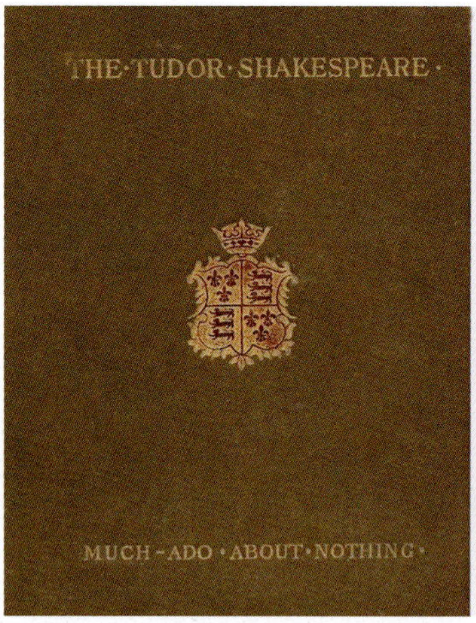

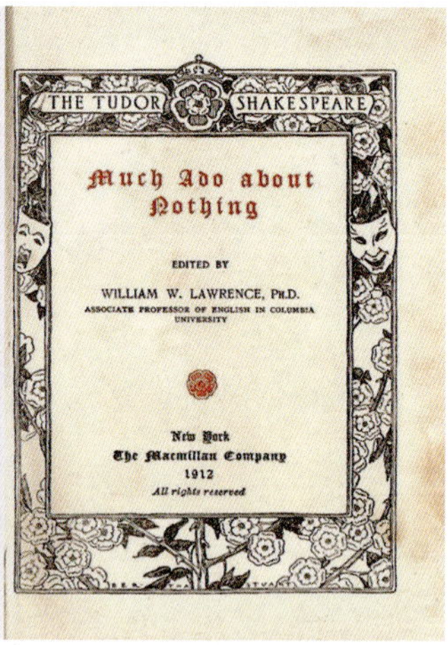

胡导阅读的英文版《无事生非》剧本（中图、右图）

非》排演工作组，导演由胡导、伍黎担任。5月15日开始演出。

《无事生非》这个戏，1957年戏剧学院师资进修班演出过，当时苏联专家以“导演教师”的身份担任总导演，朱端钧、吴琛和胡导作为导演组成员参加了排练全过程。在专家的直接指导下，三位中国导演当获益不菲。胡导对于专家的排演过程虽了然于胸，这次复排尽可以唯专家演出的台本是瞻，但他仍不敢心存怠惰，特地去外文书店购买了英文版*Much Ado About Nothing*在家仔细研读。当年专家演出台本使用的中译文本是朱生豪先生所译，这次胡导又将莎剧专家方平先生所译且附有详细考据和注释的译本《捕风捉影》用作重要参考，力图更深地理解这出戏的思想内涵，领会专家的舞台艺术处理手法之奥义。有记者采访了胡导，请他为这个喜剧做些介绍：

胡导首先提到他们在演出处理中赋予《无事生非》的最高任务——“人是可以通过自己的斗争来创造美好生活的”，这也是主题的注脚，它像滔滔的海涛，澎湃于全剧的始末。莎翁在这个喜剧中，表达这样的精神——反对封

上海戏剧学院实验剧团演出的《无事生非》（左上图、右上图、下图）

上海戏剧学院实验话剧团演出的《无事生非》

建禁欲主义，反对一切由上帝来主宰，强调人是能够掌握自己的……

《无事生非》是莎翁的早期作品，调子明快，充满意大利南方的阳光似的耀眼光辉，这是一个性格喜剧，胡导解释着说，因为它描写两个性格的冲突——白尼迪和佩特丽斯之间的爱情。……尽管白尼迪态度傲慢，但他那么热忱，勇敢；尽管佩特丽斯说话尖利，心地却是真挚而纯洁。他们从不爱到暗暗相爱以至后来在教堂中双方正式透露了爱的过程，笑料迭出，诙谐之极。……

《无事生非》的另一根线是亲王的庶弟唐·约翰对克劳第和希罗爱情的破坏，胡导继续说，唐·约翰是中世纪黑暗势力的代表人物，他痛恨别人的欢乐，把别人的痛苦当做自己的欢乐，……教堂中出现的神父，是文艺复兴时代人文主义思想的代表……

胡导最后谈到《无事生非》中一对巡长杜勃雷（胖子）和孚其司（瘦子）的穿插。这两个笑剧式的人物，在戏中占着重要的比例，他们是当时腐败的治安制度的缩影，……这两个巡官在剧中出现，把戏带到了闹剧的境地。使观众从轻笑、大笑，引起了狂笑……

——欧冠云：《〈无事生非〉是个怎样的喜剧——导演谈戏》

《新民晚报》1961年5月22日第2版

6月11日，上海电视台转播了《无事生非》。继这次在上海艺术剧场演出后，又去了大连、沈阳、青岛等地巡演，1962年9月再度公演于上海艺术剧场。成为了后来的上海青年话剧团的保留剧目。

1962年初，为帮助已经有400年历史的民间婺剧到北京、上海演出。戏剧学院先后派出胡导、章琴、郭东篱等教师去浙江省婺剧

胡导（前中）与浙江省婺剧团同志合影

浙江省婺剧团在上海汇报演出说明书

上海越剧院一团演出的越剧《百花衣》

《百花衣》演出说明书

团帮助整理排演一批传统剧目，胡导主要是负责辅导《断桥》《昭君出塞》等6个折子排演。戏后来到上海汇报演出，上海文化局还为此专门召开座谈会，胡导也受邀参加。

1962年9月，胡导被派去上海越剧院一团执导新编越剧《百花衣》（苏石风编剧），著名越剧演员吕瑞英、张桂凤、周宝奎等参加了演出。

> 这出戏是根据潮剧《刘明珠穿珠衣》改编的，全剧富有浓郁的民间色彩。越剧院在排练过程中，又不断地挖掘、补充了许多生动的喜剧情节，加上剧中不少载歌载舞的场面，使优美的喜剧风格更加鲜明。
>
> ——本报讯：《百花衣》
>
> 《文汇报》1962年8月18日第2版

1963年1月，《百花衣》在人民大舞台又重演了一期。

1962年11月，配合国际斗争形势，上海戏剧学院组织排演古巴剧作家巴·阿尔丰索的《甘蔗田》一剧。由吴仞之、朱端钧、田稼、胡导、叶涛、陈耘组成导演团，分成两个剧组同时排演。一个剧组是学院的教师艺术团，由朱端钧任执行导演，另一个剧组就

上海学院实验话剧团演出的《甘蔗田》（上图、下图）

是学院的实验话剧团，由胡导担任执行导演。经过20多天的紧张排练，实验话剧团于23日率先在徐汇剧场演出。

> 《甘蔗田》用富有感染力的舞台形象，展示了古巴人民为自由而斗争的灿烂图景。……《甘蔗田》的演出，由于导演、演员创造性的艺术劳动，获得了良好的效果。费科、索列塔德、呼安、夸巴斯的饰演者，都能把握人物的性格特征，整个演出和谐而完整，充满了革命激情。思想

上海青年话剧团演出的《我是一个兵》

鲜明，结构严谨，具有独特的风格。导演对于许多重大事件和主要场面做了精心的刻划，很好体现了作者的意图。

——项奇：《血与火所诞生的——赞古巴著名话剧〈甘蔗田〉》

《文汇报》1962年11月29日第3版

1962年12月，学院的实验话剧团正式划归上海市文化局领导，易名上海青年话剧团。剧团决定首演《我是一个兵》（白文、所云平编剧），胡导被派去担任导演。演员的选拔以“打擂台”方式竞争扮演主角（一人同时饰演剧中双胞胎新兵兄弟两角）。这是青年话剧团命名后的“开锣戏”，演出后受到广泛好评。

这出戏所表现的主题是严肃的，它所采取的形式则是喜剧。从喜剧的要求说，它是成功的。剧场从头到尾充满笑声，健康的愉快的笑声，热爱战士的笑声。

——闻亦步：《新兵赞》

上海青年话剧团演出的《我是一个兵》

《文汇报》1963年2月5日第2版

……《我是一个兵》是一出引人入胜的喜剧，戏从开场时，就不断引起观众的笑声。这种健康的笑，爽朗的笑，是对人物充满爱的笑。……整个戏里没有一个被嘲讽、被否定的人物，然而他们的性格，他们之间的关系，却不断引起观众阵阵健康的笑声。

运用喜剧处理来表现严肃的主题是这个剧本的显著特点。从编剧到演出，都努力发挥了这个特点，使观众得到新的感受，并在健康的笑声中受到严肃的启发，这种努力是值得推崇的。

——以群：《用喜剧的处理表现严肃的主题》

《文汇报》1962年2月14日第3版

《我是一个兵》所以既能为成人欢迎，又能为少年接受，不仅在于内容，同时也在于形式，在于描写方法上有不少特色与成功。……这个戏充分地注意了形象化。它的一个特点，看来是很注意从具体的动作和富有特征的细节去描写人物，展示人物。这一点是很重要的，因为：不管作品的思想多么正确，多么深刻，只有通过生动具体的形象，把思想体现在形象中，才有可能让人们从艺术的欣赏中接受那些思想。正是这样具体而生动的艺术形象帮助小观众接受了《我是一个兵》。

——金草：《从〈我是一个兵〉想到的》
《文汇报》1963年2月7日第3版

《我是一个兵》是一出色彩丰富、节奏明快的喜剧，它有着抒情的基调，某些场面又带有闹剧色彩。……

上海青年话剧团的这次演出是相当完整的。导演处理和演员的创造都很符合剧本风格样式，既有细致的情感抒发，又有大胆地动作夸张，场面干净，动作结构严谨。布景虚实相间，调子畅亮热烈，也是比较协调的。

我想选择两个场面来着重谈一谈导演体现在主题思想方面所下的功夫。

第一个例子是第四场，二虎打靶失败，心情沮丧……上场时低头沉思，心中烦乱竟毫没有注意到单独坐在桌边等人下棋的洪军长。这个舞台调度中，两人相距很近，只隔了一张小桌，但由于演员很好地掌握了两人的心理形体感觉，能够很好地证实规定情境，因此看来相当合理可信。……与第二场中二虎第一次遇见军长的处理联系起来看，显然是在竭力体现出二虎本质上的单纯可爱和军长像对自己孩子一般地爱护关怀着新兵。

第二个例子是第五场结尾，导演用了这样一个画面：二虎向班长雷利金递上入党申请书，……持枪奔上海堤面向大海巍然屹立。雷利金跟上去，手里拿着二虎的入党申请书欣喜而又严肃地注视着二虎。这时军长与指导员悄悄绕近海堤，望着二虎，激动地说："这样的好兵，我们怎么能不爱呢！"这时天色转明，接着旭日东升，天幕上红日冉冉浮起，一道强烈的阳光直射到二虎身上，在音乐声中幕徐徐落下。这个画面把二虎的志愿和理想、决心和信心都形象地传达出来了。一个与开始时迥然不同的新人已经成长起来。

演出是相当成功的。上海青年话剧团刚一成立就演出这样一个优秀的现代剧目，可见他们在创作方向上是相当重视反映现实生活的。预祝青年话剧团再接再厉，演出更好的戏来。

——季洛：《革命洪炉出新人——〈我是一个兵〉观后感》

《文汇报》1963年2月19日第2版

上海电视台1月31日实况转播了这个戏的演出。2月12日，在上海青年宫举办的"文艺春秋"讲座上，胡导也和主演演员一道讲述了他们深入部队生活的体会。

1963年9月，上海京剧院三团重演新编历史剧《唐赛儿》（卫明编剧）。这个戏最早创排于1960年，原剧本取材自明代凌濛初《二刻拍案惊奇》中的一篇，小说将唐赛儿污蔑为"妖妇"，改编的目的是：

为了扭转反动观点，还历史人物本来面目，塑造出作为人民力量代表的正义形象，把唐赛儿的革命本质以及她与人民的血肉相连的阶级感情形象地揭示出来。

——《京剧艺术的继承与发展》

《上海戏剧》1960年第5期

1961年初演后京剧院听取了各方面的意见，决定再作重要修

《唐赛儿》演出说明书

上海京剧院三团演出的《唐赛儿》

改，提高艺术质量。胡导奉派去担任导演。主要演员有李玉茹、迟世恭、陆正红、黄正勤等京剧名家。京剧是一门有着深厚民族艺术积累的艺术，正好此时胡导在研究话剧民族化这一课题，尽管对于京剧艺术的熟悉程度和了解深度更远远不及这些京剧艺术家和资深演员们，但胡导还是珍视这一机会，勉力而为。国庆前夕，戏在天蟾舞台上演了。报纸上作了这样介绍和评论：

> 我正在演出京剧《唐赛儿》。这角色我很喜欢，……总之，我们在排演时，碰上不少新问题，在大伙的帮助下，我们不得不抛开一些京剧中的陈旧规格。
>
> 旧的程式是服从于那些帝王将相、才子佳人的，不要说不适宜表现我们时代的工农兵英雄人物，就是唐赛儿不是也搬用不上了么？传统程式要冲破，要革新，这是我们这代承前启后的人所不能等闲视之的。
>
> ——李玉茹：《风物长宜放眼量》
>
> 《文汇报》1963年10月10日第4版

上海京剧院三团的《唐赛儿》也有一些新的处理。为了突出唐赛儿这位明朝农民革命女领袖的既不平凡又平凡的性格，增添了她牵牛（模拟的）上场冲击官兵等场面。京剧里有虎、有驴、有马的表演，可就没有表演牛的程式。同样，京剧里有武的刀马旦，文的青衣、花旦，可就没有完全适合农民革命领袖的行当，这都需要演员的创造。

——本报讯：《上海艺坛百花盛开迎佳节》

《文汇报》1963年9月29日第3版

从唐赛儿的舞台形象外部特征来看，虽不同于花木兰、穆桂英、梁红玉这些巾帼英雄的形象，但却似曾相识，从唐赛儿身上隐隐约约可以看到花木兰、穆桂英、梁红玉的影子。这里可以看出，编剧、导演和演员在设计唐赛儿的舞台形象时，仍然是从角色的行当出发的，而不是从唐赛儿这个特定的历史人物出发的。演员在塑造舞台形象时，借鉴传统是无可非议的、必要的，问题是要大胆地突破和创新，努力创造更昂扬更有气概的崭新的舞台形象。

由于在人物形象的处理上基本上没有突破传统的老规格，所以在表演动作和艺术技巧上也不可能有较大的改革和创新。……艺术形式取决于作品的思想内容。如果在题材和人物的处理上没有进行大胆的改革和创造，那么，在表现形式上自然也就不可能进行更多的革新和创造。问题的关键在于艺术家们的创作思想。在于艺术家们思想观念里有没有明确而坚定的推陈出新的精神，有没有创新的勇气和艺术的魄力。

——李时钊：《京剧〈唐赛儿〉与推陈出新》

《上海戏剧》1963年第11期

10月1日京剧院把这台戏的一个场面搬上游行花车进行展示，次日晚上海电视台也进行了实况转播。

上海戏剧学院演出的《钦差大臣》（左图、右图）

上海戏剧学院演出的《钦差大臣》

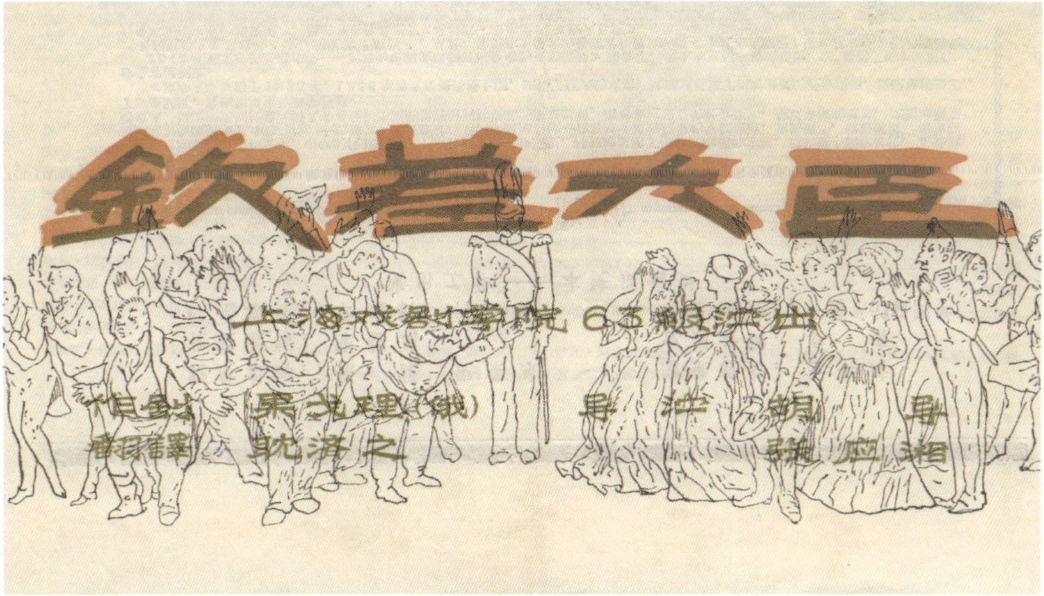

上海戏剧学院演出的《钦差大臣》演出戏单

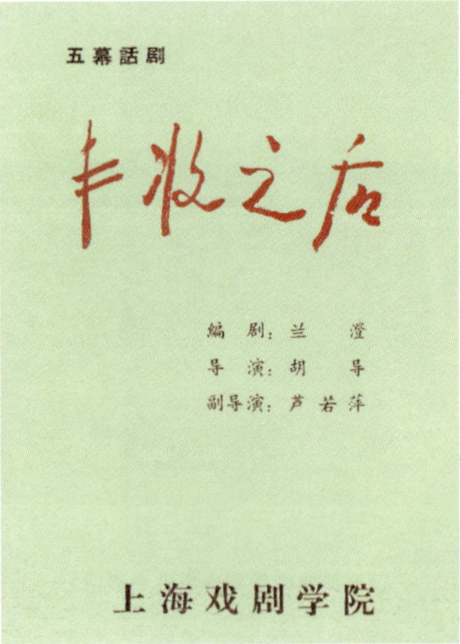

《丰收之后》演出说明书

文化大革命时期胡导（右）在“五七干校”参加养猪劳动

1963年3月和1965年4月，胡导还分别为学院两届的应届毕业生各排演了一台戏。前一个是俄国作家果戈理的经典作品《钦差大臣》，与张应湘老师合作导演。在当时主流意识形态的制约下，这台按历届表演系毕业公演惯例可以对社会公众演出的戏被改成了“内部演出”。后一台戏《丰收之后》（蓝澄编剧），卢若平老师担任副导演。这个戏倒是符合主流意识形态要求的，由于该剧已拍成电影，大多观众已看过，所以反应平平，在当时的媒体上找不到这次演出的相关评论。

一年之后，“史无前例的无产阶级文化大革命”狂风暴雨横扫了一切，胡导当然地成了“修正主义文艺黑线”的“反动”学术权威，接受批斗，接受“改造”。到1973年5月才被下结论为“有一定错误，主要是属世界观改造问题”，恢复党组织生活。到1978年学院党委作出复查结论：“文化大革命中对胡导同志的审查是错误的，强加给胡导同志的污蔑不实之词应予推倒，并消除影响。撤销1973年5月11日中共上海戏剧学院核心小组‘关于胡导问题的审查结论’。”——然而，本可以有所作为的十年时间毕竟被白白地空耗了。

晚晴，再上层楼育硕果

1977 — 1986

1976年“文革”结束后，胡导已经61岁了，重新回到了曾经很熟悉，现在又略显陌生的教师岗位。他做的第一项工作就是和别的老师一道排演愤怒声讨“四人帮”的话剧《战斗的篇章》，在其中担任导演。1977年4月这个戏公演了。

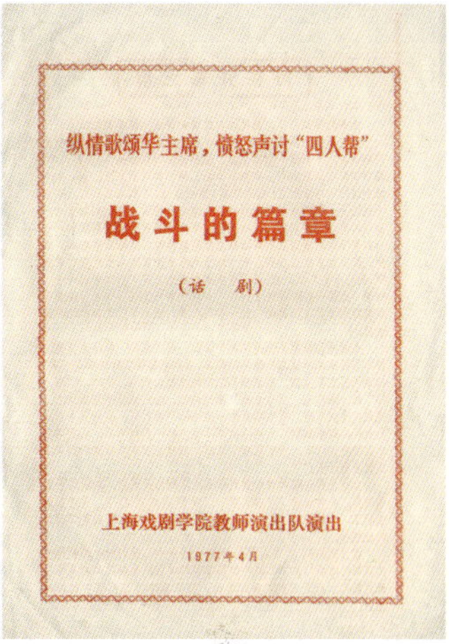
纵情歌颂华主席，愤怒声讨“四人帮”

战斗的篇章

（话　剧）

上海戏剧学院教师演出队演出

1977年4月

《战斗的篇章》演出说明书

> 上海戏剧学院的教师去北京向中国铁路文工团学习反映铁路工人同“四人帮”斗争的话剧，为了使这个戏“五一”前与广大观众见面，教师们怀着强烈的革命责任感，克服种种困难，把每一场戏都作为同“四人帮”斗争，有力地揭露了“四人帮”蓄意破坏革命的铁路运输，恣意挥霍国家财产的狰狞面目。
>
> ——《文汇报》本报讯
>
> 1977年4月30日第3版

（一）重返教学第一线

在排完《战斗的篇章》后不久，胡导回到了表演系，并和朱端钧先生一起接手了1975级表演系工农兵学员的教学工作。这批学员尽管进校已经三年，但在当时文化大革命的环境下，根本没有条件接受正规的戏剧教育和专业训练，几乎什么也没学到。此时离75级毕业已不到一年，学院领导提出了“救一救75级” 的教学任务。怎么“救”？胡导和朱端钧先生商量后决定，二人各带一个班，提前排毕业大戏，通过在排戏中遇到的问题，边排边讲，让学生掌握好表演的基本技能。在剧目上，胡导选择了与工农兵学员生活比较接近的《枯木逢春》，为体验生活，胡导和剧组成员带着学生们两次下农村，一次去了青浦，一次去了剧本原始取材地江西余江县，并在体验生活的过程中教会学员如何观察生活，如何寻找创作灵感。这一举措得到了已担任副院长的朱端钧教授的充分肯定：

《枯木逢春》演出说明书

> 排《枯木逢春》，导演胡导同志去了余江县，收获很大，见到了“苦妹子”型的人物，对导演启发很大，这是好的。
>
> ——杨莹、姚家征整理：《朱端钧谈艺录》
>
> 《戏剧艺术》1982年第4期

《枯木逢春》首演于1959年，近二十年过去了，在当下思想解放的年代如何来重新解读剧中的主要矛盾冲突？这是排演的第一个问题，胡导撰写了一份三万多字的《〈枯木逢春〉导演阐述》，其中写道：

> 开始，我们习惯地（也许以为以前的演出处理导演阐述和剧评都是这样）就把罗舜德认作当然的主角（因为他是英雄人物，是代表着党的）因此，戏的主要矛盾也应该是第一组矛盾。当然，我们在处理上要加以渲染突出的也必须是第一组矛盾了。可体现这个矛盾的罗、刘之间的一贯说理论争能把观众吸引住吗？观众能像关心苦妹子的离合悲欢那样关心他们之间的说理论争吗？是不是为了突出罗舜德的戏，突出第一组矛盾，还应该削弱和冲淡苦妹子

的戏和第二组矛盾呢？这不是又在搞"三突出"吗？我们又想，为什么苦妹子这个典型形象不能是主角呢？整个戏的矛盾不是集中在她身上吗？她与冬哥一家的悲欢离合，她终于摆脱了苦难、病痛、死亡，并且获得了爱情，获得了社会主义，她这个戏剧历程不也是最能体现主题的吗？为什么起不到这样作用的罗舜德一定得是主角呢？

……

因此我们说，这两组矛盾之间的关系还表现在第二组矛盾正是第一组矛盾的具体内容。第一组矛盾只凭概念的说理论争，内容就太简单了些，我们只有把第二组矛盾冲突提出了，第一组矛盾才有了更丰富更具体的内容，甚至也才能形成为全剧的主要矛盾，并使王炼同志提出的那些本质性的矛盾得到揭示。

——胡导：《舞台行动：胡导戏剧导演文集》

上海远东出版社2015年6月

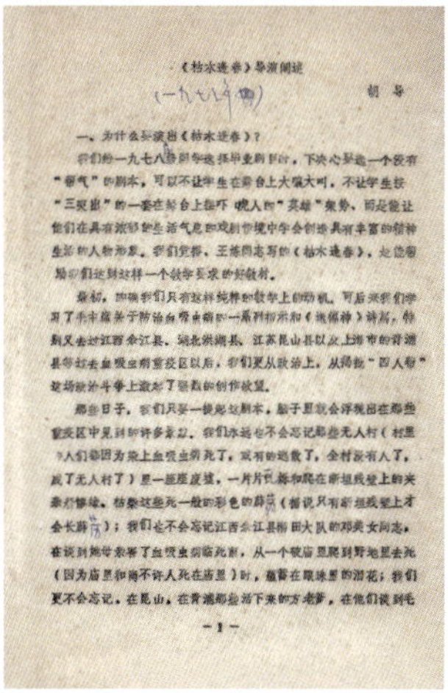
《枯木逢春》导演阐述

胡导

一、为什么要演出《枯木逢春》？

我们给一九七八届同学选择毕业剧目时，下决心要选一个没有"帮气"的剧本，可以不让学生在舞台上大喊大叫，不让学生按"三突出"的一套在舞台上摆吓唬人的"英雄"架势，而是能让他们在具有浓郁的生活气息的戏剧情境中学会创造具有丰富的精神生活的人物形象。我们觉得，王炼同志写的《枯木逢春》，是能帮助我们达到这样一个教学要求的好教材。

最初，那确实我们只有这样纯粹的教学上的动机。可后来我们学习了毛主席关于防治血吸虫病的一系列指示和《送瘟神》诗篇，特别又去过江西余江县、湖北洪湖县、江苏昆山县以及上海市的青浦县等过去血吸虫病重灾区以后，我们更从政治上，从揭批"四人帮"这场政治斗争上激起了强烈的创作欲望。

那些日子，我们只要一拿起这剧本，脑子里就会浮现出在那些重灾区中见到的许多景象。我们永远也不会忘记那些无人村（村里的人们都因为染上血吸虫病死了，或者逃散了，全村没有人了，成了无人村了）里一座座废墟，一片片乱藤和爬在断垣残壁上的夹杂的藤蔓，枯黎这些死一般的彩色的薜荔（据说只有断垣残壁上才会长薜荔）；我们也不会忘记江西余江县杨田大队的邓美女同志，在谈到她母亲得了血吸虫病临死前，从一个破庙里爬到野地里去死（因为庙里和尚不许人死在庙里）时，蕴蓄在眼眶里的泪花；我们更不会忘记，在昆山，在青浦那些活下来的方老爹，在他们谈到毛

— 1 —

《〈枯木逢春〉导演阐述》打印稿

显然，这样的解读是对过去演出范本的突破，也是对20世纪50年代以来戏剧创作（演出）惯用模式的大胆突破。在征求剧作者王炼先生的意见时得到了他充分的肯定和支持。

排演开始后，面对这批还不成熟的学员，胡导与该班班主任宋顺锦老师请来了形体训练专家方传芸，台词老师赵兵为学员们加课，强化基本功训练，提高他们的外在表演技巧。同时胡导专门撰写了一篇《〈枯木逢春〉场面的处理》发给了学员，以帮助学员更好地熟悉剧本和演出的各个环节。在这份7万多字的演出提示当中，详详细细地列出每一个段落里剧中人物的思想、情感和心理活动状态，演员的舞台行动要点，场面调度及其所以然。还不厌其详地列出了剧情每一段落由置景、灯光、配乐等营造出的舞台情境，启发学员（演员）在既定的戏剧氛围中进行角色的创造。此外，还结合排戏讲解了一系列表演理论知识（贯穿行动线、节奏、有机

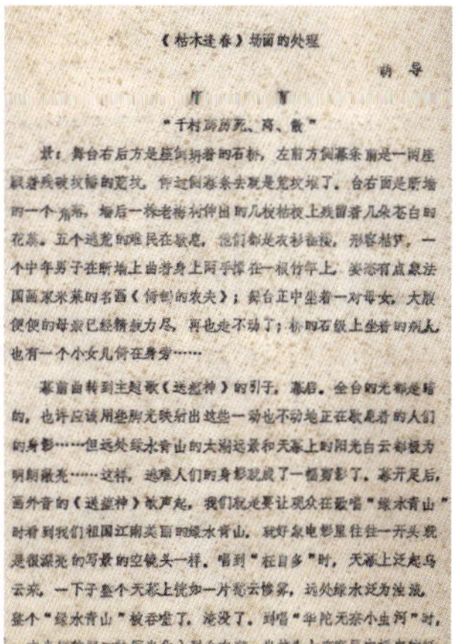
《枯木逢春》场面的处理

胡导

序 幕

"千村薜荔死、离、散"

景：舞台右后方是座倒塌着的石桥，左前方侧幕条前是一树匝绕着残破坟墓的荒坟，伸过侧幕条去就是荒坟堆了。台右面是断墙的一个角落，墙后一株老梅树伸出的几枝枯枝上残留着几朵苍白的花朵。五个逃荒的难民在歇息，他们都是衣衫褴褛，形容枯萎。一个中年男子在断墙上曲着身子两手撑在一根竹竿上，姿态有点象法国画家米莱的名画《倚锄的农夫》；舞台正中坐着一对母女，大腹便便的母亲已经精疲力尽，再也走不动了；桥畔石级上坐着的病人也有一个小女儿倚在身旁……

幕前曲转到主题歌《送瘟神》的引子，幕启。全台的光都是暗的，也许应该用些侧光映射出这些一动也不动地正在歇息着的人们的身影……但远处绿水青山的大幅远景和天幕上的阳光白云都极为明朗灿烂……这样，逃难人们的身影就成了一幅剪影了。幕开足后，画外音的《送瘟神》歌声起，我们就是要让观众在歌唱"绿水青山"时看到我们祖国江南美丽的绿水青山，就好象电影里往往一开头就是很漂亮的写景的空镜头一样。唱到"枉自多"时，天幕上泛起乌云来，一下子整个天幕上犹如一片愁云惨雾，远处绿水泛为浊浪，整个"绿水青山"被吞噬了，淹没了。到唱"华佗无奈小虫何"时，一支光度较强的特写光化入到台左前一坐坟头上在寒风中摇曳的纸幡上，台中坐的母女俩慢慢站起……到唱"千村薜荔人遗矢"时，

序—1

《〈枯木逢春〉场面的处理》打印稿

沉默、用眼睛做戏、第二计划即双重结构、戏曲表演程式借鉴等等）。这是一篇把排戏（实践）和表演专业课教育（理论）结合在一起的生动的教学材料（该文已收录入远东出版社2015年6月出版的《舞台行动：胡导戏剧导演文集》一书）。

> 我在整体上是把该剧作为一个抒情悲剧来处理的，我为了揭示发生在江南水乡的这场爱情的悲剧纠葛，为了揭示苦妹子与冬哥的水晶般透明的性格和他们之间纯洁又真诚的爱情，我运用了纱幕掩映的江南景色，江南丝竹、民歌以及梅花、翠竹、晚霞、月色等创造了悲剧意味的诗情画意的意境。在教学上对当时那批基本功打的不太扎实的工农兵学员在学习上的提高起来较大的作用。
>
> ——胡导：《个人小结》原件
>
> 1981年11月

经过一年的努力，该班毕业大戏《枯木逢春》在演出时获得了成功，成为学院"文革"后第一个接待外宾的演出剧目，该届的学员在毕业分配时也得到各专业演出单位的欢迎。然而胡导并没有满足，又召集学员一起认真地对演出作了总结，分析演出中的得失，以巩固学员们所学到的知识和技能。就这样，胡导终于较好地完成了"救一救75级"表演系工农兵学员的任务。

> 胡导老师接手了我们75级工农兵学员班后，通过他的努力，成功排演了《枯木逢春》，其意义就在于结束了学院长达十年的混乱，使学院的教学重新回归到正常的传统方式。
>
> 胡导老师在特定的年代，能顶住压力，坚持按艺术规律挖掘人才，培养人才，功不可没。
>
> ——根据采访佟瑞敏记录整理
>
> 2015年1月

上海戏剧学院演出的《枯木逢春》（左图、右图）

教学大纲是关系教学成败的关键，这次带75级排《枯木逢春》，胡导感受尤为深切，回到教学一线再次担任表演系副主任后，他抓的另一件事就是决心重新制定符合中国国情的培养演员的教学大纲，规范教学秩序。为此胡导阅读了大量的图书资料，尤其注意当今国外的表导演科学发展的最新成果。

> 1960年，我经过约七年教学实践，认为：斯氏体系和苏联教学大纲对我们表演教学的发展是起了很大作用的，我们是要教给学生体验艺术，这是由于创造舞台人物的一个原则；但实践也证明了它们也有可商榷和不确切之处，所以我们的教学又必须结合我们的具体情况对它们可商榷和不足之处加以突破；我们还应该吸取我国戏曲表演和世界上其他表演学派的经验来形成我们自己的表演教学体系。
>
> 粉碎“四人帮”后，我有强烈的愿望要进一步申述自己对表演教学的看法。
>
> ——胡导：《个人小结》原件
>
> 1981年11月

整整花了一年，1978年12月院庆学术报告会上，胡导宣读了《我设想的〈话剧表演教学大纲〉》。他认为：

继续创造性地继承和借鉴我国古典戏曲表演艺术理论中的精华和斯坦尼斯拉夫斯基体系正确的演剧经验和教学经验，特别一定还要开阔眼界，向世界各国我们还没有接触过的或接触还不多的一些优秀的著名表演学派和流派学习，也同样地要批判吸收其中对我们有益的东西，还一定要开展对有关边缘学科的科学知识的学习和研究，来不断丰富我们的教学内容，改进教学方法，提高教学质量。

要使我们教学经验的积累能为建立我国民族的、社会主义的、科学的话剧表演体系和教育体系作出贡献。

本课程的基本任务是：教会学生掌握话剧表演艺术的理论知识，内外部技巧和创作角色形象的方法，用这些理论、方法、技巧创造真实、鲜明、生动的问题形象。

——胡导：《我设想的〈话剧表演教学大纲〉》

上海戏剧学院《表演教学》1979年第1期

要教会学生懂得：

演员的舞台人物形象是在舞台情景中行动着的人物形象。演员的舞台创造就是演员以人物自居，按人物应该有的心理、体态，按剧本规定的行动过程和排演中规定的行动方式在虚构的舞台情景中“真”地“行动”。

演员要分析剧本，要分析人物，要构思人物形象，要运用内外部技巧，通过创造的人物行动过程，把对人物的认识和设想都创造性地感受和体现在自己身上。

——胡导：《我设想的〈话剧表演教学大纲〉》

上海戏剧学院《表演教学》1979年第1期

胡导会见英国老维克剧团的艺术家

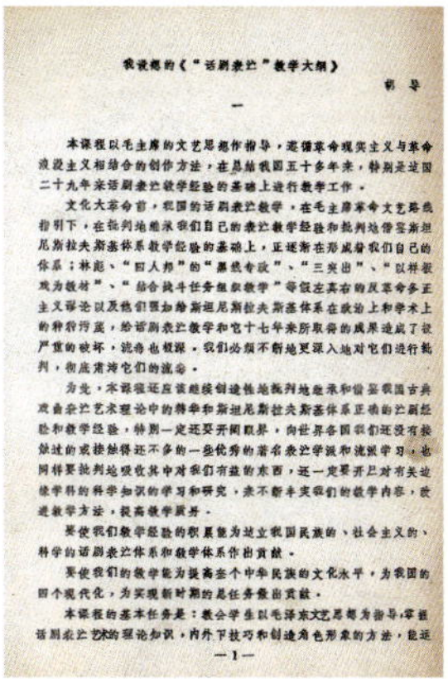

我设想的《“话剧表演”教学大纲》

胡导

一

本课程以毛主席的文艺思想作指导，遵循革命现实主义与革命浪漫主义相结合的创作方法，在总结我国五十多年来，特别是建国二十九年来话剧表演教学经验的基础上进行教学工作。

文化大革命前，我国的话剧表演教学，在毛主席革命文艺路线指引下，在批判地继承我们自己的表演教学经验和批判地借鉴斯坦尼斯拉夫斯基体系教学经验的基础上，正逐渐在形成着我们自己的体系；林彪、“四人帮”的“黑线专政”、“三突出”、“以样板戏为教材”、“结合战斗任务组织教学”等假左真右的反革命修正主义谬论以及他们强加给斯坦尼斯拉夫斯基体系在政治上和学术上的种种污蔑，给话剧表演教学和它十七年来所取得的成果造成了极严重的破坏，流毒也极深。我们必须不断地更深入地对它们进行批判，彻底肃清它们的流毒。

为此，本课程还应该继续创造性地批判地继承和借鉴我国古典戏曲表演艺术理论中的精华和斯坦尼斯拉夫斯基体系正确的演剧经验和教学经验，特别一定还要开阔眼界，向世界各国我们还没有接触过的或接触得还不多的一些优秀的著名表演学派和流派学习，也同样要批判地吸收其中对我们有益的东西，还一定要开展对有关边缘学科的科学知识的学习和研究，来不断丰实我们的教学内容，改进教学方法，提高教学质量。

要使我们教学经验的积累能为建立我国民族的、社会主义的、科学的话剧表演体系和教学体系作出贡献。

要使我们的教学能为提高整个中华民族的文化水平，为我国的四个现代化，为实现新时期的总任务作出贡献。

本课程的基本任务是：教会学生以毛泽东文艺思想为指导，掌握话剧表演艺术的理论知识，内外部技巧和创造角色形象的方法，能适

—1—

《我设想的〈话剧表演教学大纲〉》打印稿

“大纲”对每一教学阶段的任务都作了具体的安排：一是教会学生创造舞台行动过程阶段，二是教会学生体现人物性格特征的阶段，三是创造完整的舞台人物形象阶段，四是实习演出阶段。总之，有序地以表演练习，表演小品，剧本片段，独幕剧，多幕剧，一步一步地作为表演专业课的主要教材和实习形式，把学生初步培养成一名演员。而这些教材的选用应当以现代剧为主，同时也必须选用一些中外经典名剧。同时，还要结合表演基础课（台词、形体、声乐）训练，指导学生将外部表演技巧运用到角色创造当中去。这份“大纲”中提到的基本内容中的“人物形象构思”“舞台技法”是苏联戏剧教学大纲中所没有的。这个大纲在进一步吸收了教师们的意见后被系里采纳应用。

1981年3月，胡导受命担任导演系主任，同样以抓教材和教学大纲先行，面对导演系学生开展教学活动的问题，胡导提出在教学方向上：

应该运用我们导演系既能教话剧导演又能教戏曲导演这个特点来办。这就是，今后我们学话剧的本科学生，也应该受到一定的戏曲导演训练，学戏曲的本科学生，也应

胡导在上课

胡导（右二）与导演系老师研究工作

该受到一定的话剧导演训练，使他们达到一专一能，并达到使其所能丰富其所专。这应该形成我们上海戏剧学院导演系不同于中央戏剧学院导演系和中国戏曲学院导演系的特点。

——胡导：《关于在1983年秋开设“戏剧导演”专业本科的设想》

（原件）1982年

在教程设置的原则上，胡导强调：

以剧本为基础，以运用导演技巧和演员的表演艺术创造与演员共同创造舞台人物形象为中心，并综合运用各个舞台艺术部门（装置、灯光、化妆、音乐、音响等）的创造来创造完整的舞台人物形象。

表演课是导演专业最重要的基础课。要求学员在学习导演前，首先学好表演课，并善于运用在表演课上学到的东西在今后导演作业与演员共同进行舞台人物形象创造。

基于导演艺术是再创造的艺术这一原理，应该提供二度创造的剧本、剧本片段或以剧本为基础的小品练习作为导演实习的主要教材形式。

必须坚持导演与演员共同创作舞台人物形象为中心来创造戏剧演出这一原则，严格要求学生在课堂上把全部精力都用在与演员共同创造的导演作业中……

——胡导：《关于在1983年秋开设“戏剧导演”专业本科的设想》

原件 1982年

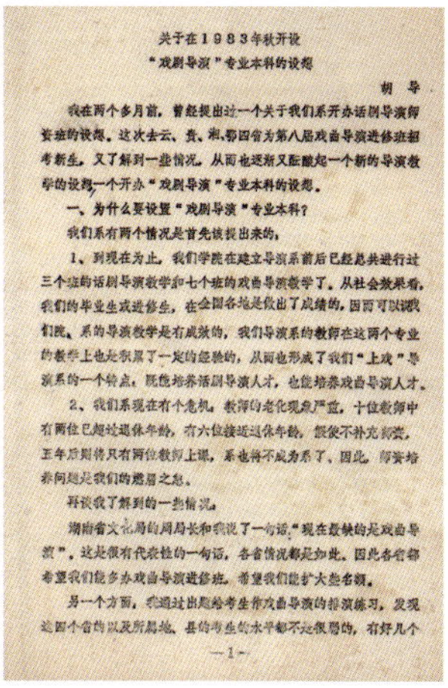
关于在1983年秋开设
“戏剧导演”专业本科的设想
胡导
我在两个多月前，曾经提出过一个关于我们系开办话剧导演师资班的设想。这次去云、贵、湘、鄂四省为第八届戏曲导演进修班招考新生，又了解到一些情况，从而也逐渐又酝酿起一个新的导演教学的设想，一个开办“戏剧导演”专业本科的设想。
一、为什么要设置“戏剧导演”专业本科？
我们系有两个情况是首先该提出来的，
1、到现在为止，我们学院在建立导演系前后已经总共进行过三个班的话剧导演教学和七个班的戏曲导演教学了。从社会效果看，我们的毕业生或进修生，在全国各地是做出了成绩的，因而可以说我们院、系的导演教学是有成效的，我们导演系的教师在这两个专业的教学上也是积累了一定的经验的，从而也形成了我们“上戏”导演系的一个特点，既能培养话剧导演人才，也能培养戏曲导演人才。
2、我们系现在有个危机，教师的老化现象严重，十位教师中有两位已超过退休年龄，有六位接近退休年龄，假使不补充师资，五年后则将只有两位教师上课，系也将不成为系了，因此，师资培养问题是我们的燃眉之急。
再谈我了解到的一些情况。
湖南省文化局的周局长和我说了一句话，“现在最缺的是戏曲导演”，这是很有代表性的一句话，各省情况都是如此。因此各省都希望我们能多办戏曲导演进修班，希望我们能扩大些名额。
另一个方面，我通过出题给考生作戏曲导演的排演练习，发现这四个省的以及所属地、县的考生的水平都不是很弱的，有好几个
—1—

《“戏剧导演”专业本科的设想》打印稿

随后胡导亲自制订了课程设置计划，详细安排了每一学期的具体教学单元、所需学时和达到的目标。在导演本科班开班后，胡导还走进教室为学生讲授“导演学基础知识”“话剧表演基础理论”“戏曲程式”“戏曲表演讲座”等课程。

同时，为了提高教师们的业务水平，胡导还在导演系办了名为《导演教学》的一个内部学术刊物，目的是为了加强交流。该刊的发刊词写道：

在编辑工作方面，我们坚持实践是检验真理的唯一标准，力求做到破除迷信，解放思想，对导演艺术上的不同流派和名家学术观点，采用兼收并蓄，促进争鸣的方针，我们有这样的希望：把它办的生动活泼些，少点学究气。

稿件内容：包括教师编写的讲义，课堂讲稿，专家专题讲座的记录，导、表演学术论文，国内外戏剧资料介绍，以及同学作业选载，校友创作体会，观摩评论和学习札记等等。

——《导演教学》发刊说明

上海戏剧学院《导演教学》1981年9月第1期

《导演教学》书影

（二）表演师资进修班与《贵人迷》

1978年10月，文化部教育司在上海戏剧学院举行表、导演教学座谈会，朱端钧先生提出，由于前十年“革命”造成的人才断层，需要培养一批新的表、导演教师，打算从分散在各地艺术院团（校）的老校友中挑选部分人才，举办一期表演校友进修班，再从中遴选一批优秀人才留校，部分人员充实教师队伍，部分人员组建实验剧团，使之成为属于学院自己的教学实践基地，当朱先生把这一非常契合戏剧教育发展要求的设想告诉胡导时，胡导非常赞同并积极着手参与筹备。

胡导老师非常赞同朱端钧老师办校友进修班，由于朱先生已担任学院的教务长，很忙，实际上进修班办学方案，大部分学员的名单都是胡导老师具体设计和向朱先生推荐的，学员的选择上很全面，既考虑到不同类型、不同风格的表演人才，又考虑到年龄层次，甚至还配备了既懂专业文笔又好的人员，为的是可以认真总结经验。

当时要办这么一个班，尤其许多学员都是所在单位的骨干，具体手续是很复杂的，征得朱先生同意后，成立了一个筹备小组，由胡导老师牵头，具体地一件一件落实。

——根据采访张马力记录整理

2015年1月

孰料一个月后朱先生突发心脏病不幸辞世。学院决定委派胡导担任班主任。而胡导觉得班上二十几位进修生原本就是戏剧学院前几届的优秀毕业生，如胡伟民、王复民、夏宗学、胡庆树、邵宏来、刘子枫、郑毓芝、王丽娜等已经在舞台银幕荧屏上享有盛名，多年的艺术实践，他们的艺术水准已经达到相当的高度。比起朱先生，自己能否挑起这个重担，胡导颇有顾虑。

杨村彬

胡导在欢迎杨村彬（右一）来进修班教学会议上发言

参加完朱先生的追悼会后，我们自发地聚到一起谈到“进修班”如何延续，如何才能办好的问题，一致认为进修班不能因朱先生突然辞世而停办，相反为了实现朱先生的夙愿应该办得更好。同时，我们高兴地听到学院领导已把此重任交给了我们敬爱的胡导老师。我们共同期望，敦促胡导老师担起重任，承担进修班的班主任。胡导老师是十分务实和谦虚的人，他说：“在此危难之际，我理所当然担起这个重任，但是，我没有朱先生那样的水平和威望来承担你们这批高材生班，所以我想报告院部，请吴仞之先生出山，担任你们班的班主任，我协助吴院长做一些具体工作，再请陈明正和陈茂林同志参加，主要还是靠大家一起来商量，群策群力，共同计议……”

——王复民：《上海戏剧学院“文革”后举办“表演师资进修班”纪实》

《上海戏剧学院文史资料》第2期

1979年2月，表演进修班开学，院领导决定还是由胡导担任班主任，征得学院领导同意，胡导请来上海人民艺术剧院老导演杨村彬先生担任顾问。按照朱端钧先生生前制定的计划，首先由学员对自己多

吴仞之为校友进修班学员讲戏

上海戏剧学院演出的《霜天晓角》

年的表演实践进行总结，并对学院的表演教学发展方向提出建议。接着就开始排大戏，分别请来吴仞之副院长和杨村彬先生执导《霜天晓角》和《清宫外史》，先后赴北京作了汇报演出。《霜天晓角》是鲁迅先生的形象出现第一次在话剧舞台上，受到各方的关注。而《清宫外史》在“文革”中曾遭受到严厉批判，这次作为传统优秀作品的再现，在当时广受好评，红极一时，还被邀请去了全国政协作专场演出。

胡导老师很重视舞台动作细节的人，在《清宫外史》开排以后，尽管他不是导演，可一直关心排练的情况，积极配合杨村彬先生工作，要求我们每天早上走台步，找感觉。还挑选了学院的几个优秀表演教师组成的导演组协助杨先生工作，合成排演时，胡导老师也一直前往观看，对一些细节问题提出了很多的改进意见，请导演组成员转达，大多都被采纳了。所以最后演出时，台上的演员，不管是主角还是配角，包括群众演员，在舞台上的每一个节奏，每一个动作都很到位，整体感觉非常好，得到了广泛的好评。胡导老师很谦虚，自己从来不提这些事，但我们亲历者心中都是有数的。

——根据采访张马力记录整理

2015年1月

上海戏剧学院演出的《清宫外史》（左图、右图）

进修班二个戏在北京成功演出，胡导老师同样功不可没，进修班的学员来自全国各地，大都是作出过成绩有一定名气的，聚在一起，师生之间，学员之间都难免会产生一些矛盾，胡导老师总是默默地承受压力，努力作好协调工作，最终把学员们团结在了一起，保证了演出的成功。用自己的付出，照亮别人，胡导老师是真正的幕后英雄。

在排演《清宫外史》时，胡导老师给我们出了一个很好的主意，建议我们在排戏之外，也不要脱去戏装，穿着戏装上课，穿着戏装去食堂吃饭，把穿戏装作为生活常态，果然使我们更好地找到角色的感觉。

——根据采访佟瑞敏记录整理

2015年1月

吴、杨两位老导演排完大戏后，各自回到自己的岗位去，胡导也由幕后走向了前台。《清宫外史》《霜天晓角》二剧虽然演出成功，但有些学员没有轮上扮演重要角色的机会，为了让学员们都有更多的舞台实践，1980年5月，胡导把美国剧作家威廉·罗斯的《猜一猜，谁来吃晚餐》作为实习剧目让学员自导自排。

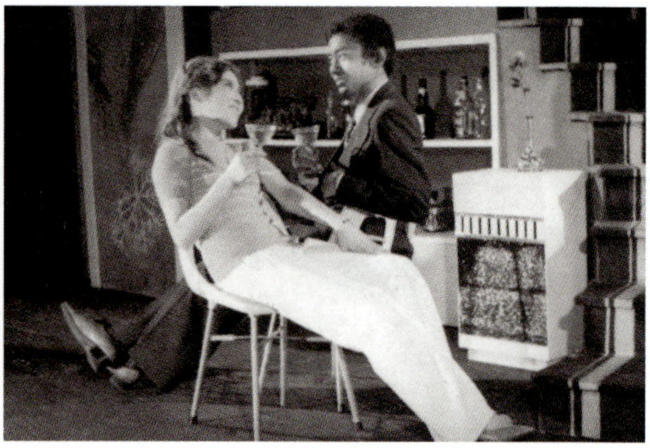

上海戏剧学院演出的《猜一猜，谁来吃晚餐》（左图、右图）

把《猜一猜，谁来吃晚餐》作为“高乘喜剧”（highcomedy）来处理的。长期（以）来我国上演过这种体裁的戏很少。我觉得应该把这样的体裁介绍给观众。我侧重了为人物找寻带有浓郁的生活气息和充满幽默的动作细节来体现这戏的风格。同时也参考了这戏的电影处理，给后面几场戏用抒情的调子把它“电影化”起来，在基本上写实的处理中柔和地、诗意地概括着一些写意的处理。

——胡导：《个人小结》原件

1981年11月

1980年10月，表演师资进修班举行结业公演，剧目是莫里哀的著名喜剧《贵人迷》，胡导担任导演。和许多优秀的演员合作排戏，机会难得，加之恰逢法国总统访华，有大型的法国记者团要观摩此剧，为此，胡导在导演构思上下了很大的功夫。

从《吝啬鬼》的排演中，我觉得用写实的手法不足以揭示某些莫里哀剧作的思想内容，由此在排《贵人迷》时，我作了完整的写意性处理，用了这样一些手法：

1. 非幻觉的布景：用了三个拱门，一个圆形可转动的

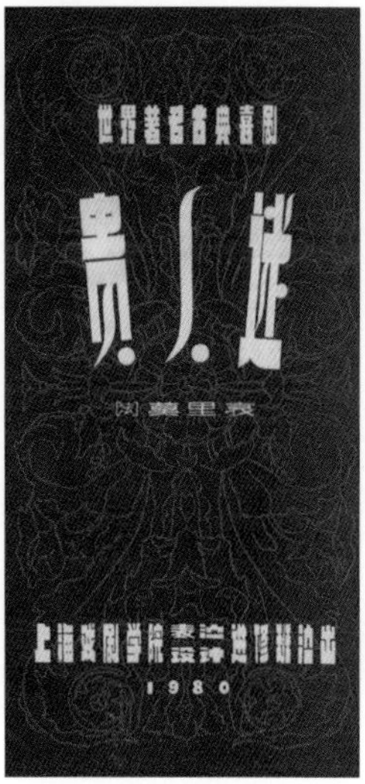

《贵人迷》演出说明书

大平台及台阶、栏杆等组合成一个对称工整具有图案意味的舞台面。色彩金碧辉煌，写出了茹尔丹的府第之意，但不说明具体场所，只有当演员运用道具的迁场和作出了动作，观众被激起了想象，才可以感觉出戏在府第的不同场所进行。

2. 写意性场面处理：借鉴了好些戏曲写意场面，加以改造，化在话剧表演中，如："拒婚""豪宴""封爵"等富有生活气息与情趣而又异于自然形态生活的那种非幻觉的场面处理。

3. 有机地迁场：一切大小道具都是由角色在行动中带上场和带下场的。

4. 转平台运用：处理平台前后两个正处在尖锐矛盾中的人物独白，起到舞台特有的特写作用和对称作用。

5. 扩大演区到观众席中：有四次运用观众席作为演区，狂欢节的游行队伍穿过剧场，人物跑下台来向观众诉苦……

6. 完整的舞台调度对称律的运用：以喜剧节奏的调度，穿插构成不断变化具有图案意味的舞台画面。

——胡导：《个人小结》原件

1981年11月

这个戏的演出在上海轰动一时，不仅电视台进行实况转播，对外宣传杂志也刊载专文进行介绍。

在充满创造精神的导演者胡导先生的导演下，这出喜剧由上海戏剧学院的青年演员在该院剧场演出。正是胡导先生去年在上海上演了莫里哀的《吝啬鬼》，《贵人迷》是他导演的第二个同类型剧目。经过长时期的研究，他把这出五幕古典喜剧按照中国喜剧的传统分成十四场，并且

上海戏剧学院演出的《贵人迷》（左图、右图）

没有改动这出戏的主要内容。为了更好地发展人物性格以便情节丰富生动，他增加了《梦幻》和《闹房》两场戏。《梦幻》表现了茹尔丹（注：剧中主人公）如何幻想自己变成贵人，在一种空想的气氛中，一切都活起来，他进入一个灯火辉煌的宫殿，在那里他看到自己的女儿同一位侯爵结婚，并且最后他也变成了贵人。这场戏产生一种杰出的笑剧效果。如何从天而降的小提琴家、舞蹈家，小丑又如何突然出现在大厅里，下垂的富丽堂皇的挂烛台把茹尔丹家里照耀得金碧辉煌。……舞台正中装置一个转台，镀银器具闪闪发光，转台同时起到通道、镜子和其他种种用途。莫里哀的这出戏首次演出是个巨大的成功。

……导演者胡导先生研究运用比较好的表现形式，设法使演员们能更好地表现情感，使他们的表演显得生动，同时又在观众和演员之间建立起更密切的联系。年逾六十的胡导先生在四十年的艺术生涯中，曾在上海上演的许多中外剧作中扮演角色，他同《贵人迷》的译者李健吾先生一同演出的美国戏剧《真理》特别成功。从五十年代初起，胡导先生在上海戏剧学院教授导演，许多知名的导演和演员都是他的学生。

照胡导先生自己的解释，他之所以要选择《贵人迷》一剧，是因为这出戏具有一种独特的风格。每个人物都有自己独具的性格特征。众所周知，这出喜剧并不乏教育的价值，在笑声中人们受到教育，促使人们改正自己身上存在的缺点。……

——《茹尔丹先生在上海舞台上》 作者：姚国强（音译）

原题*Monsieur Jourdain sur la scene de Shanghai*

载*La Chine en construction*

（《中国建设》法文版 1981年2月号）

Monsieur Jourdain sur la scène de Shanghai

YAO GUOQIANG

Jourdain interprété par Hu Qingshu.

VÊTU d'un habit scintillant, avec de longs cheveux bouclés, un gentilhomme bien enveloppé, enfoncé dans un fauteuil, admire la sérénade jouée par son maître de musique; puis, sous l'enseignement de son maître de danse, il esquisse les pas qu'on fait à la Cour; ensuite, l'épée à la main, il pratique l'escrime et devient enfin «philosophe»... Maintenant, très galant homme face à une marquise, il exprime avec une politesse maniérée son amour en récitant le billet doux sur lequel il jette des regards furtifs...

Où sommes-nous? Dans un salon sous Louis XIV? Oh non! On se trouve au théâtre de l'Institut d'art dramatique de Shanghai. Ce spectacle comique se passe sur la scène, présenté par les acteurs d'un cours de perfectionnement sous la conduite de M. Hu Dao, metteur en scène plein d'esprit créatif. C'est lui qui, l'année dernière, a présenté l'*Avare* de Molière à Shanghai. *Le Bourgeois gentilhomme* est la seconde pièce du même dramaturge qu'il dirige. A la suite de longues recherches il a divisé cette comédie classique de cinq actes en quatorze scènes selon la tradition du théâtre chinois, sans changer le contenu principal de la pièce. Il enrichit l'intrigue pour mieux développer le caractère des personnages, en ajoutant deux scènes: «Dans le rêve» et «la Maison animée». La première montre comment M. Jourdain songe à devenir gentilhomme. Dans une ambiance chimérique tout en rose, il entre dans un palais lumineux où il voit sa fille se marier avec un marquis, et lui-même devenir enfin gentilhomme. Cela produit un remarquable effet de farce. Comme tombés du ciel, le violoniste, le maître de danse, le clown apparaissent soudain dans la salle, au son d'une musique assourdissante, puis montent sur la scène au-dessus de laquelle pendent des lustres luxueux qui éclairent la maison de M. Jourdain. Au lieu d'aménager une porte fixe devant le fond fait de papier argenté, on a installé au centre de la scène une plaque tournante qui sert à la fois de passage et de miroir ainsi qu'à d'autres usages. La première de cette pièce de Molière a été un grand succès.

Une scène de l'acte IV du «Bourgeois gentilhomme».
Photos: Liang Shenghua et Wang Zhenming

Le metteur en scène m'a confié lors de notre entretien, qu'il étai
à la recherche de la meilleure faço
de jouer. Cette fois on a recour
plutôt au croquis stylisé qu'à l
copie réaliste. Cela permet aux ac
teurs de mieux exprimer leurs sen
timents et de rendre l'action plu
vivante, établissant ainsi des lien
plus intimes entre les spectateur
et les acteurs. M. Hu Dao, qui
plus de soixante ans, a joué
Shanghai, dans les années 40, d
nombreux rôles dans des pièce
chinoises et étrangères. Il a par
ticulièrement réussi dans la pièc
américaine *Truth* avec M. Li Jian
wu, traducteur du *Bourgeois gen
tilhomme*. Depuis les première
années cinquante, M. Hu Dao en
seigne la mise en scène à l'Institu
d'art dramatique de Shangha
Beaucoup de metteurs en scène e
d'acteurs connus ont été ses élève

Si M. Hu Dao a fixé son choi
sur le *Bourgeois gentilhomm*
c'est, m'a-t-il expliqué, parce qu
la pièce possède un style particu
lier, et que chaque personnage
ses propres traits de caractèr
Cette comédie, bien entendu, n
manque pas de valeur éducative
au milieu des éclats de rires o
saisit les enseignements qui recom
mandent aux hommes de corrige
leurs défauts, s'ils en ont.

Dans les coulisses j'ai rencontr
l'acteur qui joue M. Jourdain: M
Hu Qingshu, 47 ans, diplômé e
1955 de l'Institut, actuellement ac
teur et metteur en scène d'un
troupe de théâtre de Wuhan, vill
située au bord du Changjian
(Yangtsé). C'est un acteur vétéra
qui ne manque pas de talent.
a étudié soigneusement la pièc
afin de mieux jouer son rôle, u
étranger du XVIIe siècle qui lu
était pratiquement inconnu. «Dan
la pièce, la fascination exerce un
grande importance sur le rôle d
M. Jourdain et je la saisis comm
l'essentiel du personnage», m'a-t-
dit. C'est la raison pour laquell
M. Jourdain a été parfaitement in
terprété. Chaque geste, chaqu
pas, est lié à sa personnalité; so
allure, son sourire constitue l'ex
pression naturelle de son caractèr
M. Hu Qingshu semble tenir entr
ses doigts tout d'un bourgeois pas
sionné de noblesse.

YAO GUOQIANG est étudiant de 3e année du département de littérature et de langues étrangères de l'Université Fudan.

FEVRIER 1981 · 53

54 ·

《中国建设》（法文版）1981年2月号

一位年老的法国记者来访。他说：“看《贵人迷》的演出，令人惊异的倒不是莫里哀戏剧本身，因为这个戏是大家所熟悉的，而且剧中的生活已经离开我们很远了；令人惊异的是对这个戏的处理，如处理演员在观众中演戏，使人们一下子就发生了兴趣。”

——珈了：《我院演出〈贵人迷〉法国朋友谈观感》

《戏剧艺术》1981年第4期

我们看到的《贵人迷》演出，布景并不是对自然的模拟，而是更多地通过演员的表演和更换一些小道具来证实新进入的环境。我甚至看到了这样的情景，同一个景片，有时把它当作门来出入，有时又把它（当作）镜子来照，这就完全依赖表演来创造环境的真实了。如果《贵人迷》的演出采用自然主义布景，频频关幕换景，也许会损害它的喜剧节奏，影响舞台演出与观众之间的互相感应。

上海戏剧学院演出的《贵人迷》

整个演出，导演安排了三次演员从观众厅上场。尽管人们对这三次上场的必要性和具体处理分别有一些不同的看法，但看得出导演多次作这样的安排，正是有意识地为突破四堵墙镜框式所作的努力。当我们这些二十世纪八十年代的中国都市观众，看着穿着异国古装的演员们浩浩荡荡的队伍从观众席狭窄的过道涌上舞台的时候。人们的表情是形形色色的。这毕竟刺激了观众的双重身份感（即亲临其境感和局外人看戏的感觉）。

戏中《豪筵》那场的处理，是导演的精采之笔。剧本的台词里，关于各种佳肴的描写既详尽又具体，似乎真要在舞台上安排桌椅，大摆其筵席，才能创造出那种气氛。而现在的舞台上，导演只用了几组端着酒菜的小厨子，轮换上场，围绕着宾客舞蹈的活动场面的处理，既渲染了宴会的气氛，又省去了实景，扩大了演区。在舞蹈中结束了上半场演出，到下半场开始时，舞蹈仍在进行，这使人想起电影的

《贵人迷》剧组与来访的法国记者团合影（左四为胡导）

方法，它在舞台上的应用，增强了观众对于剧中事件发生的时间感。

——秦培春：《谈〈贵人迷〉的演出》
《上海戏剧》1981年第1期

跟胡导老师学排喜剧《贵人迷》，是学到不少东西的，首先他导戏时，心中有总谱，对剧本该改的改，该删的删，场面风格很一致。其次，除了语言，还很重视形体动作的完美以达到喜剧效果。第三，胡导老师是教学型的导演，排戏时，多是启发演员，让演员能充分发挥自我创造能力，然后点评，这样做对演员，尤其是学生演员的提高和帮助是很大的。

——根据采访张马力记录整理
2015年1月

上海戏剧学院演出的《贵人迷》

该届校友进修班由于种种原因，最终未能实现朱端钧先生所希望的让学员留校任教和组建剧团作为学院教学实验基地这一愿望。现在回首审视，应该说是学院的一个战略失策。1981年结业时，胡导为这个班作了艺术总结，在长达 5.5 万字的总结里，对每一位进修生的学业作了细致入微的点评。这份总结后来以《舞台人物形象的体验与体现》为题发表在《戏剧艺术》1981年第1、2两期上。

而对于胡导本人来说，带这个由优秀演员组成的班，在理论和在教学方法上收获也是很大的。

> 我把自己的那些立论，特别是关于体验角色、生活观察、构思、模拟、造型等问题用同学们通过创作实践得出来的贴切语言加以证实，丰富和发展了，较系统地提出贯彻这些教学内容的建议来。
>
> 在教学排练中，力求做到运用演员们的创造来进行自己的导演创造。我总希望在自己初步构思的基础上，把演员们在互相行动中创造的或自然形成的调度，适当加以调节、组合、结构，来体现、形成和不断发展我的场面处理构思。这样，显然是有利于发挥演员创造上的主动和积极性的。
>
> 辅导青年教师创作时，我首先是尊重他们的创造，大力肯定和赞扬他们独特的见解和处理，充分顺着他们的思路帮他们做加减法（丰富一些什么或删去一些什么）。也可以提示一些基本构思或立意，他们会很好地加以丰富，作出比我构思好得多的处理的。
>
> ——胡导：《个人小结》原件
>
> 1981年11月

（三）导演专修科、导演进修班与《温莎的风流娘儿们》

探求中国话剧导表演艺术的民族化，是胡导多年来一直追求并为之努力的方向，早在1962年黄佐临先生发表《漫谈〈戏剧观〉》后，他就极为关注并在教学中提出话剧表演要向中国戏曲写意手法学习的问题，还写了多篇有关中国戏曲表演方式的文章和教案在自己的课程中进行讲授。"文革"以后，借去北京参加全国戏曲研讨会的机会，胡导特意拜访了戏曲界的权威专家张庚、郭汉成、阿甲、李紫贵等，向他们深入求教，互相探讨。

1984年，办完离休手续后已经69岁的胡导，仍作为导演系名誉主任参加导演系工作。可是胡导不善只"名誉"而不"主任"，向学院提出同时开办戏剧导演干部专修班和戏剧导演理论进修班两个班的要求，目的是有利于话剧、戏曲导演之间相互学习，共同提高，该要求很快就获得学院和导演系领导的批准。1985年3月和9月，胡导同时"主任"了这两个班级的专业课程。这种对不同导演艺术方式进行互相比较、互相学习的探索，对于建设中国特色的话剧导演艺术和导演教学方式是很具开创性和实验性的工作。

胡导（后排右五）与阿甲（前排右一）、张庚（前排右二）、郭汉成（前排右三）、李紫贵（前排左一）等合影

胡导在全国戏曲研讨会上发言

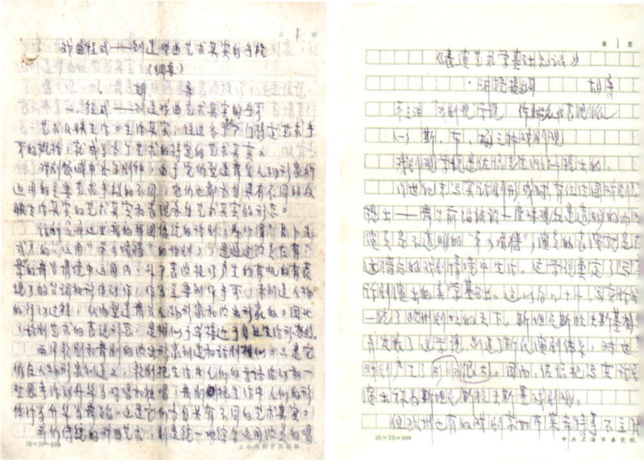

胡导编写讲义的手稿

两个班级共有近30位进修生，由于他们都是有过多年导演工作经历的，故第一学期开学，胡导就对进修生提出较高的要求：每项作业除应符合教学内容所规定的要求外，还要求逻辑性，即从生活出发又要符合舞台逻辑，前因后果、契机、层次都必须点示清楚，让人看得明白；此外还要求节奏处理与画面美感。

而从两个班级的培养目标来说，前者注重于戏曲导演方向，后者注重于话剧导演方向。在胡导看来，戏曲导演也好，话剧导演也罢，导演艺术规律是共性的，二者互相借鉴可以丰富导演创作方法，拓宽导演技巧。所以在教学当中胡导采用“对比教学法”，同一个题材，让不同专业方向的学员各自进行独立的导演构思，作出各自不同的导演处理。当然得出的结果在创作手法、表现形式、艺术情趣上是迥然相异的，但正是这些“人各有貌”的创作练习中，使进修生们通过课堂观摩、讨论，甚至是即兴再创作，从中找到相应的共同规律。这样的教学方法使进修生们都能受到一定的启发。

1985年秋，按照胡导为戏剧导演干部专修科和导演进

戏剧导演理论进修班开学典礼（右三为胡导）

胡导给戏曲导演进修班学员上课

修班制订的教学计划，话剧组的教学剧目是排练德国戏剧家莱辛的剧作《爱米丽亚·迦洛蒂》。在此之前我（们）仅仅知道莱辛是德国戏剧家、戏剧理论家，以《汉堡剧评》著称于世。若不是此次《爱米丽雅·迦洛蒂》的排演，我（们）或许很久都不会知道莱辛还著有《爱米丽亚·迦洛蒂》等三大传世名剧。其中的一个主要原因，（可能）是莱辛的这部剧作在中国从没上演过，而胡导把《爱》剧列入该班的教学剧目，好像还是莱辛这部剧作在中国首次排演。

作为导演教学单元，在胡导的指导下，同学们分别进行该剧的剧本分析、导演构思作业练习，集中讨论、讲评。记得徐卜泰同学的导演阐述得到了胡导老师的表扬，他多次说到："徐卜泰的剧本分析、导演构思很好，特别是角色分析作得非常好！"剧中角色全部由这个组的同学饰演。这个戏在学院小剧场进行了彩排，观看了彩排的同学们都异常兴奋。（不知何故该剧没再公演？）特别要着重指出的是：

与此同时，胡导一直在物色编剧，他要把莱辛的话剧《爱米丽亚·迦洛蒂》改编成中国的戏曲。

这很重要，因为这体现了贯穿在胡导导演教学过程中一个极为重要的美学主张：话剧戏曲，相互渗透，本体为主，兼容并蓄。

他为戏曲版《爱米丽亚·伽洛蒂》形象构思设计的是：京剧；伯爵（老生）、亲王（架子［兼铜锤］花脸）、伯爵女儿（花衫），他甚至具体想到将由戏曲组的哪几位同学分别饰演这三个主要角色。

试想，如果莱辛的名剧，中国首演，并且是由一个教学团体用话剧和中国戏曲两个剧种形式演绎同一个剧目…… 其中包容的信息，突显的意义，蕴含的文化价值……将如何评说！

……然而，戏曲版的剧本改编始终没让胡导如愿完成，致使京剧版《爱米丽亚·迦洛蒂》教学计划流产，胡导极有意义的艺术构想未能整体呈现，这不能不是戏剧导演干部专修科的一个重大损失，令人遗憾，十分惋惜！

——张杰

《追记恩师胡导二三事》原稿

1986年，导演理论进修班到了教学计划中的实习导演阶段，此时恰逢在上海筹办首届中国莎士比亚戏剧节，经反复斟酌，胡导决定排演莎士比亚的《温莎的风流娘儿们》（注：以下简称《温莎》）参演。为什么选此剧，在胡导未完成的《用戏曲导演程式演出莎翁的〈温莎的风流娘儿们〉》的遗稿中是这样写的：

1. 福斯泰夫形象是我国话剧舞台上从没有展现过的西洋演剧史里头一个最具魅力的喜剧人物形象。

2. 因为武汉有个胡庆树。跟这样的成熟的性格演员合

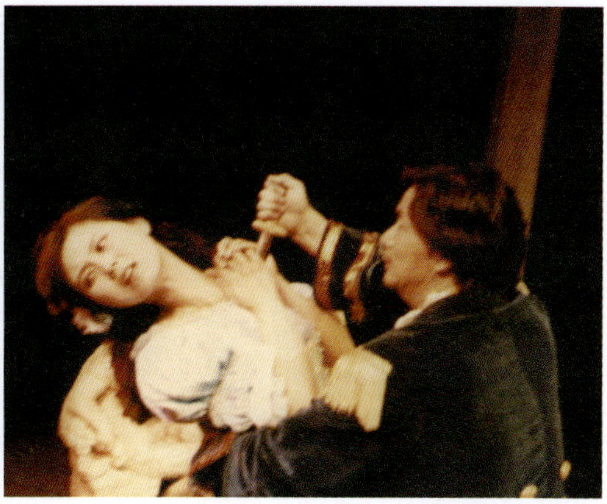

上海戏剧学院演出的《爱米丽雅·迦洛蒂》（左图、右图）

胡导（前排中）与《爱米丽雅·迦洛蒂》演员合影

《温莎的风流娘儿们》演出说明书

作创造《温莎》在我国的首次演出，应该是我梦寐以求也求不到的、学习莎翁这出著名喜剧导演的最好的创作机遇了。

3. 导演教学上行课的需要。

——胡导：《舞台行动：胡导戏剧导演文集》第345页
上海远东出版社 2015年6月

对于这次导演实习的教学命题，胡导写道：

1. “伊丽莎白戏剧”的“写意”演出与我国戏曲导演程式运用。

2. 按教学命题构想场景装置及全剧场次的组接、“串场”。

3. 按教学命题编写、制定演出本。

——胡导：《舞台行动：胡导戏剧导演文集》第357页
上海远东出版社 2015年6月

怎样有机运用中国戏曲导演程式导演该剧，胡导写道：

1. 福斯泰夫和两位娘子用戏曲方式“亮相”上场。

2. 运用戏曲“多戏剧空间”创作规律把两场“候决斗”戏处理成一场。

3. 以程式构成的虚拟性、假定性美学因素的运用把戏推向第一个喜剧高潮。

4. 借助电影“蒙太奇”快速剪辑手法达到第一个喜剧高潮。

——胡导：《舞台行动：胡导戏剧导演文集》第366页
上海远东出版社 2015年6月

胡导（左）为《温莎的风流娘儿们》剧组讲戏（左一为主演胡庆树）

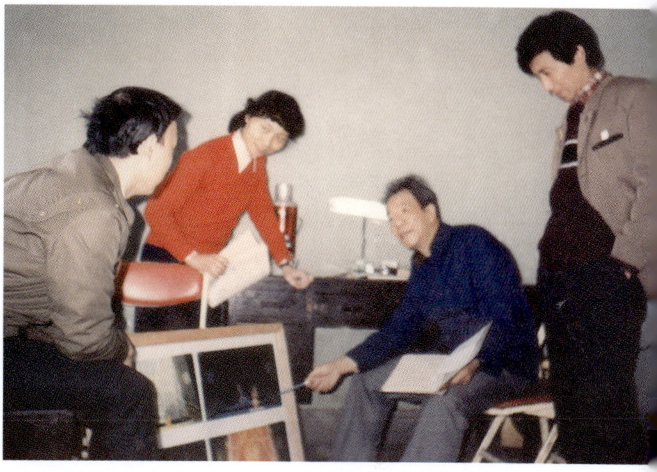

胡导（右二）与《温莎的风流娘儿们》舞美创作者讨论舞台设计

现能找到的遗稿就这些，但就这些，也可以看出胡导是怎样借鉴中国戏曲的写意手法导演该剧的端倪。

这次教学实习得到了武汉市文化局的全力配合协助，在武汉话剧院实习排演。胡导担任总导演，学生们则各自执行不同场次的导演排练，尽管只是实践课作业。但也引起了当地媒体的注意：

> 《温莎》的导演是话剧院特邀的上海戏剧学院导演系主任胡导教授，他以擅长导演喜剧而蜚声剧坛。年逾古稀的胡教授不顾疲劳地修改剧本，不仅为《温莎》的排演日夜操心，还要兼顾上海戏剧学院导演系学员的培训。
>
> ——《莎翁名剧排演花絮·〈不知疲劳的老导演〉》
>
> 作者：卞戈
>
> 《长江日报》1986年3月22日第2版

> 《温莎的风流娘儿们》剧组的导演胡导、主演胡庆树、剧本整理李冰关系十分密切。胡导曾在上海戏剧学院任导演系主任。胡庆树、李冰分别是该学院五五、五四届

毕业生，两人是胡导高足。而胡庆树、李冰则是伉俪，他们三位在前几年曾联合演出过莫里哀的喜剧《贵人迷》，这次胡导应武汉话剧院之邀，执导《温莎的风流娘儿们》，第一个点的将便是胡庆树，这位武汉市文化局副局长欣然“领命”，马上告假回到话剧舞台上过一下戏瘾。胡导又把整理剧本大权交给李冰，师生三人联袂创作，成为舞台佳话。

——王游宇：《“莎剧”节花絮一束》

《解放日报·周末增刊》1986年4月19日第1版

充分采用戏曲中的中国元素排演西洋古典名剧，实践、体验“写意戏剧观”，是胡导多年的一个心愿。《温莎》的演出结果是成功的，不仅受到观众好评，更得到了专业人士的赞誉：

黄佐临大师在上海看了演出，欣然命笔写下一首贺诗：

导翁导莎翁，笑得人人捧腹疼。
胡庆树演福斯塔，
能歌善舞、风流、潇洒又轻松；
通力合作，大成功。

——龚啸岚：“胡庆树表演艺术研讨会”发言

《中国戏剧》1995年第8期

莎士比亚笔下最有光彩的喜剧典型福斯塔夫，昨晚在上海戏剧学院实验剧场激起阵阵欢快的笑声。武汉话剧院首演的《温莎的风流娘儿们》，以层层迭起的喜剧高潮、诙谐百出的语言和富有感染力的表演，使观众得到一次莎剧艺术享受。

由胡导出任总导演的这出著名喜剧，融入了中国传统

曹禺（右）观看《温莎的风流娘儿们》后与胡导（左）握手祝贺演出成功

胡导（左一）、黄佐临（左二）与《温莎的风流娘儿们》演员交流

戏曲中程式化和写意性的特点，使这出莎剧的中国味较浓。如剧中多次出现的“拉窗帘”“圆场”等细节，虽虚而实，十分形象。在舞美、灯光和造型设计上都有引人瞩目之处：如“月夜林苑”一场，台上橡树、老藤，十位白裙飘逸的小仙女，头戴宝石花冠在月下翩翩起舞。森林神、小妖精、圣母和戴着犄角的公鹿在频频变换的灯光下，交织成一幅诡谲的图画，又如把观众带到一个神奇的世界。

——吴联庆：《〈温莎的风流娘儿们〉笑声迭起》

《新民晚报》1986年4月14日第2版

我是从事导演工作的，自然我的着眼点更多地放在导演艺术方面进行学习。看了许多台精彩演出之后，使我突出地感到：导演理解、解释剧本的功力如何，是演出成败的关键。

坐在观众席里，我常常思索着一个问题。看到一些有才华的导演的出众艺术处理，我感到导演在理解、解释剧本上的功力实质上是由导演个人多方面的修养所决定的。

武汉话剧院演出的《温莎的风流娘儿们》（上图、下图）

武汉话剧院演出的《温莎的风流娘儿们》剧组合影

看了武汉话剧院演出、由胡导同志为总导演的《温莎的风流娘儿们》，使我这种思索得到了进一步的印证。

武汉话剧院演出的《温莎的风流娘儿们》

《温莎》一剧的演出，不仅首次将莎士比亚笔下的典型形象福斯塔夫介绍给中国观众，具有重要意义；而且它还为我们提供了一台以忠实于莎翁现实主义与浪漫主义相结合为手法，并溶化了民族戏曲手段的极具光彩的演出范例。全剧犹如一首抒情的诗、一幅流动的画。导演采用虚拟化的舞台表现，穿插载歌载舞的表演，同时又采用民族戏曲的多空间并存、变换的艺术手段，既保持了莎士比亚原作的风格，又使人看到中华民族文化固有的特色。在剧作内在意蕴的解释上也是鲜明、深刻的，让观众在笑声中，向一切腐朽、没落的东西进行自豪地嘲笑。

当然，这一切都是十分美好的。但是，最使我佩服的，是导演对刻划人物所展示的修养。这出戏无疑是一出颇获观众喜爱的喜剧。但，如果导演修养不高，也是易于流于肤浅、无聊甚至滑到“闹剧”境地上去的。然而，胡导同志以其深刻的文学艺术修养，排出的是一台与莎翁剧作相称的具有很高艺术境界的喜剧，其中的关键是十分准确地把握住了主人翁福斯塔夫的形象塑造（当然这里面也含有胡庆树同志出色表演的功绩）。福斯塔夫是一个非常复杂的人物，是个没落贵族的典型人物，他既自私、庸俗、贪婪、滑稽、下流……，却又有其可爱的一面。这一切，导演和演员都挖掘得异常生动、深刻。我尤其欣赏胡导同志在全剧前后让福斯塔夫敞开衣怀露出里面挂满金银首饰这一笔处理。这是原作中没有的，这一笔却把福斯塔夫的刻划做了深刻的最后一笔升华。称得上是“鞭辟入里”“入木三分”，在观众的哄笑声中，对这个人物做了最深刻的揭示。其他人物如付德娘子、裴琪娘子等也都塑造得十分生动、可爱。在人物塑造的深刻性上，为这台

胡导在首届莎士比亚中国国际研讨会上作学术报告

演出保持在高水平上有了很牢固的根基。从而，使我领悟到，一个导演在排演莎剧时，如果不在揭示全剧矛盾冲突上下功夫，不在人物刻划上下功夫，不在揭示剧作内在意蕴上下功夫，不去深刻揭示莎剧中所具有的人文主义思想，而是一味去追求花样翻新的演出形式以博取观众青睐，其结果常常适得其反。

焦菊隐同志曾说过："导演倘只运用舞台技巧，去和作家'合作'，就诞生不了艺术。演出的艺术性，是导演文艺修养，特别是文学修养的标志。"——看完《温莎的风流娘儿们》，我脑中自然地泛起了焦先生的这段话。

——王培：《功夫 修养及其他》

中国青年艺术剧院《青艺》1986年第4期

武汉话剧院演出的《温莎的风流娘儿们》，以清新的色调，轻盈的喜剧风格，创造了一个具有戏曲情趣的演出样式。舞台画面具有特殊诱人的美色，是中国国画和西方油画的交融。这种样式同导演的整体构思，以及表演动作有机地溶合在一起。对剧本本身内在蕴含的解释也是洗炼鲜明的，使观众在笑声中向昨天告别。在剧中扭曲、畸形的灵魂之上，观众产生了对自己强烈的确认感和崇高感。面对那些被历史淘汰的没落贵族，观众居高临下，畅怀大笑，在崇高和滑稽的对比中，观众笑得那样自信，那样抒情，那样自得，确实不可多得。

——许正廷：《莎翁戏剧节观摩随想》

中国青年艺术剧院《青艺》1986年第4期

武汉话剧院在上海演出的《温莎的风流娘儿们》（以下简称《温》剧），让人开怀大笑，淋漓尽致地展现了莎翁喜剧的巨大吸引力。此剧由著名喜剧导演艺术家胡导执导，武汉话剧院表演艺术家胡庆树主演。这既是此剧在中国的首演，也是莎翁著名喜剧人物福斯塔夫在中国的第一次亮相。

《温》剧的演出，导演胡导大胆地借鉴了中国戏曲的一些程式化表演方式，如虚拟动作拉窗帘、跑圆场等，通过载歌载舞、蹦蹦跳跳的夸张动作和自作多情地向福特娘子频送秋波的眼神，胡庆树将马克思最推崇的莎剧的典型喜剧人物福斯塔夫的贪婪、卑劣、怯懦，以及他既有破落骑士的“酸味”，又有市井无赖“痞气”的特点演得活灵活现，获得专家和观众的一致好评。

——曹树钧：《莎士比亚在中国舞台上的传播与接受

——在日本早稻田大学演剧博物馆的学术演讲》

《重大美视电影研究》2012年第4卷第1期

由于这个戏的完满演出，胡导获得了中国话剧艺术研究会的表彰，荣获第二届金狮奖导演奖。对胡导本人而言，该剧也可以说是他导演生涯的代表作之一。

继《温莎的风流娘儿们》演出之后，按照戏剧导演干部专修科的教学计划安排，在武汉市文化局的大力协助下，9月，胡导又率这个班的学员来到武汉京剧院进行戏曲导演实习活动，排演的剧目还是莎剧，是由周孝先根据莎士比亚的悲剧《麦克白》改编的《乱世王》。对于这次排演，胡导是怀着将莎剧中国化的创作意愿，想和学员们一道进行一次艺术实验。五位学员各自担负着不同场次的导演任务，作为近两年来自己进修成绩的综合展示。

在赴武汉的船上，您即布置作业，引导我们做剧本分析和导演构思。同学们在当时总体上是学习热情高涨，创作冲动强烈。记得有一天在甲板上您引导我们谈该剧的总体艺术构想，同学们七言八嘴纷纷发表自己的想法，比较趋向一致的调子是如何摒弃戏曲传统的陈旧感，高谈如何如何改革出新，服装造型如何变异等等，您当时似乎没置可否，只是启发我们："你们都是搞戏曲出身，都有多年经验了，再想想，再思考……"而在此后您在导演阐述中教导我们说：由莎剧《麦克白》改编的京剧《乱世王》（《惊魂记》）是一部中国化了的莎剧，借用一个中国化了的故事背景为载体，运用中国戏曲的表演形式演绎的莎剧名著。它的基本情节和人物都是原著中的，它的灵魂还是莎剧原有的。它写了一个英雄（巨人）的灵魂自戕。该剧主人公的心理活动丰富而复杂，作为一个心理剧的戏份很大。舞台构置有前后两个完整统一的表演区，相对而言，前表演区更多的是表现为心理空间，后表演区则更多用作现实的物理空间。当然这不是绝对分割。全剧未来舞台创造的原则是"精选的优美的传统戏曲艺术程式与现代舞台技术条件相结合"。比如唐昊（注：即莎剧原作中的麦克白）由京剧花脸行当演员扮演，就是因为"架子花"的功架造型手段丰富而优美，再有"铜锤"花脸的唱功，能塑造一个独特的“这一个”唐昊，也即麦克白的。而现在的舞台技术条件已很现代化，比如灯光，我们这个戏要充分发挥舞台灯光的作用。……等等（大意如此）。——这对我触动很大，因而收获亦大。随着时间的推移，我深感这种实习教学的重要作用、意义，自然也就渐渐明白了什么叫肤浅浮躁，什么才是功力深厚。

——摘录自张杰

2007年1月31日致胡导的信

排练期间，由于与剧院方面存在一些观念上的差异，导演实习活动进行得并不是很顺利，但是胡导和他的学生们还是锲而不舍地坚持着。

有一件事深深震撼了我，那就是您亲自写唱词及您搞戏时全无杂念，却语不惊人死不休的那种执着精神。……您叫人找来一本词典，您和我们讨论京剧的唱腔规律，谈“十三辙”，议什么行当用什么韵脚，什么情况下用什么板腔……每天都看到您房间的灯亮着。也就三五日吧，一天上午我到您房里去，您告诉我，唐昊最主要的那段唱词写出来了（当然不止是这一段，这是指所谓的核心唱段），在桌上，让我看看。我到桌前找到唱词就惊呆了，不，是震惊了！不仅是您誊正的那几十句唱词，而是您满桌的稿纸，有数页我拿来一看，天哪！张张材料纸满满地却个个工工整整地写着的字——全是您那些唱腔可用的韵辙规范内的每一个字，您从词典把同一韵辙可用的所有的字都抄写出来，数页材料纸（不是稿纸！），每页总有几百上千字吧，有好几页呀。这既是您的第二工具书，又是您的创作材料……我震惊了！一生都不能忘却，以至于在毕业后的工作实践中，每当遇到困难时，这情境便自然浮现，便激励我！

武汉京剧团内部演出《乱世王》（根据莎剧《麦克白》改编）（左图、右图）

——摘录自张杰

2007年1月31日致胡导的信

终于进入全剧“响连排”（注：带伴奏乐队的，全剧不间断的完整排练）阶段，灯光以及舞台技术各部门配合比较默契了以后，舞台上呈现的演出效果也说服了一些本来持有不同观念的京剧演员们，一位武生演员说：“这戏排到这份儿上才看出点意思。一加上灯光，这戏就大不一样，灯光简直会说话啊。”——终于他也明白了一个道理，这就是导演所起的作用。

这个戏试演时得到了中外专家的好评，时任武汉京剧院院长倪海天先生告诉胡导：

《乱世王》一剧只征求意见演出两场，前文化部长周

武汉京剧团内部演出《乱世王》（根据莎剧《麦克白》改编）

巍峙观看了演出。武汉大学外籍教授包括苏、法、美、英各国，据说都是研究莎翁剧作的专家。周部长看后，上台接见了演员，对该剧持肯定态度。首先是肯定该剧在探索上有创新，该剧是可以成立的；其次是指出不足之处，主要是后半场戏有些拖沓，演员吐字不清楚。“武大”（注：武汉大学）外籍教授反映很好，都说看懂了。每节戏他们都（与原作）作了对比，认为改得好！当然也有其他反映，主要对后半场戏显得“温”了，节奏上不去，还没有充分利用戏曲手段等等。您上次来信中所谈的意见，我们正在组织创作人员进行讨论，先吃透精神，然后制定修改方案。届时我们将向您汇报，听取您的意见后

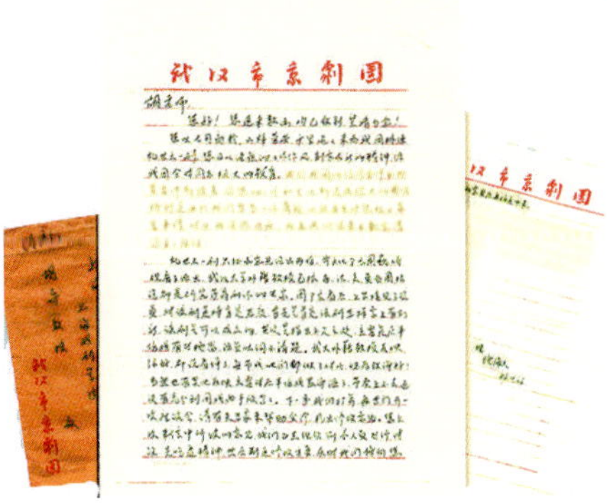

武汉京剧院院长给胡导的信

再确定下来。

——摘录自倪海天

1986年11月26日给胡导的信

由于种种原因，《乱世王》后来没能再继续修改，也没有对外演出。不过据说当年参加该剧演出工作的一位灯光设计专家曾经把这个戏排演时的一些很好的导演构思介绍给另一个同样也是在改编排演《麦克白》的京剧院团[①]为该剧导演所借鉴、吸收用到了那个演出版本里，并且后来还出国巡演。胡导并不计较这些，只觉得自己的艺术劳动成果终归是为“莎剧”和京剧的结合做出了有益的尝试。忆及往事，跟随胡导一起在武汉排戏的导演之一张杰遗憾之情溢于言表：如今当年的演、职人员或已作古，或亦垂暮，要想把这出戏重新捡起来再排演也不可能了。正是往事已矣，斯恨绵绵。

还有一事，可以反映出胡导对艺术创作上实事求是，对青年学员培养上的爱护、负责和期望，值得一提。1987年，在戏剧导演干部专修科临近毕业时，适逢首届上海国际艺术节，某作为“明星制”剧团的改革试点单位被指定参加会演，剧团领导登门郑重聘请胡导老师出任导演。胡导当即推荐他的学生张杰、李峻森出任导演，他自己则以艺术指导的名义接受邀请，作为导师把关。剧团方面当时也是欣然接受了。开始，导演和演员合作总的说来是愉快的。也许剧团考虑票房吧，排练到“带乐连排”时变卦了，提出要改由领衔的“明星”演员出任艺术指导，胡导为导演，两位学生署名助理导演或副导演。出于大局考虑，胡导同意演出广告上，艺术指导的名衔可以由“明星”担当，自己放弃，但导演署名必须是实际执导的两位学生，自己不挂名，几经交涉，不能达成一致。本着对自己学生的教学责任，这次合作没有顺利结束，最后该剧演出的节目单上导演的署名是：“复排导演组”。事后，胡导告诫他的学生们：“你们都记住，我只教导演，从不教什么助导、副导。你们毕业后，谁要是给人当什么助导、副导，我就不承认他是我的学

①：另一个改编本，剧名为《血手记》。

胡导（前排中）与导演系老师、导演专修科及导演进修班学员合影

生！”——这番话听起来固然有情绪色彩，其实正是他对学生们寄予的厚望。

（四）其他导演实践和教学科研

从1978年到1981年期间，胡导的主要精力是放在了校友进修班上，但同时，也没有放弃其他的导演创作实践机会，先后为学院表演系毕业班和青年话剧团等导演了五台大戏，目的就是通过舞台实践为进一步深入研究话剧舞台创作理论寻找依据。

1978年10月，上海青年话剧团恢复建制，演出的第一个戏就是《无事生非》，时隔十余年，仍然请胡导来导演。这是上海“文革”以后上演的第一个外国古典名剧，在当时一部分人头脑里还没有完全摆脱“文革”思维桎梏的情况下，演出还是冒着一定风险的。

排戏前他对演员们阐述了他的导演设想：

> 这次排演时间是比较紧的，是复排，演员都是原来演过的。苏联女专家在排戏之前做了许多工作，原导演还是

《无事生非》演出说明书

她，按她的解释、风格处理。

这个戏的思想性就是描写爱情和真诚的友谊，爱情是具有巨大力量的，不是庸俗的。经过斗争，痛苦达到了幸福。

爱情是永恒的主题，这句话不算错，但不是唯一的主题。这个戏中所反映的对真诚爱的追求还是有现实教育意义的。佩特丽丝就是要独立自主，不做爱人的奴隶，通过斗争，追求真正爱的人。

情节三条线：白尼迪和佩特丽丝的喜剧性格；克劳弟和希罗的爱情；亲王和唐·约翰，主要由亲王来贯穿、牵动这三条线。

虽然写的是贵族，实际上是反映人文主义思想，有他的人民性。唐·约翰把爱情当做愚蠢，他要加以破坏。这个戏是光明战胜黑暗的代表，给人以力量，真正的爱情是可以得到幸福的。

题材是喜剧，主要是性格喜剧比较强，穿插了唐·约翰的阴谋，所以用了悲剧的一些处理，为的是表现克劳弟对爱情的真诚，色调是比较丰富的，常常以明亮的色彩和黑暗环境的对比，互相穿插。

要在回忆的基础上再发展，特别是第六场白尼迪的玩笑很风趣，但下面佩特丽丝的玩笑比较弱，女专家在细节上的处理，我们还要保留下来，还要在这基础上再创作，使戏更有趣些。人物的第二计划要丰富起来，否则就没戏。这个戏的第二计划还是很丰富的。当年演出这个戏时，大家都很朝气蓬勃，现在还是应该把这样的精神状态恢复起来。

——《无事生非》排演场记

上海话剧中心原上海青年话剧团档案 1978年

《无事生非》的演出一下子得到了广大观众的热烈欢迎，这出

上海青年话剧团演出的《无事生非》（左上图、右上图、下图）

戏从一个不起眼的侧面配合着由思想解放运动带动的社会文化复兴，让人们从“文革”十年的禁锢和阴影中摆脱出来，重新燃起对理想和美好事物的追求。不久《文汇报》刊发文章介绍莎士比亚和《无事生非》：

> 上海青年话剧团最近恢复上演的《无事生非》是莎士比亚一出著名的喜剧。
>
> ……在思想内容上，他的喜剧基本主题是爱情、婚姻和友谊。他通过对爱情、友谊的描写，和对主人公精神世界的刻划，讴歌了文艺复兴时期朝气蓬勃、欣欣向上的生活。

上海青年话剧团的演出是成功的，无论是布景、服装和化妆设计都具有特色。尤其是演员的表演，如焦晃饰演的匹尼迪，祝希娟扮演的佩特丽丝，以及张名煜演的唐·彼得罗，娄际成的廖那托，李祥春演的杜勃雷，都对人物揣摩得惟妙惟肖，性格鲜明，形象丰满。全剧演出色彩丰富，风格协调。

——晨霁：《莎士比亚和〈无事生非〉》

《文汇报》1979年3月1日第4版

1980年1月，为纪念恩师朱端钧先生，上海青年话剧团决定复排《吝啬鬼》。这个戏当年朱端钧先生给1959届学生排演过，胡导作为班主任协助朱先生做过一些指导学生表演的工作，故这次青年话剧团还是请了胡导，让他与曾是朱、胡二人的学生，现任青年话剧团导演的向能春一起导演该剧。这次重排，没有完全照搬当年的台本，胡导有自己的阐述：

《吝啬鬼》塑造的哈巴贡的形象，全世界皆知，哈巴贡形象不是一般的吝啬，不仅是守财奴，突出的是拜金狂，达到了如宗教式的程度，贪得无厌。他对人的关系、对事物的态度是随着他的贪婪的欲望而转移改变的。剧本中所有人物矛盾都是金钱关系所致。

剧中哈巴贡丑陋无比，却要娶一个年轻美貌的玛丽安娜，儿子年轻却要逼他娶一个丑陋的妻子，哈巴贡的行为方式不合常情，可笑、可耻、可恶、可憎。最终这些卑鄙、恶劣、憎恨都得以了报应。剧本的这种思想内容决定了题材形式：悲剧性的内容以喜剧形式表现，不是一般明快抒情的喜剧，是讽刺闹剧，处理方式：辛辣的讽刺，无情的嘲笑。

人物要按照这个逻辑行为来行动，人物的内外处理要集中、突出、夸张，当然要符合生活的逻辑。舞台节奏力度要

上海青年话剧团演出的《吝啬鬼》（左图、右图）

强，对比要强烈。悲剧性的实质决定重、快、紧、活，一气呵成。

舞台布景：住宅是贵族型的，年久失修，通道多，道具应用要符合“吝”。语言上，说的假话，要使观众有回味感，笑声中有辛酸感。第三场休息放在玛丽安娜见哈巴贡时，强烈的美丑对比下，天幕打出“休息”特写。

——《吝啬鬼》排演场记

上海话剧中心原上海青年话剧团档案 1978年

人们美好的原望总是认为“善有善报，恶有恶报”；人们也认为善良的人一定要和恶人斗争，恶人才会得到恶报，人类总的历史就是这样的。莫里哀的戏也总是这样写的。我们认为在导演处理上也应该把这点强调出来。要让观众看到戏里所有的人物都在有意或无意地和哈巴贡进行着斗争，更要让观众在看到哈巴贡“恶有恶报”时放声大笑。

——胡导：《给拜金狂以恶报》

《上海戏剧》1980年第4期

我除了保留惯用的喜剧节奏外，还运用了一些独特的

上海青年话剧团演出的《吝啬鬼》

《吝啬鬼》演出说明书

手法，如：调度上我主要用了“对称”的章法，不仅为了形式美，主要是通过“对称”形成哈巴贡与其他人人物行动上的对比，为揭示人物性格和主题起作用；用电影定格的手法形成哈巴贡向玛丽安娜求亲那一个特写场面（类似俄罗斯名画《不平等的婚礼》的立意）来处理幕间休息；结构了好些主要或重要场面来揭示莫里哀隐藏在剧本里的一个想法：“恶有恶报，善有善报”。闭幕处理让偷吝啬鬼主人钱的仆人在楼上把大把大把的金钱扔还给哈巴贡，哈巴贡高兴得忙不迭地跪在地上拾钱、吻钱……舞台面光渐暗，用二个转盘灯打出金钱幻影，暴雨点子似的打在他身上，好像把他埋在金钱堆里了，完成了“瘟死吝啬鬼”的主题。

——胡导：《个人小结》原件

1981年11月

1981年6月，胡导（担纲）与卢若萍、蒋维国两位老师合作，为表演系81届毕业公演导戏，再次选了莫里哀的剧目《司嘉班的诡计》，这也是二年中胡导第三次选用莫里哀的戏。

我同样借鉴了戏曲的写意手法，对全剧作了完整的写意性处理，具体处理当然和《贵人迷》不同，如地点的变化是用走圆场及同时后景的变化来处理。这剧侧重于寻找每个人物的性格化的喜剧性细节来结构全剧的喜剧性和丰富人物的喜剧形象塑造。

——胡导：《个人小结》

1981年11月 原件

《司嘉班诡计》演出说明书

在演司嘉班这个人物时，导演胡导老师对原著精神的深刻见解、对人物的发挥性解释和充分发挥演员创造个性的排练方法，指导和启发了我们创造表演。

首先，司嘉班不是一个小丑，虽然莫里哀这种定型化的角色属于丑角类，而实际上莫里哀也不承认他只是个小丑了，他只不过穿着丑角的服饰罢了，而我们连服饰是丑角的也去掉了。这个人物完全“傻扮”。我们认为他不能是那种脸谱式的滑稽可笑，他的喜剧性在他的行为的方式上，在他把生活中各种矛盾幽默化的乐观精神上，在他玩世不恭的外表和对生活极端严肃的自我冲突上。

——杨凤良：《艺术是教不会的，只能学会
——关于莫里哀的两个角色》

《上海戏剧》1981年第3期

在《司嘉班的诡计》的排练中，胡导、卢若萍、蒋维国则重视莫里哀原作的对比手法，让两个少爷、仆人、老爷的外形与性格对照鲜明，又以示范动作的办法，让学生学会了各种不同个性角色的外形动作创造。

——章程：《出戏出人，硕果累累

上海戏剧学院演出的《司嘉班的诡计》（左图、右图）

——记上海戏剧学院表演系77级》《舞台与观众》

1981年12月12日第6版

1981年12月，上海举行第一届戏剧节，上海戏剧学院以原创剧目《陈嘉庚》（陈加林、任何、舒志超编剧）参演，胡导担任该剧总导演。

我现在正在导演《陈嘉庚》，我作为这个戏的总导演，意味着我曾以极大的兴趣和精力主持了这剧演出本的编写。我和三位作者进行了很好的合作，也发挥了导演组同志和几位主要演员的集体智慧，在边排边改，边改边排的多次反复中，我也运用了我的生活体验参与了好些场面的编写，并最后由我制定好这演出本的初稿。

我是看准了和作者们一起努力是可以从已有的基础中挖的出更多的戏来，现在的演出本挖出来的戏，大大丰富了戏剧情节和人物性格，也深化了主题和思想内容。

——胡导：《个人小结》原件

1981年11月

《司嘉班的诡计》剧照

上海戏剧学院演出的《司嘉班的诡计》

这一出表现华侨领袖陈嘉庚抗战时期感人事迹的话剧，吸引了许多在上海的归国华侨观众。

话剧《陈嘉庚》自参加戏剧节演出以来，爱国归侨竞相争看，齐声称赞。日前，上海市侨联为此专门召开了座谈会。

市侨联副主席沈光在会上发言说：……陈嘉庚是一位誉满世界的爱国老人，……今天，戏剧学院将他树立在舞台上，必将鼓舞国内外千百万华侨的爱国热情。

归侨张虹接着说：……《陈嘉庚》这出戏真实地反映了华侨旗帜陈嘉庚与广大侨胞热爱祖国的赤子之心……

市侨联副秘书长邱方坤发言说：……我在陈老先生手下工作多年，原以为这出戏很难演，看后感到演得不错，演员扮相也像，把这位华侨领袖的个性演出来了。

市侨联副秘书长林莺激动地说：看《陈嘉庚》时，我泪水不停地在眼眶里转，确确实实地被打动了。……描写是深刻的，人物语言生动亲切，演出是成功的。特别是黄帝陵那场戏，动人心弦。

市侨联副主任张持平最后说：爱国老人陈嘉庚走上戏

《陈嘉庚》演出说明书

上海戏剧学院演出的《陈嘉庚》（左上图、右上图、下图）

剧舞台……戏剧学院做了一件好事。

座谈会上，大家还对戏提出了进一步加工的建议。《陈嘉庚》剧组同志感谢侨联同志们的热情鼓励，决心边演边改，把这位爱国老人的形象演得更好。

——杰树：《华侨领袖形象感人肺腑
——爱国归侨盛赞话剧〈陈嘉庚〉》
《舞台与观众》1981年12月19日第1版

上海市委宣传部长陈其五（左）与胡导握手，祝贺《陈嘉庚》演出成功

前述第三章中曾提及胡导在舞台实践中不但“用心”、而且“笔勤”，很善于总结自己的得失，这种好的习惯是伴随他一生的。1982年表演师资进修班结业以后，胡导除了筹备导演系本科招生和教学外，还对他多年从事演员和表演教学的感受作了回顾，重点是“性格演员”和演员“性格化创造”。1982—1985年间先后在各种专业期刊上发表了《卓越的性格演员——兼及性格演员的培养问题》《上官云珠的性格化创造方法》《演员的创作气质与人物形象的气质创造》《胡庆树——凭直觉创造人物形象的性格演员》等十多篇有关文章。1985年导演进修班开办后，结合导演教学，胡导又撰写发表了《舞台人物形象——演员导演的共同创造》《导演技巧教学》《谈戏曲导演程式》等若干相关论文，这些文章有一个特点，就是文章中运用大量的实例，而所举的实例，基本上都是他自己经历或自己看过的舞台（电影）作品。也是在这一时期，胡导还多次参加了有关部门组织的大型戏剧研讨会，与许多国内外著名艺术家探讨了表导演艺术，这一切都为后来胡导著书立说打下了扎实

胡导被列为《中国大百科全书》戏剧卷编辑委员会委员

的基础。

还有一点补充：1978年，作为国家重大文化工程的《中国大百科全书》编纂工作开始实施，胡导在1980年被列为《全书·戏剧卷》编辑委员会委员，为分支学科编写组“中国话剧导演、演员、理论家、活动家”部分的主编。

不了戏剧情

1987 — 2007

（一）退居二线，仍有“戏”又有戏

（二）耄耋之年，著书立说

（三）彰师德风范，显师生浓情

（一）退居二线，仍有“戏”又有戏

1986年导演进（专）修班毕业后，已过七十岁的胡导从教学第一线上退下来，然而胡导的“戏”，还在社会、在学院的“大舞台”上继续着。1987年3月，他被邀请去中央电视台担任“全国戏剧小品电视比赛”评选委员会委员；1989年又在“上海话剧年戏剧小品比赛”中担任评委；在中央人民广播电台播出的广播剧《太太学堂》（莫里哀原作）中，他担任了艺术顾问。1993年，应著名导演谢晋邀请，就任了上海谢晋—恒通影视明星学校的教务长，实际担当教学顾问的工作——因为该校聘请的许多教师退休前多是上海戏剧学院的教授，几十年前他们曾师从胡导，后来又是胡导的多年同事。

1988年10月，上海戏剧学院开展教学改革，为了保证教学质量，时任院长的陈恭敏组织了院内已经离退休的专家，成立了一个“专家听课组”，到各系听课，观察教学情况，提出改进意见。胡导也是小组成员之一。在其位而谋其职，胡导经常夹着本子来到表演系和导演系的课堂，一坐就是半天，每次听完课都会与任课教师

胡导（左）与谢晋讨论明星学校教学问题

胡导观摩学生上课后与学生交流

胡导与卢若萍老师交流

进行交流，为学生做艺术辅导；特别是发现青年教师在教学过程中有创新时，总是积极给予鼓励和褒扬。回家后，会打开电脑，一个字一个字地键入听课感想、建议，并把这些零散的文稿归集到一个命名为“看到发展就要说”的电脑文件夹中留存，自觉乐在其中。当然，胡导与师生们也常常会有不同看法，如同他在20世纪50年代上课一样：

> 他常鼓励学生要善于形成自己的艺术观点，并把自己的意见发表出来。在学校里，同学们经常可以看到胡导和学生们因为不同意见而争论不休的镜头。有一次为了剧本中的一个细节，胡老师和卢若萍（注：胡导的1959届学生，现已是表演系教授）争得面红耳赤，说到兴起，还拍起了桌子。卢若萍觉得胡导老师至今仍保持着对艺术的热情。
>
> ——徐婉青：《当了老师，心就再也没有离开过校园》
>
> 《新民晚报》2006年8月21日第4版

后来“专家听课组”虽然不复存在，胡导依然恋恋不舍于

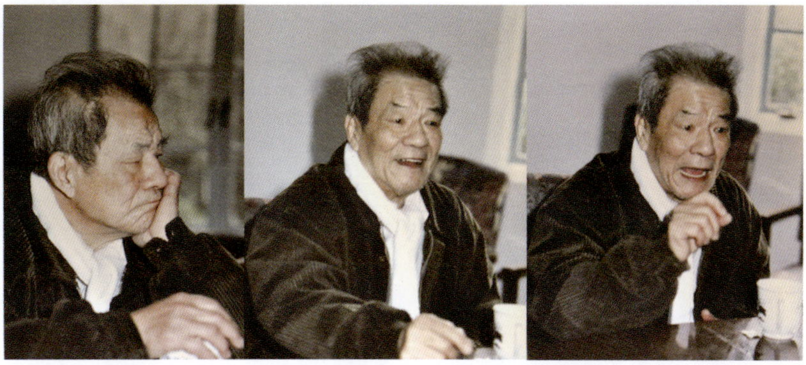

胡导参加学术研讨活动时发言的表情

表演、导演两个系的师生，经常去学校走走。只要有教学或学术研讨活动邀请，他必然做好发言准备，兴致勃勃欣然前往。他是不愿意远离那个环境，不想让自己呼吸不到戏剧学院的空气。1991年胡导给继任院长的余秋雨写了一封满怀深情的信，袒露了自己想从事戏剧表导演理论研究，继续为学院教学服务的强烈愿望。

> 我工作了四十一年的上海戏剧学院，也以四十一年的岁月哺育了我，我是把个人科研当做我应该给予学院的反馈来进行的，目的是为今后学院表、导演教学和理论研究的更大的开展、发展、提高以至新学科的开拓起到有益的影响和作用。请相信，“新”和“老”总是在事物不间断的运动中转换的。
>
> 所以，我希望在我离开排演教室后，还能继续领导我的科研。尊敬的院长同志，我这次打扰你，就是为了向学院申请：我自愿把我今后自发的科研活动奉献给学院，希望学院接纳，让它们成为学院学术计划的一个组成部分，或许学院能给我一个诸如“志愿研究”“奉献研究”之类的名义（仅此而已）？我将感觉好像我仍在排练教室一样

胡导（右）与余秋雨（左）

地接受学院的领导，我将毫无愧色地带着“我仍在做学问”的良好自我感觉进出学院的图书馆、资料室……

——《胡导老师来信》

《戏剧艺术》1991年第4期

使胡导感到宽慰的是余秋雨院长很快给他回了信，在充分肯定胡导的敬业精神后，写道：

您希望学院即便在您退休之后也能继续过问您的学术研究，我想这是无可置疑的。我们年轻教师要在这所学院里把已经开设几十年的基本课程继承发展下去，急切需要获得老教师们的学术结晶，各系学生也需要阅读戏剧领域里更多的专著，说大一点，社会也需要这种书籍，学院有什么理由把这样有益的工作拒之门外呢。我想学院的研究所应该把这件事情管起来。可以相信，按照我们学院目前的办学思路，一任又一任的负责人都会重视老教师教学经验的总结，使之成为我们学院原先积存不多的学术财富。从某种意义

洛阳市豫剧二团演出的《闯世界的恋人》

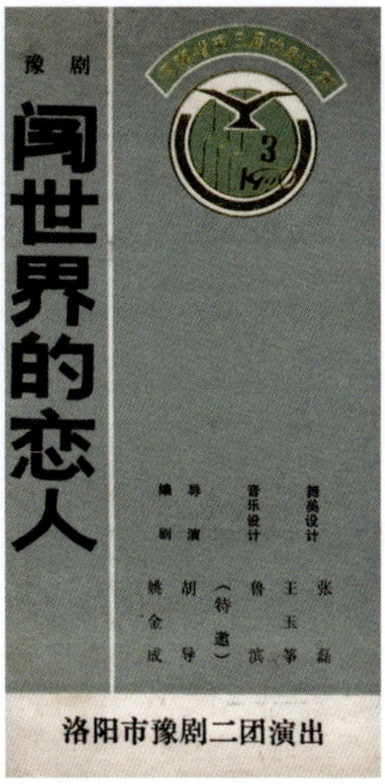

《闯世界的恋人》演出说明书

上来说，不得已离开课堂而专事著述的老教师其实是在催发着自己生命史上又一个收获的季节，老教师愿意把这种收获归于学院，是学院的幸运。

——余秋雨：《致胡导老师的信》

《戏剧艺术》1991年第4期

胡导在社会和学院的“大舞台”上有“戏”，在真实的戏剧舞台上，胡导也同样仍然有戏。1990年，他率研究生陆小龙为河南省洛阳市豫剧二团导演了豫剧《闯世界的恋人》。

《闯》剧可贵之处在于它既没有回避改革开放中出现的新的矛盾，也没有简单化、概念化地图解政策，而是通过对戏剧矛盾的精心组织和人物感情的细致刻画，相对准确地把握了物资与精神、传统美德与现代意识、改革开放与拒腐防变等矛盾的关系……

—— 荆华 肖逸：《真实描摹当代农民的心理》

《中国文化报》1992年2月9日第5版

《能人百不成》演出说明书

濮阳市豫剧团演出的《能人百不成》

> 《闯世界的恋人》总导演胡导较好地把握了作品的总体形象，采用白描中不断强化，细腻中体现本色的手法，步步深入地构筑出特殊的戏剧氛围。戏剧中所提供的艺术环境与情节发展，酷似生活又不完全似生活，适度的提炼和强化起了特殊的作用。沟、崖存在的曲折山路置于后景的正中，预示着生活之路的跋涉与延伸，舞台区中所扮演的现实活剧实际上也只是生活之路中的某一步，不需再附加更多的说明，作品的哲学意蕴已得到形象的揭示。用技巧而不见技巧，可以说是此剧导演上的追求。
>
> ——吴乾浩：《〈闯世界的恋人〉引发的理论思考》
>
> 《地方戏艺术》1992年2期

这个戏在河南省第三届戏剧大赛上获得优秀演出奖、优秀导演奖等五个奖项，并在1992年进京演出中获得好评。

1993年9月胡导又受老学生韩菁菁的邀请，与她一道为河南省濮阳市豫剧团导演了《能人百不成》，收获颇丰，在1993年全国地方戏曲(北方片)交流演出中，囊括优秀剧目奖等多个奖项。

评委会主任林毓熙同志称赞这个戏时，仅用了八个字：满台生活，满台生辉。

“满台生活”是对这个戏思想立意方面的评价。《能》剧来自生活，贴近生活，发音生活，具有深重的生活质感。……

“满台生辉”是对该剧强化二度创作的评价。导演追求一种大俗大雅、细腻抒情的艺术风格，着力意境创造，着力塑造人物，手法简洁干净，不落俗套。“奶奶数钱”一场，细针密线，催人泪下。演员阵容整齐，表演自然，……舞美、音乐、灯光配合得体，追求创新，协调一致，风格统一，精心营造了一个符合剧情发展和人物性格的艺术氛围和舞台世界，为演员表演提供了一个施展才华的艺术天地。

——刘敏言：《满台生活 满台生辉
——关于豫剧〈能人百不成〉》
《东方艺术》1993年12月（试刊）

导演善以灵动、洗练的线型手法编织全剧，场与场之间过渡自然，段与段之间衔接缜密，没有闲笔，没有赘芽，有折有叠地运动，流畅自如地引导，节奏明快，格调清新，剧情节奏与当代人的心理节奏和谐一致，使观众沉浸在浓郁的审美氛围中吮吸那时代的气息。

——谭静波：《走向深沉
——河南省第四届戏剧大赛导演艺术论述》
《地方戏艺术》1993年第1期

大家都知道现代戏曲处于低谷，很少有人看戏，剧组很担心没有观众，偏偏天不作美，第一场演出前就下起了大雨，这寒的天，冷的雨，……演出快开始了，令大伙想象不到的是观众们穿着雨衣，打着雨伞赶来了，台下座无虚席。演出一开始，台下就掌声不断，笑声不绝，第一场演出取得了令人满意的效果。第二场、第三场的演出更是场场爆满，非常成功……

《能人百不成》轰动了北京城，中央电视台在11月16日晚间新闻播出了《能》剧在京轰动的盛况，……11月17日《人民日报》第八版再次刊出《能人百不成》的消息，《新闻出版报》《文艺报》《戏剧电影报》《中国文化报》《工人日报》《经济晚报》先后发表文章和消息。

——孙继华《〈能〉剧火爆京都，
传媒竞相刊播》
《濮阳经济报》1993年11月25日第1版

演出获奖后，被邀作为文化部第三届“文华奖”颁奖仪式的祝贺演出剧目晋京公演三天。据相关报道，中国剧协为这个戏还专门召开了专家座谈会祝贺演出成功。由于年事已高，胡导没有赴会。

1996年10月，八十高龄的胡导仍不甘寂寞，再鼓余勇，来到河北省石家庄市丝弦剧团为改编成戏曲的莎翁名剧《李尔王》作修改后的复排导演，这是胡导生前导演的最后一个戏。该剧是1995年石家庄市丝弦剧团为了能让莎士比亚的戏剧走进中国广大农村而进行改编演出的，当时就引起了河北省文化厅领导和国内莎剧界人士的关注。省文化厅希望该剧能与“出国意识”接轨，国内的莎剧研究学者也希望该剧能于1998年在上海举办的国际莎士比亚研讨会上，作中国戏曲化表现莎剧的实验演出。为了使该剧能更准确地表现莎士比亚人文主义的精神，进一步提高舞台表演艺术，几经辗转，剧团领导找到了胡导和上海戏剧学院舞台美术、戏剧理论方面的专家，希望得到助益。把“莎剧”平民化，让中国农民观众认识和了解莎士比亚，这一课题无疑对胡导有着巨大的诱惑力。

在石家庄市丝弦剧团，胡导与剧本改编者戴晓彤一起，逐段逐

石家庄市丝弦剧团改编演出的的莎翁名剧《李尔王》（左图、右图）

句地对剧本作了修改和调整，又与丝弦戏知名演员张鹤林及剧组其他人员密切配合，共同创作，调动舞美、灯光、音乐、声效等丰富的舞台表现手段，对演员的表演进行烘托，最终在上海国际莎士比亚研讨会上喜获赞誉。

九六年十月，剧团特邀上海戏剧学院导演系教授胡导先生重排此剧，并将之搬上电视屏幕，引起很大反响，好评如潮。这次，剧团本已筹齐资金来沪参加上海国际莎士比亚研讨会的演出，但国家遇到罕见的洪水灾害，团领导要把钱用到最需要的地方，因此此行只来了七人的主创班子，并带来了这部戏的录像带，专家们看了录像后，对此戏赞赏有加。

丝弦莎剧《李尔王》成功地将一个西方故事移植到中国来，使之民族化、戏曲化、大众化，而不减莎剧的独特魅力和韵味，丝弦那极具燕赵悲歌至慷慨激昂的唱腔特色很能体现这出戏的悲剧意味。

——《文汇报·文化生活导报》报道

1998年10月10日

专家们在上海国际莎剧研讨会上讨论丝弦剧《李尔王》（右二为胡导）

莎士比亚学会会长，北京大学辜正坤教授指出：“戏曲改编莎剧是一个参照中西戏剧程式重新进行创造性改编的问题，对剧组是一个强有力的挑战，此剧在这方面作出了颇为成功的尝试。在民族化、戏曲化、大众化方面取得了显著的成效。中西戏剧通过这种创造性改编，真正达到了互构、互补、互彰、互进的境界。”

《莎士比亚字典》主编、河南大学刘炳善教授说：“丝弦戏《李尔王》第一场立主脑减头绪，开门见山十分精炼。全剧充分调动了中国戏曲的各种艺术手段，将中国传统戏曲中很多好东西吸引了进去，用到恰到好处，具有震撼力。”

澳大利亚格林斯教授欣喜地说：“将《李尔王》演得这么好，简直是个奇迹，既是丝弦戏，也是《李尔王》。”

——曹树钧：《精益求精　再上新台阶》

《大舞台》1999年第1期

丝弦戏《李尔王》新演出本在艺术上有以下几个显著

特色：

第一，加强了剧作的动作性，通过动作充分展示了人物的性格和思想感情。

……二公主让侍从端木盘子上，木盘里盛的是猫食。李尔起先以为女儿真的慰劳他，高兴接盘，一看猫食气得浑身打颤，双手直抖，小碗也在盘中滚动不已。李尔盛怒，将木盘抛扔。这一戏剧行动将李尔受辱后的悲愤、痛苦揭示得入木三分，而且很自然地把丝弦绝技耍盘滚碗糅合了进去，增加了戏的民族特色和观赏性。

第二，充分发挥戏曲唱念做打的有机结合，而以唱腔艺术为主要表现手段的特色，使莎剧原作获得更大的表现力和生命力。

……“野外重逢”是正面刻画暴怒中的李尔与暴风雨搏斗的重场戏，也是这次修改的重点之一。新本增加了伴唱：“猛然见，众灾民，妻离子散，饿殍遍野尸骨寒，生灵涂炭”,以及李尔从远处欲救黎民而不能的独白。这一改动把李尔内心的痛苦、胸中的块垒等似乎只可意会不可言传之物都通过酣畅淋漓的唱腔涌流出来，李尔也就成了具有广阔而复杂内心世界的形象，再现了莎剧原作人物巨大的心理真实。

第三，突出重点，加快节奏。

改动最多的是第四场“烈火金刚”，初演葛大人上场唱有十句，现改为四句，更开门见山。有一些情节根据戏曲容量有别于话剧的特点，进一步作了删节。……

——曹树钧：《评丝弦戏
〈李尔王〉新演出本》
《大舞台》1997年第2期

胡导的晚年一直在追寻他的一个艺术理想——把话剧的艺术表

上海戏剧学院演出的《萨勒姆的女巫》（左图、右图）

《萨勒姆的女巫》演出说明书

现手段与戏曲表演程式有机地融合起来，寻求和探索中西结合的导演创作手法。导演这三个地方戏，为他提供了实现艺术理想实践的机会，演出的成功是胡导为理想奉献的一份心力，得到的也是一份属于胡导自己的丰厚收获。

2000年末，戏剧学院导演系应届毕业生由周可老师导演美国剧作家阿瑟·米勒《萨勒姆的女巫》，胡导受邀出任艺术指导。

上戏导演系后起之秀周可，说起她第一年带班排演毕业大戏《萨勒姆的女巫》，脸上依然挂满了对胡导老师的感激。.

周可说："排演毕业大戏不是件轻松的活，当时，胡导老师已经80多岁了，……对于艺术，他丝毫也不马虎，每周都会给学生布置作业，如何在生活小品中塑造典型人物等等。每次，胡导老师'收作业'的时候，学生们都很有成就感，因为他们的点滴进步都能得到表扬和鼓励，有所欠缺的地方老师也会用最有效的办法给予指点。让学生们在短时间内迅速弥补自身的不足。"

周可说，正因为胡导老师对戏剧的这份执着，他们的毕业大戏迟迟没能"交货"。最终整整花了6个月才排成的《萨勒姆的女巫》，在学校剧场里上演了一个星期，天

写作中的胡导

天爆满不说，最后一场还因为观众抢了演员的出场通道，而不得不延迟15分钟开演。

——张贤贞：《胡导：与生命赛跑的九旬老人》

《劳动报·视点》2005年11月29日第5版

（二）耄耋之年，著书立说

从1933年我开始演戏到现在的五十八年来，在我生命中所“积淀”的美好的东西在起作用，其中有斯坦尼斯拉夫斯基的，哥格兰的，莎士比亚的，莫里哀的，梅兰芳的，周信芳的，黄佐临的，朱端钧的，石挥的，上官云珠的，还有列普卡芙斯卡娅专家的，更有我好些有出息的学生们的，对，应该说我所积淀的正是我学习、消化过的所有的前人，所有前辈、后辈，还有后来者在创作上和创作意识上所给予我的美好的一切。它们，有的已成为我的脑细胞了，有的溶解在我的血液里，有的附着在我的神经末

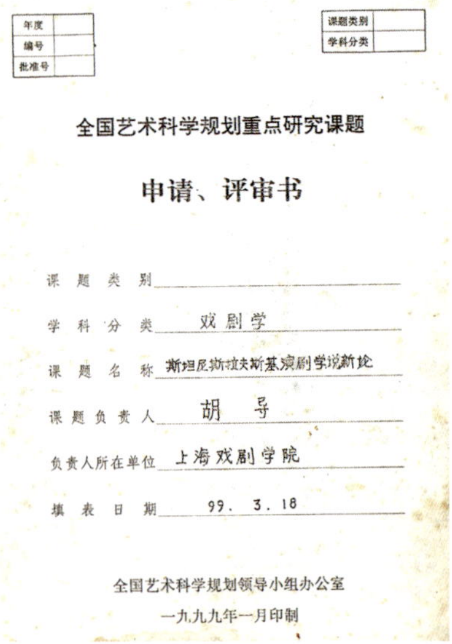

年度	
编号	
批准号	

课题类别	
学科分类	

全国艺术科学规划重点研究课题

申请、评审书

课题类别

学科分类 戏剧学

课题名称 斯坦尼斯拉夫斯基演剧学说新论

课题负责人 胡导

负责人所在单位 上海戏剧学院

填表日期 99.3.18

全国艺术科学规划领导小组办公室

一九九九年一月印制

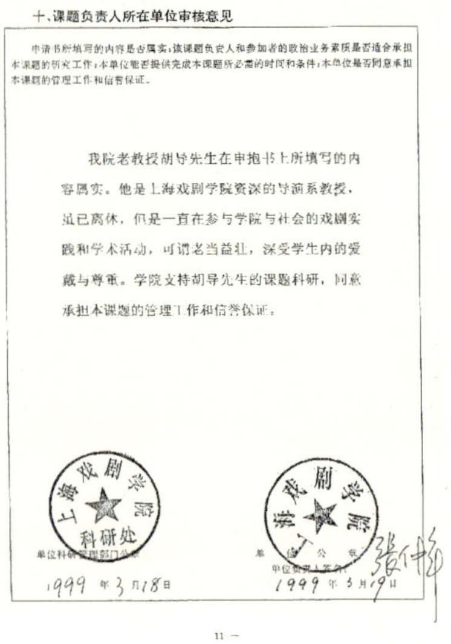

十、课题负责人所在单位审核意见

申请书所填写的内容是否属实；该课题负责人和参加者的政治业务素质是否适合承担本课题的研究工作；本单位能否提供完成本课题所必需的时间和条件；本单位是否同意承担本课题的管理工作和信誉保证。

我院老教授胡导先生在申抱书上所填写的内容属实。他是上海戏剧学院资深的导演系教授，虽已离休，但是一直在参与学院与社会的戏剧实践和学术活动，可谓老当益壮，深受学生内的爱戴与尊重。学院支持胡导先生的课题科研，同意承担本课题的管理工作和信誉保证。

上海戏剧学院科研处

单位科研管理部门公章

1999年3月18日

上海戏剧学院

单位公章

单位负责人签名 張仲年

1999年3月19日

— 11 —

胡导的课题申报书

梢上，它们好像成了我体内的一种“能”，躁动着要释放出来，又好像成了我七情六欲之外有一种“欲”，呼唤着要宣泄。

——《胡导老师来信》

《戏剧艺术》1991年第4期

退出教学一线以后，胡导把重点放在了总结自己近七十年的表导演和表导演教学生涯中的感受和得失。从1986年到2008年，12年中胡导仅在各种报刊杂志上公开发表的有关戏剧的学术文章就有50余篇。

把自己一生从事舞台实践和教学中得出的表、导演艺术的体会，尤其是对“斯坦尼”体系的批判、继承和发展，对创建中国民族化导演体系的设想系统地整理出来，留给后人借鉴、评判，一直是胡导心中的强烈愿望，在学院领导的支持下，在一批老学生们的鼓励下，1999年，已经85岁的胡导向全国艺术规划办公室申报了重点课题《斯坦尼斯拉夫斯基演剧学说新论》，并获准。在项目书中胡导写道：

《戏剧表演学》初版书影（中国戏剧出版社2002年）

> 建国以来，斯氏体系对我国话剧表演艺术的发展和表演教学体系的建立，起过极大的推动作用和指导作用，五六十年代及八十年代初，戏剧界对斯氏学说的研究上也曾迭起高潮，但近十几年来虽然全国电影、电视和话剧的表演艺术仍是按斯氏体系进行创作，并有不少在实践上有所发展和突破，但却未能见到根据新的发展情况进行系统研究的著作，这着实是演剧界的一大缺憾。再从国外这几年对斯氏体系研究来看，出版了许多新著。对其传统意义法则注入了许多新的内容，有一种耳目一新的感觉，相比之下我国在这方面的研究显得相对落后。
>
> 基于以上原因，我有重新再开展这项研究的意图，从斯氏体系的整体研究入手，更多地收集中外戏剧家们运用、丰富、发展斯氏演剧学说的成果，本着“实践——验证——实践”的指导思想，以期达到不同于传统意义上对斯氏体系研究的“旧说”，而是赋予其新内涵的“新说”。
>
> ——胡导：《全国艺术科学规划重点研究课题申请书》
>
> 1999年3月

接着胡导又接手了上海市教委重点学科1999年度的关于戏剧表演课题，于是把课题名改为了《戏剧表演学》。

自此以后，胡导把主要精力都放在了这上面，整理自己多年积存的文档，跑图书馆查询新的资料，找专家、找老师、找学生请教、探讨问题，每当有各地的学生来看他，谈话的主题只有一个：

胡导（右）与徐晓钟

胡导（左）与袁雪芬

表演技巧。2000年还不顾85岁高龄的不便，专程去北京同郑雪莱、童道明、徐晓钟、朱文相、张仁里等专家学者讨论切磋，还向李玉茹、袁雪芬等京剧越剧表演名家求教，思考话剧借鉴戏曲之优长的问题，吸取补充完善自己的学术思路，力图形成一套更完整全面的具有中国特色的话剧表演方法论，阐明自己的学术观点。

熟悉胡导的人都知道，胡导写的字潦草，一般人看不清，为了方便交流，85岁的胡导找人买了电脑，开始让孙女教他学习使用电脑，从此，胡导除了到外面找人探讨问题，就是整日坐在电脑前思索、打字。2002年底，历经三年的努力，完成了课题，由中国戏剧出版社出版了《戏剧表演学：论斯氏演剧学说在我国的实践与发展》一书。

在成书过程中，有记者采访，是这样描述的：

为完成这个课题，他专门跑到北京调研，访问了多位斯氏研究专家。……最不易的是，胡导教授的双眼都曾患有白内障，几年前动过手术。最奇妙的是，他平时手有点颤抖，但一用电脑写作，手却不抖了。现在胡导一天能写二三千字。他说，用电脑写书不仅修改起来方便，而且能

胡导（右）与曾经受教的老学生们探讨表演问题

打开思路。

——邵宁：《我一天能写二三千字》

《新民晚报》2004年10月7日第2版

五位专家（此处亦按规则匿名）参加了项目评审。评审意见归纳起来包括以下几点：

一是斯氏体系在我国戏剧界影响深远，但许多问题也长期存在争议，未能系统探讨梳理，胡导以近九旬之高龄毅然申报并完成这一课题实属不易，具有“抢救”意味；二是论及斯氏理论的时候，没有孤立地简单地肯定或否定，而是旁征博引其他不同表演学派的理论和我国民族传统戏曲表演的方法论、演剧观，并结合我国表演艺术的发展现状来进行比较研究，这是其他表演论著中从未出现过的理论创新，也是一种严谨的治学方法，是最具学术性的内涵所在；三是结合通过对老一辈表演艺术（戏曲及话剧）大师舞台形象创造的回顾和多年来的表演教学实例，为后人留下了珍贵的演艺资料，对培养优秀表导演艺术人才有着重要的学术和应用价值；四是关于“从自我出发”问题，评审专家尚有不同意见，文字上虽有简单明了生动活泼的表述，也有纠缠于斯氏某些模糊概念以致不能达

胡导在电脑前写作

新民晚报　2004年10月7日　星期四

85岁学电脑，89岁用电脑完成30余万字的学术专著，上海戏剧学院胡导教授“八十岁学吹打”——

“我一天能写二三千字”

人们把88岁称作米寿。在上海，有这么一位米寿之年的老人，他85岁学电脑，89岁用电脑完成了一部30余万字的学术专著！在用电脑写学术著作的人中，这一年龄大概可以进入吉尼斯纪录了。这位老人便是上海戏剧学院的胡导教授。

昨天下午，记者前去拜访这位创造“纪录”的老人。

申报课题时已85岁

胡导教授在上海戏剧学院长期从事表演、导演教学工作，担任过导演系副主任。他的辈分有多高，只要提几个他的学生的名字就知道了：焦晃、李家耀、杨在葆、胡庆树……

今年初，中国戏剧出版社出版了胡导教授的一部学术专著《戏剧表演学》，是全国艺术科学“九九”规划和上海教委重点学科1999年度课题项目。当时，胡导教授已85岁了，文化部和市教委还是第一次遇到如此年迈的课题申报者。有人表示疑惑：申报人年纪这么大了，能不能完成课题？胡教授的专著回答了这个问题。

胡教授的这部专著，研究的是论前苏联戏剧家斯坦尼斯拉夫斯基的演剧学说在我国的发展和实践。为了完成这个课题，他专门跑到北京调研，访问了多位斯氏研究专家。这部著作所引用的书目有58种，引用斯氏著作的版本也有3种之多，学术性很强，在戏剧理论界引起很大反响。

拜孙辈为师学电脑

而这部32万字的《戏剧表演学》，胡导教授全部是“无纸化”完成的，送到出版社的是几张3英寸盘。“我的字太潦草，送到出版社难认，看到别人都用电脑写，我也就学了。”

5年前，他参加了社区的离休干部电脑培训班，当时他就是年纪最大的学员。学了一段时间后，他就在家练打字，用的是“智能全拼”。胡教授有英语、拼音基础，所以上手挺快。

不过，初学时他也碰到过麻烦，有时花了几小时，辛辛苦苦打了一大段文字，一不小心碰了个什么键，全没了。遇到各种技术问题，他就请教正在上中学的孙女和外孙。

唯一遗憾“不会盲打”

最为不易的是，胡导教授的双眼都曾患有白内障，几年前动过手术。最奇妙的是，他平时手有点颤抖，但一用电脑写作，手却不抖了。现在，胡导一天能打二三千字。他说，用电脑写书不仅修改起来方便，而且能打开思路。他唯一的遗憾是“还不会盲打”。

说话间，屏幕上跳出一行字：“现在是16:00。请注意休息，保护你的眼睛。”原来，这是小孙子为他设置的屏保，特地提醒一用上电脑就忘了时间的爷爷。

现在，胡导正撰写另一部论著《戏剧导演技巧学》，已写了10多万字。明、后年的写作计划，他也排好了。

本报记者 郜宁

《新民晚报》2004年10月7日

到论说清晰的效果。但总之，这部专著对戏剧教学具有实践和理论的指导意义，能产生较大的影响，是难得的高水准的表演艺术理论著作。（本段材料根据评审的“专家鉴定意见表”摘编）

此书的出版，在戏剧教育界的反响很大。

对斯氏一些观念提出质疑，最典型的是上海戏剧学院胡导教授。在其专著《戏剧表演学》中，对“自我出发”“纯粹情感论”“体验角色说”提出质疑、商榷，指出：表演教学中一个重大问题是，对演员的终极任务——人物形象的塑造，即“性格化”重视不够，办法不多。形成学生表演上塑造能力、创造能力较弱，难以适应创作的重任和观众的期待。

——林洪桐：《表演创作手册·苹果应该这么吃》第66页

中国电影出版社 2010年

胡导老师研究斯氏的戏剧表演学，不是从理论到理论，不是上不着天，下不着地，而是紧密联系古今中外许多表演艺术家的经验，并联系自己数十年来的教学和演戏、导戏的经验，论证和研究斯氏表演理论之得失，因而这部著作读来一点不枯燥乏味。书中提及的我国著名表演艺术家就有梅兰芳、周信芳、盖叫天、高盛麟、石挥、上官云珠、金山、于是之、胡庆树、焦晃、祝希娟、杨在葆、潘虹等数十人。更值得注意的是，本书提及的这些表演艺术家的材料，又不仅是停留在表演经验体会的层面，而是从感性经验上升为理论探索，检验斯氏的表演学说在我国戏曲和话剧表演实践中，哪些结论是正确的，哪些论述不适合舞台实践，或证明是不正确的。这些有说服力的材料，为研究斯氏学说在我国的实践做出了开拓性的贡献。

这一点，也可以从本书的副题得到证明。本书副题名为——“论斯氏演剧学说在我国的实践和发展”，便说明了作者写作本书的主旨。诚如作者在本书前言（并释题）中所说的：“由于本课题是紧密联系自己一生参加的演剧实践经历，并借鉴了现代心理学的科学论断，以及主要着眼于发展来开展的研究，因而书中提及的若干观点、论断、论述是以前诸多论述、研究斯氏学说的著作中较少提过的，或是从没有提到过。所以曾考虑以‘斯氏演剧学说新论’作副题，现在用的副题是‘论斯氏演剧学说在我国的实践和发展’，是比较确切地表述我的写作意图的。”（《戏剧表演学》第4页）这一段释题的文字，我以为，除说明作者写作这部专著的本意，也提纲挈领地阐明了本书的学术价值。

——戴平：《胡导米寿著华章
——试评〈戏剧表演学〉》
《戏剧艺术》2003年第4期

令人惊叹的是近九十高龄的胡导老师去年出版了一部材料殷实、论点鲜明的《戏剧表演学》专著。这部专著

胡导《戏剧表演学》重印本（中国戏剧出版社2009年）

陈明正教授及1959届表演系学生祝贺胡导《戏剧表演学》出版

不是从理论到理论，而是理论与实践相结合，一个专题一个专题，扎扎实实的研究。他从斯氏到哥格兰、布莱希特；从梅兰芳、周信芳、俞振飞、盖叫天到高盛麟、裘盛戎、袁世海、袁雪芬；从张骏祥、焦菊隐到黄佐临、朱端钧；从石挥、金山、赵丹、上官云珠、张伐到于是之、杨在葆、焦晃、潘虹、祝希娟，从过去到现在，从国外到国内，书中被提及的导演、演员、艺术家一百多位。涉及面之广，信息量之大，是其他书籍少有的。特别有价值的是他在著作中引用了大量的中国话剧界、戏曲界老艺术家们的理论和实践，这对于我们来讲十分重要，这方面资料太珍贵了。令人佩服的是胡导老师记忆力过人，虽年近九十，几十年前的人与事，他仍记忆犹新，许多细节历历在目，他的许多描绘极其生动，真是了不起。

——陈明正：《积累与发展中的戏剧表演学》

《戏剧艺术》2004年第6期

为了表示对胡导出版《戏剧表演学》的祝贺，上海戏剧学院表演系在2004年还组织了当年胡导的学生，现在多为著名戏剧家的校友，如陈明正、焦晃、李家耀、卢若萍、梁波罗、向能春、杜冶秋等专门

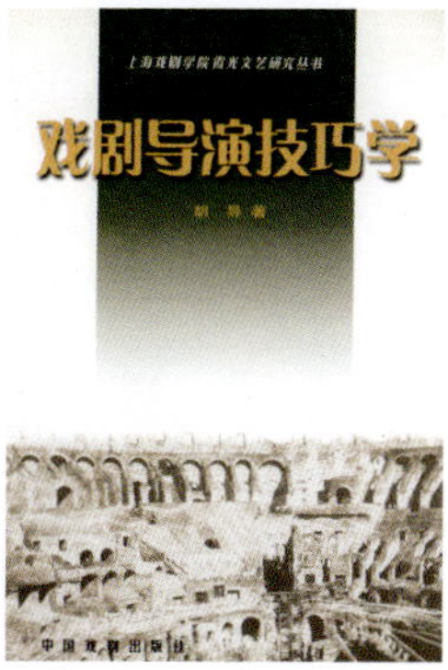

胡导《戏剧导演技巧学》书影（中国戏剧出版社2005年）

胡导《干戏七十年》书影（中国戏剧出版社2006年）

胡导（左）与1930–1940年代的老戏友黄宗江（中）乔奇

开了研讨会，用自己在学校和以后工作的体会，谈了感受。

该书在2005年获得文化部艺术科学优秀成果奖。出版至今，已二次印刷，且第三次印刷在即。上海师范大学谢晋艺术学院等许多艺术学校都把此书作为了教材或必读书，从近期许多专业学术著作或论文中也可以看到引用率很高。

而胡导在赠书给各位老师、友人和学生时总会在扉页上题写这样一段文字，以表达自己的感受。

端钧先生有佳句："文章期报国，九死不悔心。"岁在八八，得效先贤，无憾矣。

继《戏剧表演学》之后，胡导又把自己在导演方面的著作进行了整理、归纳，2005年11月，胡导所著《戏剧导演技巧》一书也由中国戏剧出版社出版，此时胡导已是90岁的高龄了。

也许是年事已高，怀旧感油然而生；也许是一种社会责任感，他认为，前人遗留下的精神财富要传承下去，自己是以前年代过来之人，上天赐予长寿，正可以作为两代人之间的"桥梁"，应该责无旁贷，天天笔耕不辍。从1998起，胡导就开始陆陆续续地写回忆录。《戏剧表演学》和《戏剧导演技巧》完成后，胡导又对这些回

胡导（右）与20世纪30年代老导演洪谟畅谈往事

忆加以整理补充，在2006年12月，出版了《干戏七十年杂忆——上世纪三四十年代上海的话剧舞台》一书。以自传加述评的写作方式追记了老一辈戏剧艺术家，如金山、赵丹、章泯、费穆、赵慧深以及前文已经提到过的一些著名演员创造出的舞台艺术形象。此书的出版为研究中国现代话剧，尤其是上海的现代话剧发展提供了丰富有益的史料，从事这方面的研究学者不禁发出这样的呼吁：

> 现在还有一些亲历其事的前辈艺术家在世，应该充分发挥他们的作用。一方面，可以鼓励他们撰写回忆录，像胡导先生的《干戏七十年杂忆》就提供了极为珍贵的历史资料，特别有价值；另一方面，身体条件不允许的，可以采用访谈、口述的形式尽最大努力将史料抢救下来。因为这些宝贵史料如不及时搜救，就有可能消失在历史的长河中，永远难见天日了。
>
> ——穆海亮：《从上海剧艺社看话剧史料发掘的重要性与紧迫性》
>
> 《湖南人文科技学院学报》2011年第5期

胡导接受旅日学人邵迎建访谈（李忠摄）

邵迎建《上海抗战时期的话剧》书影（北京大学出版社2012年）

邵迎建《上海话剧人谈访录》书影（台湾秀威资讯科技公司出版部 2011年）

也是在2005年，旅日学人邵迎建女士经人介绍，上门拜访胡导，想为她的研究课题《上海抗战时期的话剧》做一些材料上的准备。得到了胡导的热情接待。后来邵女士说起成书经过很有感慨：

> 我实在幸运。2005年暑假，在上海图书馆查资料时，巧遇一青年……后来知道它是上海戏剧学院的博士生，叫彭勇文，正在赶写博士论文。当他知道我的课题后，主动要为我介绍他们学校的教授，他告诉我，他们学校最老的教授90岁，叫胡导。胡导！我喜出望外，从桌上堆得厚厚的复印件中抽出一页40年代的文章，专论胡导的，他大惊——什么？六十多年前就这么有名了？！
>
> 就这样，我认识了上苍赐给我的课题老师——胡老……
>
> 我们一拍即合。胡老非常高兴，在淡出六十多年后，终于有人关心这段话剧了！接着，胡老为我介绍了他当时的战友们——洪谟、乔奇、黄宗英、白穆、吴崇文、林彬、蒋天流、黄宗江（按访谈顺序）。
>
> 话剧老人们给我讲述了一个个过去的故事，有声有色，有血有肉。印在旧报刊上的铅字被激活，如烟的往事

胡导（中）与胡妙胜（左二）、陈颙（左一）、苏乐慈（右二）、熊源伟（右一）等戏剧艺术家交流导演技巧

胡导（中）与陈颙（左一）、苏乐慈（右二）、熊源伟（右一）等导演艺术家交流导演技巧

有了清晰的脉络，共同的记忆勾画出一段真实的历史。

——邵迎建：《抗日战争时期上海话剧人访谈录·写在前面》

北京大学出版社2013年8月出版

关注学院的表导演教学，也是胡导离休生活的重要组成部分，除上述三本专著外，胡导还多次参加教学研讨会、学术讨论会，并写下了许多随笔性的文字，从胡导储存在电脑文件夹中的文稿看，有《陈明正导演艺术与表演教学研究（笔谈）》（1998）、《从一个导演的眼光观舞美》（1998）、《“朱端钧的舞台意境创造”谈荟》（1998）、《交流探讨，推进导演教学（研讨会发言）》（2000）、《把形体动作作为“嫁接物”》（2001）、《表演教学要发展，要持续发展（学术谈话）》（2003）、《谷亦安教授在表演教学上的一项“创意”》（2006）、《西方小丑表演工作坊讨论会发言》（2006）、《导演教学要发展，要持续发展》（2007）、《试谈朱端钧先生导演创作的发展》（2008）、《赞一项具“科学发展”性的导演教学创意》（2008年）等十余篇。其中有些内容整理成文，发表在刊物上了。

在他的电脑里还有《莎士比亚和莫里哀七部经典剧的导演创作》《近现代外国戏剧导演史话》《演员学》三部专著的写作提纲和部分章节的文稿，可惜未能完成。这遗憾，是胡导的，也是我们

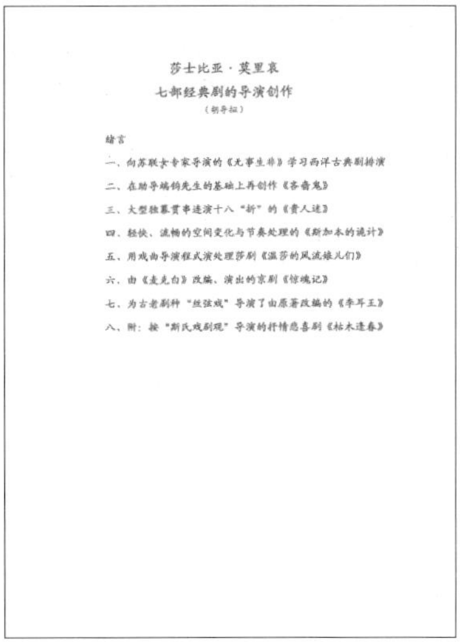

莎士比亚·莫里哀

七部经典剧的导演创作

（胡导拟）

绪言

一、向苏联女专家导演的《无事生非》学习西洋古典剧排演

二、在胡导端钧先生的基础上再创作《吝啬鬼》

三、大型独幕贯串连演十八"折"的《贵人迷》

四、轻快、流畅的空间变化与节奏处理的《斯加本的诡计》

五、用戏曲导演程式演处理莎剧《温莎的风流娘儿们》

六、由《麦克白》改编、演出的京剧《惊魂记》

七、为古老剧种"丝弦戏"导演了由原著改编的《李耳王》

八、附：按"斯氏戏剧观"导演的抒情悲喜剧《枯木逢春》

《演员学》课题申报材料

申报人胡导长期从事戏剧表导演教学、科研，前申报1999年度课题《斯坦尼斯拉夫斯基演剧学说新论》已定名《戏剧表演学》成书出版。是以，特恳按《指南》第六项"说明"精神，准予本课题作自选项目申报。

1、选题：本课题国内外研究现状述评，选题的意义：

《演员学》是我1983在北京参加的由当时《戏剧报》主持召开的话剧表演艺术讨论会上提出的——

"想到这样一个问题：演员的培养、成长、发展都是有规律可寻的，应该把这一切规律性的东西有机地加以集中，并从总体上来予以概括，建立一门有关演员人材学的学问，叫'演员学'。我初步想，《演员学》应该具有这样一些内容：演员的创作禀赋、素质与专业素质；本色演员与性格演员；演员的创作气质与人物形象的气质创造；……当然还不止这些，这样的'演员学'的建立，对演员、导演、表演教师的工作，无疑将起到非常有益的影响和作用。"（《戏剧报》1984年2期26页）

请允许我仍用上述这段话初步说明这项选题的意义。

遗憾的是在提出"演员学"的二十年来，我主要着眼于表演学与导演学的研讨，虽然为这两门学科研讨的需要，结合着提出了也写了诸如"演员的创作气质"、"演员的创作魅力"及"演员与导演的共同创作"等论文，但始终没从"演员学"整体上来考虑把它们列入《演员学》的写作内容，并借以为"演员学"学科的建立和建设起到打基础的作用。

这是尚未建成的学科，当然很难对关于它的研究现状作出评述。。

2、内容：本课题研究的主要思路（包括视角、方法、途径、目的），重要观点

本课题初步考虑分二十章编写，所含内容如下列各章章名——

1、戏剧表演与演员。 2、演员简史。3、演员的天赋、素质与专业素质。4、演员的生活体验与思想、文艺修养。5、演员的专业技巧。6、演员的戏剧人物形象创造。7、性格演员与本色演员。8、演员的创作气质与人物形象的气质创造。9、演员的创作魅力与人物形象的魅力创造。10、学生学表演与老师教表演。11、演员与导演的共同创造。12、演员间的创作合作。13、演员与各演出艺术部门的共同创作。14、演员与观众。15、演员与评友——剧评家。16、演员的表演美学观与艺术品位创造。17、演员的道德。18、"票友"下海——业余演员与专业演员 19、演员创作个性的发展及表演风格、流派的形成。20、明星、表演艺术家、"大师"。

写作思路：我是从一个曾从事表、导演教学工作数十年的老教师，期盼在演员培养工作上能有发展地以更科学的方式取得更佳效果，因而盼建立一门演员人才学的学问——"演员学"这"视角"出发，以"实践是检验真理的唯一标准"作指针，把自己在所作、所遇、所见、所闻的"经历"中发现的，留有较深印象的，无论是在我们戏剧

胡导留存在电脑中的遗稿

大家的。

（三）彰师德风范，显师生浓情

多年来，在胡导的众多学生中间涌现出一批成绩斐然的表、导演才俊——当然他们自身的才华和努力是更加重要的因素——1986年在上海举办首届莎士比亚戏剧节时他们会聚一堂，引人注目，有媒体报道：

> 上海戏剧学院原导演系主任、年届古稀的老教授胡导，在学生们的包围中满面春风，由衷地欢笑。参加"莎剧节"的十四台大戏除了他亲自导演的《温莎的风流娘儿们》外，话剧《安东尼与克里奥佩特拉》、越剧《第十二夜》的导演胡伟民，话剧《泰特斯·安德洛尼克斯》导演徐企平、副导演吴亚山，昆剧《麦克白》（又名《血手记》）导演李家耀，话剧《奥赛罗》导演刘建平、副导演

佟瑞敏，黄梅戏《无事生非》导演蒋维国，越剧《冬天的故事》导演王复民和话剧《爱的徒劳》导演熊国栋都是他担任班主任或执教过班级的高足。而“安东尼”焦晃、“福斯塔夫”胡庆树以及青话（注：上海青年话剧团）的大多数演员也都受过他的教诲。学生们的成绩在老导演的功劳簿上添上了最浓重的一笔！

——李葵南：《莎翁儿女喜相逢·〈桃李满天下〉》

《新民晚报》1986年4月25日第2版

其实胡导与学生的师生情分，在戏剧学院，在上海话剧圈一直被传为佳话，媒体上也经常有所报道：

杨在葆接到姐姐的来信说，家庭经济困难，希望弟弟退学设法找个工作做。……他把退学的要求向自己的表演课老师胡导教授提了出来。胡导教授坚决不同意杨在葆退学。他一边给杨在葆的姐姐去信，希望她能说服母亲以大局为重，克服家庭困难，为国家培养艺术人才，告诉她：杨在葆是一个很有发展前途的优秀学生；一边向学校提出能给杨在葆以特别照顾，适当增加助学金。

在胡导教授的努力下，姐姐、母亲被说服了；校方也同意给杨在葆每月增加三元助学金。

愁云消散了。在杨在葆探求表演艺术的道路上，又出现了新的希望。

——余士君：《跋涉者》

《文汇月刊》1983年第12期

大冬天，杨在葆只穿一件空心棉袄在校园里“晃荡”，这让胡导很心疼，胡导与爱人王祺去静安寺的百货

胡导与学生杨在葆

胡导与学生焦晃

商店里买了件毛衣送给杨在葆，这在那个时期算是一笔不小的开销了。现在每次同学聚会，杨在葆都不忘说起那件毛衣带给他的温暖。

——徐婉青：《当了老师，心就再也没有离开过校园》

《新民晚报》2006年8月21日第4版

谈到胡导老师，焦晃也难抑激动之情。他说：见到胡导老师为什么会这样激动？因为在胡导老师身上，他看到了一种精神，踏实做课题，默默培养文化人才；不搞花里胡哨的东西，以自己的行为教会学生做人。1966年以后，焦晃再也没有回过母校。9年以后，他回学校的第一件事就是去拜见胡导老师，他向胡导老师深深地鞠了一躬：“老师，您好！”

胡导教授可谓桃李满天下，得知胡导生病了，学生们会轮流看望、陪伴。师生情意浓浓。李志舆、曹雷、卢若萍、张先衡、张名煜、李家耀、陈明正、徐企平等都是胡导亲自教过的学生。在恩师胡导面前，他们深情地说：无

胡导与学生李建平

胡导与表演系1955届学生合影

论我们走到哪里，无论我们年龄有多大，我们的老师永远是胡导。

——吕争：《戏剧艺术元老胡导》

《世纪》2005年第6期

胡导教授曾情真意切地说过这样一段话：亲爱的我的孙辈同学们，你们正向学院的老师们学习戏剧艺术的这个方面，那个方面。我也正抓紧时间学习戏剧艺术的诸多方面。我相信，当你们不断取得学习进步的时候也必然会让我在你们创作的作品中和创造性的立论中学到好多东西，从而促使我在戏剧艺术的认识、专研和提高上还能不断取得发展。

——张贤贞：《胡导：与生命赛跑的九旬老人》

《劳动报》2005年11月29日

和重孙辈的学生一起端坐在教室，在表演系听课，到

胡导与学生胡庆树

胡导与学生李莉、佟瑞敏、陈茂林、郑毓芝、项奇

胡导与学生刘冠雄

胡导与学生陈明正

胡导与学生张杰

胡导与学生李家耀、王家驹

50周年校庆活动胡导寄语学生们

表演系1955届学生向胡导贺寿

"小红楼"看排练，胡导从未停止过对戏剧和教学的思考。"如今走在校园中，我所遇到的学生大多不认识我了。如果论辈分的话，我应该算是他们师公的老师，我教的第六代学生都已经'升级'为上戏的老师了。"这些让胡导感到欣慰，而他也坦言，"从时间上看，我30年前就应该算正式离开表演、导演的课堂了，但在心理上，我却从没离开过我所热爱的岗位半步。我的脑子一直在运转，一直在思考，琢磨看过的戏，也一直在寻找一个渠道，怎样更好地把它表达出来。"

——端木复：《胡导：与生命赛跑的话剧老人》

《中国艺术报》2007年4月27日第6版《艺海春秋》

上戏现任导演系系主任卢昂则感慨："老人的心态特别年轻，外面流行什么全知道，和年轻人相谈甚欢。每当看到学生表演有闪光的地方，胡导老师就会马上站起身来，第一时间带头把掌声送给学生。"

导演系的李建平教授回忆，老爷子教学极其认真，为

表演系1959届为胡导做寿

导演系师生为胡导祝寿

了说明“规定情境”，他看见学院道路上正在挖坑施工，竟跳进坑里，对学生解释情境的突然改变对人物的制约作用，而那时，他已72岁高龄。

导演系教授石俊至今记得，89岁的胡导曾经坐公车走很远的路，去美琪看自己排演的《太太万岁》，结束后还给了很多建议。而上戏的很多学生至今都有印象：白发苍苍的胡导老师，经常会坐着公交车来到上戏，杵着拐杖，一步一喘地爬上4楼的黑匣子剧场，看学生们排练演出，一直到93岁高龄时。

——潘妤：《胡导》

《东方早报》2013年7月18日

离开教学第一线后的胡导，更是把自己对戏剧的深情寄托在他的学生身上，每每有学生上门请教，他都热情接待，毫无保留地把自己的想法谈出来供他们参考；有学生请他看自己的排演作品，他都会欣然前往，而且看后必定会把自己的想法告诉学生，好的他会热情鼓励，不喜欢的他也会直言不讳；有学生把自己的作品刻成光

"胡导教授九十寿辰暨从事导表演艺术七十年、教学生涯五十年庆贺活动"会场。胡导获上海戏剧学院终身荣誉奖

碟给他，他也会在家认真观看，然后设法把意见转达给他……只要是学生，只要与"戏"有关，他都愿意，他都高兴。更有学院举办如戏剧节、校庆等有众多校友参加的大型活动，他必前往，与他们忆过去，谈现在，聊未来，但主题却始终只有一个——"戏"。

老师对学生的无私奉献，换回的当然是学生对老师的尊重与爱护，每每有学生在戏剧事业上有了成绩，不管身处何地，第一时间就会把好消息告诉老师，希望老师能与他一起分享快乐；逢年过节，家里最多的客人就是学生，50年代的，60年代的，70年代的，80年代的，有时是一两个，有时是一群；每次过生日，尤其是八十岁，九十岁大生日，各届学生都会办，上海的学生来，外地的学生也来，一个生日会办上三四次。学生的愿望只有一个：让老师高兴，祝福老师健康长寿。

2004年10月22日，上海戏剧学院举办"胡导教授九十寿辰暨从事导表演艺术七十年、教学生涯五十年庆贺活动"。近十位胡导五六十年前的话剧界老朋友来了，畅谈往事；几十位四五十年前的

三四十年代的老戏友（中排）赶来祝贺胡导九十华诞

老学生从全国各地赶来了，向老师表达感谢和祝贺；学院的主要领导来了，授予胡导上海戏剧学院戏剧教育终身荣誉奖（学院得此殊荣的第一人）；东方电视台也来了，拍摄制作了专题片《九十春秋赤子路》11月在戏剧频道播出；《文汇报》《新民晚报》等上海主流媒体的记者来了，第二天就发播了有关消息；中央和上海文史馆馆刊记者来了，撰写了《戏剧艺术元老胡导》在《世纪》2005年第6期刊发……整个活动暖意融融，充满深情。面对学院领导的关爱，面对几十年的老戏友深情，面对一代一代“出息了”的学生的祝福，胡导除了激动，还是激动。

活动期间，学院还组织学生专门采访了一些与胡导有交往的老戏剧艺术家和胡导教过的那些优秀的学生，摘录部分如下：

孙道临：我和胡导老师是1944年《鸳鸯剑》时开始合作的。胡导老师是一个很好的喜剧导演，到九十岁还在努力耕耘，出了一本很有分量的著作——《戏剧表演学》。衷心

文化娱乐新闻·连载
胡导：写好"人"字最后一捺
老骥伏枥 志在千里
上海戏剧学院 陈贝贝
孜孜以求情系戏剧 淡泊名利奉献教育
胡导：与生命赛跑的九旬老人
劳动报
胡导：名符其实
庆贺胡导教授九十寿辰暨研讨座谈会召开
75年的话剧人生
——访话剧导演胡导
戏剧艺术元老胡导
研讨座谈会

媒体有关胡导的报道

东方电视台摄制的胡导专题片《九十春秋赤子路》

为取得的荣誉向夫人王祺的支持表示感谢

希望胡导老师的著作能够得到广大艺术工作者的欢迎。祝胡导老师90寿辰愉快，创作出更多的艺术作品和学术著作。

乔奇：胡导老师是我表演专业的第一个老师，我向胡导老师学习了一辈子了，还在不断地向他学习。我心中的感情很难表达，总而言之，师恩难忘，胡导老师永远是我的老师，我对他佩服的不仅是业务，更是为人和处事。

李志舆：胡导老师“生命不息，求索不止”的治学精神，应当成为晚辈学子们认认真真去学习的榜样。

李家耀：我由衷地感谢我的启蒙老师胡导教授将我“引进门”，他以及所有将我引进“戏剧之门”的老师们，犹如我人生道路上的明灯，让我一辈子快乐地走在戏剧道路上。

苏乐慈：1960年戴着红领巾的我走进上海戏剧学院的校园，我的老师是胡导，今天年近60即将退休时，我的老师仍是胡导。

曹雷：胡导老师一贯主张“教学相长”，总是以学习的姿态对待每一部戏，不管是他自己的还是学生的，甚至是学生的学生的。

梁波罗：胡导老师这个大戏痴领着我们一群小戏痴排练到深夜甚至是凌晨，每每望着紧闭的校门，我们总是感叹时光飞逝，追忆当时在澎湃创作热情和饥饿难耐的情况下和老师一起爬校门的情景，我总是十分怀念。

《上海戏剧学院报》2004年10月25日

正是胡导谦逊朴实、待人以诚，对戏剧事业和戏剧教学的孜孜不倦、矻矻以求的精神凝铸成他的人格魅力，让许多学生、同事和朋友难以忘怀这位师长。

胡导：
为中国戏剧事业
奉献毕生的人

2007—2013

2010年以后，出于健康原因，胡导几次住进上海市第六人民医院。养病期间，最让胡导高兴和感动的还是学生们经常的问候、探望。这些学生们许多也是老人了，1954届的都已经八十有余了，1957届、1959届的也已经快八十了，只有80年代导演系（班）的学生年轻些。这些学生来自北京、湖南、湖北、江西、安徽、陕西等各省市，有的是专程来看望的；还有来自加拿大、美国、英国、澳大利亚等已经留居海外的，回国时听说老师住在医院，必定不忘前来探视问安。学生当中有已经担当教学重任的戏剧学院教授、系主任、副院长，也有不少几十年前就成为著名演员、著名导演的人士，他们无不怀着对老师的尊敬和热爱，送上自己的祝愿，希望老师早日恢复健康，还能像从前一样同大家一道指点剧坛，谈笑风生。胡导状况稍好的时候，总是要求学生们告诉他学院里最近的活动、教学上的进展、话剧界的动态、近期个人演出（拍片、导戏）的情况，等等，他挂念着的这一切。临终前的几天，他还勉强支撑着衰弱的病体观看了他的好朋友和最欣赏的学生之一焦晃在中央电视台正在播出节目里的诗朗诵。

2013年7月14日下午3时30分，怀着对所有学生和朋友们的思念，怀着对戏剧事业的钟爱，胡导告别了他98年的人生，走得平静、安详。

上海各大媒体发布了消息，剧协、胡导生前合作过的戏剧院团、同事、学生发来了唁电。

7月19日上午，上海戏剧学院胡导教授治丧小组为他举办了告别仪式。在韩生院长宣读的《胡导教授生平》中，对胡导的评价是："我国著名的导演、演员、戏剧理论家、戏剧教育家"，"他真正做到了生命不息，追求不止"，"赢得了我院历届毕业生和所有老师的由衷敬佩和爱戴"。参加告别仪式的有百多位来自全国各地的学生们，他们献上鲜花，深深鞠躬，双手合十默默祝祷老师"一路走好"。著名表演艺术家焦晃因在外地拍戏，不能前来送别，特意亲拟了挽联，请张名煜手书敬献。

天地间大人　一生清贵

学子园父执　百年功德

胡导这一生，最为可贵的是他的为人、操行和品格。

著名戏剧家黄佐临先生生前曾这样评价胡导：

胡导老师是我1939年由重庆剧专到上海剧艺社所看到的最佳演员之一。他之所以“佳”就在于他的自（真）挚、朴实、毫无造作的表演。这一特点一直带到他后来的教学中去。

文化学者余秋雨先生在他的《借我一生》书中写道：

在那么多老师中，熟悉学院历史上的每一个重大关节、重要人物又能不掺杂自己感情作出冷静评价的人并不多。导演系却有两位，一位是胡导老师，一位是薛沐老师。胡导老师我接触较少，但我每次发言和报告时，只要看到他在场，总会特别注意他的表情，因为他历来最为客观、公正。

上海戏剧学院原党委书记戴平教授在《胡导米寿著华章》一文写道：

胡导老师为我们树立了一个“活到老、学到老、干到老、管到老”的老教师、老共产党员的典范。

他既有表、导演的实践经验，又有深厚的理论根底，所以他的指点很受师生的欢迎。

上海戏剧学院原院长荣广润教授在任时曾致信胡导：

您的献身精神和老当益壮的特殊贡献，在戏剧学院60年的历史上，是无人能比的，这是您个人的骄傲，也是学院的幸运。

表演艺术家杨在葆对着采访的电视台镜头动情地说：

在“上戏”学习最大的收获是这个学校给了我一种文化，它包括世界观、人生观和美学观，胡导老师就是这种文化的宣言书、就是这种文化的播种机、就是这种文化的灵魂工程师！

表演艺术家焦晃在谈起自己的启蒙老师胡导时，连用了三个“非常”：

胡导老师是个非常敬业、非常严肃、非常正直的人，我就是在他那个时候确立了自己的创作准则和审美准则，他是我们上海戏剧主流创作的杰出代表。

上戏原副院长张仲年在微博上悼念说：

先生对戏剧之赤诚，对教育之忠心，对学术之精深，对后辈之挚爱，感人肺腑。

上戏导演系主任卢昂则感慨：

曾经照亮多少代人戏剧之路的烛灯熄了，天上亮起了一颗不朽的星星。胡导老师活在一个“纯艺术”的环境中，心灵保持着童真，生命中除了戏，还是戏，从不说戏剧以外的话题。

导演、戏剧教育家胡导逝世

“学生是我的命根子”

本报讯 （记者 李峥）7月14日15时36分，著名导演、演员、戏剧理论家、戏剧教育家胡导因病逝世，享年98岁。

胡导原名胡道祚，安徽省泾县人，1915年8月出生。他参加过上海剧艺社、中法剧艺社等近二十个专业剧团，先后与黄佐临、朱端钧、石挥、金山等合作。胡导一生总共排练过一百余部话剧和戏曲。他培养出的毕业生中有杨在葆、焦晃、李家耀、张先衡、张名煜等优秀人才。

胡导的名字一直让很多人好奇。上海戏剧学院教授李建平说，“我听说，他带学生去大连演出，剧场门口来了一对男女，女的说，你看那个导演的名字——胡导，能导好吗？不看了。每当人们打趣说起这件事，胡导老师不分辩也不解释，只是轻轻一笑。”离休后，胡导依然关注教学、关爱学生，他常说：“学生是我的命根子。”94岁高龄时，他还要求让他带一个导演本科班，以实现自己对导演教学改革的设想。

《解放日报》2013年7月18日

上戏胡导教授谢世

本报讯 （记者张裕）上海戏剧学院著名教授、原导演系主任胡导，于7月14日下午3时36分因病在沪医治无效逝世，享年98岁。今天9时30分，其生前亲友、学生将在龙华殡仪馆银河厅送别胡导。胡导培养的59届毕业生，如杨在葆、焦晃、李家耀、张先衡、张名煜等，日后都成为著名表演艺术家；他培养的导演系86级众多著名戏剧导演，为中国戏剧事业作出重要贡献。2007年4月，他获“国家有突出贡献话剧艺术家”称号。

《文汇报》2013年7月19日

培养了杨在葆焦晃李家耀等著名表演艺术家

我国著名戏剧导演胡导逝世

■ 胡导（左）生前与他的学生焦晃合影 图TP

本报讯 （记者 朱光）著名戏剧导演胡导14日下午因病医治无效于市六医院逝世，享年98岁。

胡导教授原名胡道祚，安徽省泾县人，1915年8月出生，1949年3月参加革命，1956年5月加入中国共产党，是我国著名的导演、演员、戏剧理论家、戏剧教育家。他从20世纪30年代中学时代起，就参加金山导演的《父归》演出。

1950年9月，他被邀请进入上海戏剧专科学校（上海戏剧学院前身）任表演教师，其教学成果显著。他导演的54级毕业剧目《曙光照耀莫斯科》反响强烈。培养的59届毕业生，如杨在葆、焦晃、李家耀、张先衡、张名煜等一代著名表演艺术家，培养的导演系86级众多著名戏剧导演，为中国戏剧事业做出了重要贡献。

2007年4月“中国话剧百年”时，他被文化部授予“国家有突出贡献话剧艺术家”荣誉称号。

《新民晚报》2013年7月18日

著名演员佟瑞敏回忆起与胡导相处的日子动情地说：

> 胡导老师平时为人低调，淡薄名利，但在艺术创作上，在人才培养上，却能敢于顶住压力，坚持自己的原则，而不在乎得罪他人，这就是无私。

2013年7月18日，上海的三家主要报纸《解放日报》《文汇报》《新民晚报》都刊发了胡导去世的消息，《东方早报》更是用了一整版的篇幅来报道，文章写道：

> 作为一个戏剧教育家，胡导算得上桃李满天下，胡庆树、卢若萍、梁波罗、苏乐慈、张仲年等都是他的学生。虽然培养的学生很多成为了大众熟知的明星，但胡导自己，戏剧圈之外始终少有人知。对此，这位当年颇有影响的导演和演员毫不介意，他经常挂在嘴边的一句话是：学生是我的命根子。

网上、微博上也是烛光一片，那些与胡导并无深交的演员、不少孙辈、重孙辈的学生也留下了自己的感言：

文化·逝者 | Culture

2013.7.18 星期四 | 责任编辑：卢梦君 美编：白

"逝者"版邮箱：dfzbshizhe@163.com

胡导 1915.8–2013.7.14 生于安徽泾县

胡导

导演、演员、戏剧理论家、戏剧教育家，
2013年7月14日在上海去世，98岁

他是上世纪40年代上海话剧的
小导演"之一，和黄佐临是同一个
代的八大导演之一。他是上海戏剧
院建院的元老之一，也是上戏导演
的创始人之一。他培养了焦晃、张
衡、李家耀等一大批表演艺术家。
91岁的时候依然在出版专著，93
仍然坐公交、爬楼梯去看学生演
。然而，他从未出过一次国，家里也
有一把像样的椅子。

7月14日15时36分，上海戏剧的
祖级人物胡导因病在上海第六人
医院去世，享年98岁。胡导的告别
式将于19日9时30分在龙华殡仪
银河厅举行。

就在胡导去世当天，微博上烛光
片，整个上海戏剧界都自发地悼念
位戏剧老人。今年77岁的表演艺术
焦晃，当年在上戏读书时，胡导正
他的班主任。毕业后至今，焦晃始
和恩师保持着密切的联系，这几年
经常去医院探望。在得知胡导去世
消息时，焦晃正在北京拍戏，没能
上送恩师最后一程，电话那头的焦
语音哽咽，"我上周三还去医院看
他，他一直喘着粗气，身上插着管
，手伸向我，用嘴呼吸，真是活受
，我看了特别难过。本想上周五再
一次，但因为我这周要来北京，想
回来再说，没想到就再也没机会
。"

拍戏精疲力竭的焦晃来不及整
对胡导的种种回忆，只托人带去一
寄托他全部感情的挽联："天地间
人，一生清贵；学子园父执，百年功
。"

一

胡导，原名胡道祚，安徽泾县人，
15年8月生。因为有很多人都念不
"祚"这个字，一直叫他"胡道"、"胡
"，他干脆把名字改成了"胡导"。
成想，这辈子还就真和导演结下
不解的缘分。"胡导生前自述。

群星熠熠，焦晃、张先衡、张名煜、李家
耀、杨在葆等均出自此班，而胡导正是
他们的班主任。这个表演班可谓为中
国戏剧培养了一代表演艺术家。

1961年，胡导参与了上戏导演
系的成立，并成为导演系的副系主
任，1981年成为表演系主任。在他长
达半个多世纪的表演、导演教学工作
中，他亲历了上海戏剧学院表演、导
演教学体系教程的构建。

作为一个戏剧创作者，胡导一生
排练过百余部话剧和戏曲，创作热情

学生。虽然培养的学生很多成为了大
众熟知的明星，但胡导自己，戏剧圈
之外始终少有人知。对此，这位当年
颇有影响的导演和演员毫不介意，他
经常挂在嘴边的一句话是：学生是我
的命根子。

二

他的学生都知道这不是一句空
话。导演系教授石俊至今记得，89岁
的胡导曾经坐公车走很远的路，去美
琪看自己排演的《太太万岁》，结束后

时，他已72岁高龄。

上戏2005届导演系排演毕业剧
目《萨勒姆女巫》时，邀请90岁高龄的
胡导做指导老师，虽然家里老伴体弱
多病无人照顾，但胡导每天必到排练
场，督促学生做人物小品，直到演出
圆满完成。

2005届导演系的班主任周可说
起这段往事，感激之情油然而生，"排
演毕业大戏不是件轻松的活，当时老
师这么大岁数但对艺术丝毫也不马
虎，一次次讲戏，一遍遍推倒重来。每

学记录下来。焦晃回忆这段往事时
说："他当时想学打字，我说家里正好
有一个不用的台式电脑，于是给他送
了过去。他就用这个又旧又破的电
脑，每天在屋子里佝偻着身子，一个
指头一个指头地敲键盘，敲出3本书
来。"

2002年，87岁的胡导完成了26
万字的《戏剧表演学：论斯氏演剧学
说在我国的实践与发展》专著，这是
中国第一部戏剧表演学的专著。
2005年，90岁的胡导又写成了《戏剧
导演技巧学》，91岁时完成了《干戏七
十年杂忆》。

2007年4月，胡导被授予"国家
有突出贡献话剧艺术家"荣誉称号。

三

说起胡导老师，上海戏剧学院的
所有师生几乎都充满敬意。上戏前任
副院长和导演系主任张仲年在微博
上悼念说，"胡导是上戏被称为'国宝
级'的教授。我是胡导先生50年前亲
自主考引进华山路圣洁大门的。多有
机会聆受教诲。先生对戏剧之赤诚，
对教育之忠心，对学术之精深，对后
辈之挚爱，感人肺腑。"

喜剧艺术家李家耀说："我由衷
地感谢我的启蒙老师胡导教授将我
'引进门'，他以及所有将我引进'戏
剧之门'的老师们，犹如我人生道路
上的明灯，让我一辈子快乐地走在戏
剧道路上。"

话剧《于无声处》的导演苏乐慈
对胡导老师的印象是："人虽然离休
了，但他的思想和行动却从来没有退
休过。老骥伏枥，志在千里。在永无止
境的创新中，老师用自己的学识和人
格魅力，诠释了不一般的人生涵义。"

上戏现任导演系系主任卢昂则
感慨："曾经照亮多少代人戏剧之路
的烛灯熄了，天上亮起了一颗不朽的
星星。"在卢昂的印象中，胡导老师活
在一个"纯艺术"的环境中，心灵保持

《东方早报》2013年7月18日

@吴冕1013：想起当年（《温莎的风流娘们》）莎士比亚戏剧的排演过程。胡老先生那么执着认真的态度……缅怀 。

@周笑莉：天堂里又多了一位令人尊重的戏剧人！缅怀！

夏帅正能量：我最后一次见胡导老师，是和当时的院长助理王宏舟老师去胡导家里，应该是一个重阳节的活动。胡导用一个很旧的电脑写出了好多著作。《干戏杂记》《导演技法》《斯氏在我国的发展》这些书我没事总会翻翻，受益匪浅。今年硕士毕业论文，我特别感谢了胡

宝钢高雅艺术特别荣誉奖（1994）

导。昨天胡导走了，我向着上海的方向三鞠躬，以此祭奠老人。

夏帅正能量：忆胡导。大三前，胡导经常来我们班看课和汇报。大一，我主持了导零四的现实主义汇报，张宁江导《大团圆》胡导在年轻时也排过，胡导当天和我握手，合影。大二物件小品，胡导很喜欢我的小品《红气球》，问了我创作的心得，还给系里写了封信给予肯定。

雷总理李宗雷：胡导先生仙逝。猝不及防后竟泪流满面。与先生数面之缘，但也得益过先生的亲身教诲。学生至今不敢忘却先生的教导，并一直走在戏剧的路上。遥记当年，先生九十寿诞之后给予我的谆谆教导，学生定当继承先生之志，尽自己一生之所能启戏剧之未来。胡导先生，请安息，您的万千桃李，必将开创戏剧新的篇章。

上戏王佳健：胡导老师，我们想您！本科您健好时，逢考试汇报，您一级一级台阶到场观摩！谁让咱导演系在四楼呢？遇大戏上演，您一步一步挪到黑匣子！谁让咱导演系还稚嫩呢？我们每次想背您，您说我行！我们每次围住您，您说挺好！

马玥-上戏STA：这好像是我们班与老爷子的唯一交集，已记不清是谁记录下了这珍贵的瞬间…….那时，您杵着拐杖笑呵呵地出现在黑匣子；那时，您一如既往地不愿意让人搀扶；那时，您认真看我们的汇报；那时，您在谢幕后逮住我们说戏；那时，我们还是涂白了脸上场演戏的……转瞬已是7年，转瞬您已去了天堂……胡导老师走好！

……

中国话剧艺术研究会第二届金狮奖导演奖

总结胡导一生的戏剧活动，按有据可查的文字记载，可以归纳成以下一组数据：

国家人事部、文化部给胡导颁发的证书

截止到1947年6月（此后再也没有以演员身份出现在舞台上），胡导扮演过的角色，包括业余演员时期和作为职业演员，总共在59个戏（剧目）里扮演过69个角色。

作为导演，一生总共排演了127个戏（含独幕剧和折子戏52个）；其中：与他人合作导演的为31个（含担任总导演或执行导演）；除话剧外，还包含有13个戏曲剧目（有京、越、淮、婺、豫、丝弦等剧种）。

在话剧演出中除了导和演之外，担当其他职责的有8项（包括编剧或改编、艺术指导、演员指导、舞台监督、化妆、幕后提词人以及受邀担任的演出评委、艺术顾问等），计25次。

作为戏剧学院教师，他负责主讲专业课或直接担任班主任的班级有1954届表演专业、1957届表演初级班、1958届表演本科、1959届表演本科、1963届表演本科、1967届导演本科、1978届表演专业、1980届表演师资进修班、1987届戏曲导演干部专修科和戏剧导演理论进修班。直接受教学生近300位。

作为学术科研，在各种刊物、报纸上发表过，或径直收进其他书籍的文章有118篇，出版专著2本，回忆录1本；而且没有一篇与戏剧无关。

中国话剧艺术研究会第四届金狮奖荣誉奖

国家人事部、文化部给胡导颁发的奖牌

胡导生前多次获得政府表彰和戏剧界的荣誉，主要有：

1991年7月，获中国话剧艺术研究会第二届金狮奖导演奖；

1994年2月，获宝钢高雅艺术奖特别荣誉奖；

2000年12月，获中国话剧艺术研究会第四届金狮奖荣誉奖；

2004年10月，获上海戏剧学院授予戏剧教育终身荣誉奖；

2007年4月，获人事部、文化部颁发的“国家有突出贡献话剧艺术家”荣誉奖牌、证书，并受到时任中共中央总书记、国家主席胡锦涛的接见，时任上海市委书记习近平的接见。

面对这些荣誉，胡导有一个清醒的自我评价：那是因为熊佛西、黄佐临、朱端钧等这些前辈大师们都已经不在了，我只是在前辈荣光下，在前辈开拓的事业里尽一份心；荣誉，更多地属于前辈大师们。

胡导晚年接受记者采访时说过这样一句话：“人到暮年更要以吃奶的力气，努力把‘人’字的最后一捺写好，写端正。”——他践行了这一诺言。

胡导：一个把毕生精力奉献给中国戏剧事业的人。

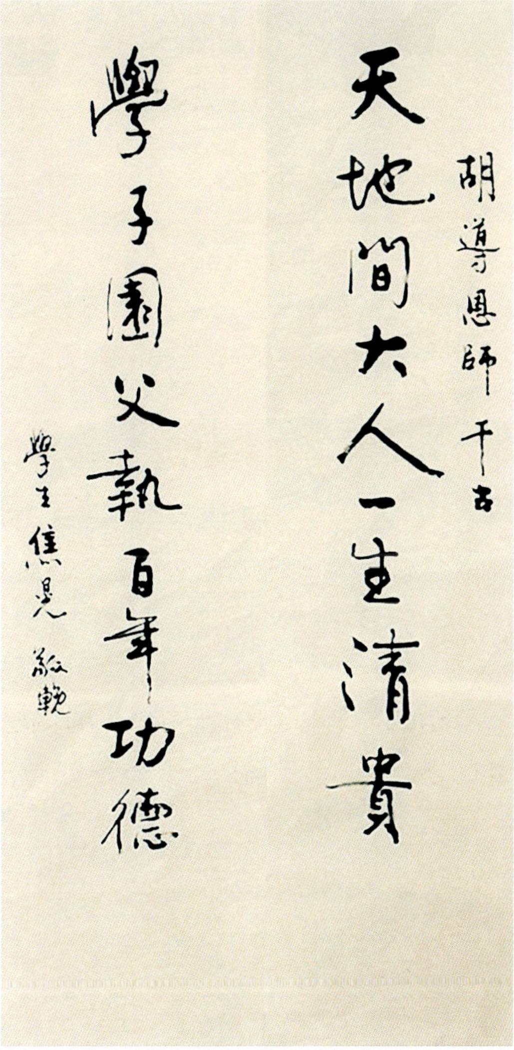

焦晃题献、张名煜手书的挽联

胡导戏剧活动年表

1949年以前部分

时间	戏剧活动中的职责	剧目	编剧	导演	演出院团	主要演员	演出场所	备注
1933年6月	饰演角色“新儿”	《父归》	【日】菊池宽；田汉改编	赵默[金山]	持钟剧社	王汝瑜、罗时敏、王毓侨 等	持志中学、中华学艺社礼堂	
1933年12月	饰演角色“大学生”	《战友》	田汉	赵默	持钟剧社	傅朝阳 等	南市民立中学	
1934年1月	饰演角色“教授”	《谁是朋友》	日本木偶剧；陈鲤庭改编	赵默、王为一	持钟剧社	傅朝阳、何少南、小易 等	九星大戏院	参加上海无名剧人协会首次公演
1934年4月	饰演角色“阿毛”	《梅雨》	田汉	赵默	上海无名剧人协会	傅朝阳、何少南、小易 等	湖社礼堂	参加上海无名剧人协会第二次公演
	饰演角色“李培尔律师”	《流浪者》	原作法国短剧，金山改编	金山	上海无名剧人协会	金山、姚时晓、何少南、傅朝阳 等		
1934年5月	饰演角色“新儿”	《父归》	【日】菊池宽；田汉改编	金山	上海无名剧人协会	张季纯、周道、徐韬 等	中华学艺社礼堂	
1934年夏	导演	《父归》	【日】菊池宽；田汉改编	——	持钟剧社	上海持志中学学生	持志学院	
1934年10月	饰演角色“新儿”	《父归》	【日】菊池宽；田汉改编	金山	上海艺术供应社	徐韬、胡蒂、魏鹤龄 等	共和大戏院	

时间	戏剧活动中的职责	剧目	编剧	导演	演出院团	主要演员	演出场所	备注
1934年冬	导演	《忍受》	于伶	——	美专剧社	朱思樵、高斌仪、陈瑞芝、柳爱竹等	待考	
1935年初	作为群众演员饰演“宾客”	电影《风云儿女》	田汉、夏衍	许幸之	上海艺术供应社	袁牧之、王人美等	电通影片公司出品	
1935年夏	参加排练，担任提词	《金钱》	待考	金山	上海业余剧人协会	何康礼、姚时晓等	未演出	
1935年10月	参与排演、担任舞台演出提词	《钦差大臣》[即《巡按》]	【俄】果戈理	章泯	上海业余剧人协会	金山、顾而已、王莹、朱铭仙、叶露茜、左明、顾梦鹤、殷秀岑、刘茫、郑君里、施超、朱铭仙、崔巍、蓝苹等	金城大戏院、中央电影院	
1935年	饰演角色“新儿”	《父归》	【日】菊池宽；田汉改编	金山	上海艺术供应社	涂韬、胡蒂、魏鹤龄等	南汇县中学	
1935年	饰演角色“新儿”	《父归》	【日】菊池宽；田汉改编	金山	上海艺术供应社	金山、周贻白、高逸安等	待考	
1935年	饰演角色“待考”	《夜店》	【俄】高尔基原作《底层》；柯灵、师陀改编	陈凝秋[塞克]	上海艺术供应社	待考	待考	
1933–1935年	饰演角色“青年工人”	《放下你的鞭子》	陈鲤庭	待考	待考	待考	待考	
	饰演角色“警察”	《月亮上升》	【爱尔兰】葛莱格瑞夫人	待考	待考	待考	待考	
	饰演角色“多罗夫”	《锁着的箱子》	【英】梅斯斐尔德	待考	待考	待考	待考	

时间	戏剧活动中的职责	剧目	编剧	导演	演出院团	主要演员	演出场所	备注
1935–1936年上半年	导演	《奇丐》	待考	——	光夏剧社	饶士影 等	待考	
	导演	《奇迹》	董每戡	——	光夏剧社	饶士琼 等	待考	
	导演	《压迫》	丁西林	——	光夏剧社	李涤之 等	待考	
	导演	《叛徒》	袁牧之	——	光夏剧社	齐梦飞[齐衡]、崔梦湘 等	同济大学礼堂	
1936年6月	舞台监督	《回春之曲》	田汉	待考	上海业余戏剧交谊社蚁蜂剧社	待考	芜湖	是年9月进入上海市邮政总局任职邮务佐
1937年7月	编剧（与小渔[喻松年]合作）；饰演角色“失业青年小陈”	《怎么办》	——	唐纳、刘流	上海业余戏剧交谊社蚁蜂剧社	喻松年、白荻 等	蓬莱大戏院	《大公报》举办的学生业余剧团赈济各省灾区联合公演
1937年8–11月	导演，饰演角色“张大哥”	《八一三之夜》	小渔[喻松年]	——	上海职业青年慰劳队	饶士琼、小渔[喻松年]、顾震 等	山海关路临时伤兵医院、恩派亚电影院难民收容所、胶州路谢晋元团“孤军营”	
	导演	《圣诞之夜》	圣约翰剧社集体	——	圣约翰（大学）剧社	钟泯、黄沙 等		
	导演	《汉奸末路》	姚时晓	——	沪西公社女工夜校	待考		中共地下组织以基督教女青年会名义举办的女工夜校
		《再上前线》	凌鹤	——	上海职业青年慰劳队	待考		
		《咱们要反攻》	夏衍	——		待考		

时间	戏剧活动中的职责	剧目	编剧	导演	演出院团	主要演员	演出场所	备注
1937年11月	编剧（与小渔合作）、导演	《怎么办》	——	——	省立上海中学学生剧社	眭月霞 等	待考	
1938年5月	饰演角色“约瑟夫·马德斯”	《街头人》	【英】苏德罗	蚁蜂剧社成员集体导演，胡大中执行导演	上海业余戏剧交谊社蚁蜂剧团	白荻 等	新光大戏院（上海星期小剧场）	
1938年秋	导演	《白茶》	【俄】班柯	——	上海业余戏剧交谊社银联剧团邮政储金汇业局分队	卢青[耿馨之]、尹兰[耿淑贞]、沉墨[沈希瑞]、卢碧云、卢志云 等	宁波同乡会礼堂	
		《拿破仑在后台》	待考	——				
		《第五号病房》	王汉	——				
1938年11月	导演、饰演角色“顾士英”	《忍受》	于伶	——	上海业余戏剧交谊社蚁蜂剧社	白荻、康宁、黎静、顾而已 等	新光大戏院(上海星期小剧场)、工部局小学、胶州路谢晋元团“孤军营”	
	导演	《锁着的箱子》	【英】梅斯斐尔德	——		舒湘、乔奇、顾震 等		
1938年11月	参与化妆	《日出》	曹禺	待考	银联剧社（上海银钱业业余联谊会话剧组）	尹青[耿馨芝]、白临波、周竹君、梁闻燕、李铭、瞿无忌、霍中玉、刘览、夏绿薇、杨扬、炼皇、贻明 等	丽都大戏院	
1938年底	饰演角色“父亲”	《母亲》	【俄】高尔基；田汉改编	张可	上海业余戏剧交谊社	柏李、乔奇 等	新光大戏院	上海星期小剧场演出活动

时间	戏剧活动中的职责	剧目	编剧	导演	演出院团	主要演员	演出场所	备注
1938年底	导演	《可怜的裴迦》	【俄】亚穆柏	——	上海业余戏剧交谊社雁群剧团	郑桂生、胡文瑶、周彦圣 等	宁波同乡会礼堂	
1938年12月30日	饰演角色“？”	《狂欢之夜》	【俄】果戈理原作，丹丁改编	胡旭东	红星剧场（王逸公组织的话剧团）	王蒙纳、王竹友、曼娜、魏征、周起、刘览、黎明、丁湘、白萍 等	新世界附属皇后大戏院	
1939年1月6日	导演（与徐立合作）	《女子公寓》	于伶	——	红星剧场（王逸公组织的话剧团）	白燕、徐立 等	新世界附属皇后大戏院	
1939年1月18日	导演	《雷雨》	曹禺	——	红星剧场（王逸公组织的话剧团）	姚玲[饶世琼]、洪逗、周起、蒙纳、贺宾、刘览、沈凌、魏征、徐度、梁开元 等	新世界附属皇后大戏院	
1939年1月22日	导演	《刽子手》	熊佛西	——	上海业余戏剧交谊社上海工部局华员俱乐部话剧组	乔奇、苏江 等	新新公司绿宝剧场　西海大戏院	
1939年1月29日	二次改编、导演	《晚宴》	【美】考夫曼原作，袁牧之改编	——	上海业余戏剧交谊社雁群剧团	无考	新新公司绿宝剧场	
1939年1月29日	导演	《高楼上》	蓝蔚	——	上海业余戏剧交谊社阿米巴剧团	无考	新新公司绿宝剧场	
1939年2月5日	导演、参与化妆	《蠢货》	【俄】契诃夫	——	上海业余戏剧交谊社	无考	新新公司绿宝剧场	
1939年2月	饰演角色“包理德”	《哑妻》	东朵	柏李	中法剧艺学校	吴铭、费拉、鸿声、陈珍、沈以定、曾雁、乔奇 等	法租界工部局礼堂	

时间	戏剧活动中的职责	剧目	编剧	导演	演出院团	主要演员	演出场所	备注
1939年3月	二次改编、导演	《晚宴》	【美】考夫曼原作，袁牧之改编	——	上海业余戏剧交谊社文青剧社	徐立、柏李、郑愈、白浪 等	新新公司绿宝剧场	
	导演	《放弃》	【英】约翰逊	——				
1939年4月	导演、饰演角色待考	《情书》	【英】毛罕姆	——	上海业余戏剧交谊社青年会中学青钟剧社	洪逗、黎明、陈明、魏征、华生、白荻、曼娜 等	八仙桥青年会	
1939年4月	导演	《第五号病室》	田汉	——	上海业余戏剧交谊社爱国（女中）剧团	待考	宁波同乡会礼堂	
1939年4月	导演	《孩子》	若枬	——	上海业余戏剧交谊社	待考	新新公司绿宝剧场	
1939年4月	导演	《忍受》	于伶	——	上海业余戏剧交谊社上海工部局华员俱乐部话剧组	乔奇、苏江 等	华联同乐会	
1939年6月	导演（与鲁思合作）	《早点前》	【美】奥尼尔	——	上海业余戏剧交谊社华华（中学）剧社	待考	宁波同乡会礼堂	
		《锁着的箱子》	【英】梅斯斐尔德	——				
		《晚宴》	石华父[陈瑞麟]	——				
1939年6月	导演	《情书》	【英】毛罕姆	——	新演剧社	待考	卡尔登戏院	艺林星期小剧场演出活动

时间	戏剧活动中的职责	剧目	编剧	导演	演出院团	主要演员	演出场所	备注
1939年7月	饰演角色“蓝皮阿五”	《阿Q正传》	鲁迅原作；许幸之改编	许幸之	中法剧社	叶小梅、葛八生、乔奇、华容、王曼娜、乃薇、天然、黄金、王竹友、王献斋、卢山、吕吉、徐莘园、天宏、杨帆、钟洁、孙企英、克瑜、蒙纳、李青来、洪逗、刘青、姜旭、吴冷、李克、黎明、周起、韩非、洪宏、金明、周泰、舒适、乃依 等	辣斐花园剧场	
1939年8月	化妆，饰演角色“常五”	《原野》	曹禺	舒适	中法剧社	舒适、周曼华、蒙纳、沈班茵、乔奇、姜旭、天然、周起 等	辣斐花园剧场	
1939年8月	导演	《寄生草》	【英】台维斯原作，洪深改编	——	持志剧社	待考	待考	中秋节前后演出
1939年8月	导演	《哑妻》	【法】法郎士原作，陈治策改编	——	上海业余戏剧交谊社上海银钱业业余联谊会邮政储汇组	待考	宁波同乡会礼堂	
1939年9月	导演	《锁着的箱子》	【英】梅斯斐尔德	——	上海业余戏剧交谊社雁群剧团	郑桂生、胡文瑶、陈致通[陈述] 等	宁波同乡会礼堂	
1939年9月	饰演“南亥医生”	《娜拉》	【挪威】易卜生	吴江帆、吴天	上海业余戏剧交谊社、《戏剧杂志》	戈戈、白荻、吴铭、乔奇、陈琦、郑鸿声、沉墨、盛婕、李世芳 等	法租界工部局礼堂	

时间	戏剧活动中的职责	剧目	编剧	导演	演出院团	主要演员	演出场所	备注
1939年9月	饰演角色“陶康侯”	《人之初》	【法】巴若莱原作《托巴兹》，顾仲彝改编	吴仞之	上海剧艺社	刘琼、夏霞、徐立、乔奇、沈洛、小梅、张可、柏李、朱凡、李柯 等	璇宫剧院	是年8月胡导在邮政局留职停薪，与上海剧艺社签订特约演员合同
1939年10月	饰演角色“侦探长”	《情海疑云》	【英】高尔斯华绥原作，于伶改编	洪谟	上海剧艺社	小凤、翁仲马、徐立、白荻、范谊、黎阳、姜旭、维拉[端木兰心] 等	璇宫剧院	
1939年10月	导演	《白茶》	【俄】班柯	——	上海业余戏剧交谊社大钟剧社	待考	璇宫剧院	
1939年11月	导演	《毋宁死》[即《生死恋》]	【英】毛罕姆	——	上海业余戏剧交谊社交通大学学生剧社	待考	八仙桥青年会	
1939年11月	导演（与马翎合作）	《求婚》	【俄】契诃夫	——	上海业余戏剧交谊社艺型剧社	待考	中南饭店 中南剧场	
		《黎明》	陈荒煤	——				
		《父归》	【日】菊池宽；田汉改编	——				
1939年11月	导演	《求婚》	【俄】契诃夫	——	华光夜中学	待考	新都剧场	
1939年11月	饰演角色“杨俊”	《明末遗恨》	魏如晦[阿英]	吴永刚	上海剧艺社	陈琦、唐若青、施汶[冒舒湮]、刘黛云[戴耘]、莫言[洪谟]、赵恕、严斐、舒湘、王即絮、梅郇、维拉、慕容婉儿、乔奇、徐立、芷君、刘琼、顾也鲁 等	璇宫剧院	

时间	戏剧活动中的职责	剧目	编剧	导演	演出院团	主要演员	演出场所	备注
1939年12月	饰演角色"蓝公"	《祖国》	【法】萨尔杜原作；江文新改编	吴江帆	上海剧艺社	即絮、芷君、莫言、天然、贺宾、杨祺、乔奇、柏李、徐立、蓝兰、金静、韩非、维拉、英子、舒湘、梅村、魏晋 等	辣斐花园剧场	1939年末胡导加入上海剧艺社为基本演员
1940年1月	导演	《熊》	待考	——	上海实验剧社	白蒂、金彼得、姜旭 等	辣斐花园剧场	2月7日重演
1940年1月	编剧（以李时建署名）	《蓝眼睛》	【苏】拉夫列尼约夫原作《第四十一》	穆尼	上海业余戏剧交谊社大钟剧社	吕吉、宋华生	俄国艺术剧院（俄国小剧场）	
	饰演角色"刘汉"	《七夕》	许幸之	许幸之		钱毅、应薇薇、吕吉 等		
1940年1月	饰演角色"李岩"	《陈圆圆》	蒋旗（唐纳）	白朗	上海剧艺社	夏霞、姜旭、吕吉、天然、周起 等	辣斐花园剧场	
1940年1月	饰演角色"贾伯望"	《恋爱与阴谋》	【德】席勒原作；顾仲彝改编	徐渠	上海剧艺社	王即絮、韩非、徐立、沈敏、杨祺、戴耘、慕容婉儿、维拉、英子、毛燕华、张士元、方向 等	辣斐花园剧场	
1940年2月	导演（与吾农合作）	《两个患难朋友》	【美】杰克伦敦原作《二盗》，蓝洋改编	——	上海业余戏剧交谊社蓝光剧社	待考	辣斐花园剧场	
		《良辰吉日》	蒋旗	——				
		《约翰曼利》	【俄】雅鲁涅尔原作；朱端钧编译	——				

时间	戏剧活动中的职责	剧目	编剧	导演	演出院团	主要演员	演出场所	备注
1940年2月	饰演角色“阿毛”	《被迫害的》	杨扬[吴天]	吴天、俞因	上海剧艺社	黄央、良佐、小凤、汪洋、柏李、太宣、蓝兰、徐立、西渭、即絮、贺宾、沈敏、仲马、章杰、吕吉、金静、杨祺 等	辣斐花园剧场	
	饰演角色待考	《爱与死的搏斗》	【法】罗曼·罗兰	许幸之	上海剧艺社			
1940年2月	饰演角色“刘德才”	《花烛之夜》（即《一年间》）	夏衍	许幸之	上海业余戏剧交谊社大钟剧社	周起、天然、维拉、姜旭、项茵、企英、吕吉、彼得、舒湘、金明、周萍、路珊、笑侬、白蒂 等	俄国艺术剧院（俄国小剧场）	
1940年2月	饰演角色“齐维德”	《女子公寓》	于伶	于伶	上海剧艺社	吴铭、维拉、小凤、蓝兰、夏霞、冷静、英子、吴玲、李柯、莫言、顾也鲁、天然、萧莲、太宣、孙芷君 等	辣斐花园剧场	
1940年3月	临时救场代演角色“林福祥”	《李秀成殉国》	阳翰笙	吴琛	上海剧艺社	孙芷君、慕容婉儿、杨祺、严俊、毛燕华、戴耘、天然、贺宾、王祺、韩非、王即絮、贝妮 等	辣斐花园剧场	
1940年3月	导演	《孤岛之秋》	待考	——	上海业余戏剧交谊社银联剧社（上海钱业业余联谊会话剧组）	无考	辣斐花园剧场	
1940年4月	饰演角色“李济宽”	《职业妇女》	石华父	洪谟	上海剧艺社	英子、乔奇、贝妮、慕容婉儿、即絮、芷君、韩非、盛婕、天然、戴耘、贺宾、经明 等	辣斐花园剧场	

时间	戏剧活动中的职责	剧目	编剧	导演	演出单位	主要演员	演出场所	备注
1940年4月	饰演角色“黄公俊”	《李秀成殉国》	阳翰笙	吴琛	上海剧艺社	孙芷君、慕容婉儿、杨祺、严俊、毛燕华、戴耘、天然、贺宾、王祺、韩非、王即絮、贝妮等	辣斐花园剧场	
1940年4月	导演	《唐夫人的宴会》	待考	——	上海业余戏剧交谊社海燕剧社	待考	辣斐花园剧场	
1940年4月	饰演角色“哈米蚩”	《梁红玉》	顾仲彝	施雨	上海剧艺社	韩非、蓝兰、即絮、金静、魏征、贺宾、冷静、王祺、严俊、天然、芷君、杨祺、姜旭、振东、茅渔、盛婕、梅邨、徐立、奚蒙、士光等	辣斐花园剧场	
1940年4月	导演	《永久之歌》	李方译	——	戏剧产销社	待考	辣斐花园剧场	
1940年5月	导演	《可怜的斐迦》	【俄】亚穆柏	——	上海业余戏剧交谊社爱国女中爱国剧团	待考	辣斐花园剧场	
	导演	《荐头店》	上海职业妇女剧团集体创作	——				
	导演	《压迫》	丁西林	——				
1940年5月	饰演角色“薛怀义”	《武则天》	宋之的	徐渠	上海剧艺社	待考（演出海报无演员表）	辣斐花园剧场	
1940年5月	导演（与夏风合作）	《寄生草》	洪深	——	上海业余戏剧交谊社致远剧社	待考	辣斐花园剧场	
		《被迫害的》	杨扬	——				

时间	戏剧活动中的职责	剧目	编剧	导演	演出单位	主要演员	演出场所	备注
1940年6月	饰演角色“沙莱”	《海恋》	吴天	洪谟	上海剧艺社	苏丹、严俊、韩非、金静、徐立、柏李、金欣、杨祺、严寒、天然、金戈、英子、小凤、沈敏 等	辣斐花园剧场	
1940年6月	导演、饰演角色“华炳刚”	《生财有道》	【法】莫里哀原作《悭吝人》，顾仲彝改编	——	上海市邮务工会雁群剧团	郑桂生、周彦圣、陈致通、李颂[夏芒]、卢碧云[卢燕]、沈希瑞 等	辣斐花园剧场	
1940年6月	饰演角色“阿毛”	《被迫害的》	杨扬	严俊、龚稼农	上海舞业妇女联谊社	王即絮、严俊、倪文仙、苏蕙莉 等	卡尔登大戏院	
1940年7月	饰演角色“匡复”	《上海屋檐下》	夏衍	吴江帆	上海剧艺社	徐立、柏李、吴琛、戴耘、王即絮、孙芷君、慕容婉儿、梅村、王祺、严俊、史原、胡小菡、叶小梅、叶小珠、叶小铿 等	辣斐花园剧场	用沪语演出
1940年8月	饰演角色“孙焕军”	《夜上海》	于伶	朱端钧	上海剧艺社	徐立、柏李、蓝兰、维拉、王即絮、沈敏、慕容婉儿、丁芝、钱毅 等	辣斐花园剧场、璇宫剧院	
1940年9月	临时救场代演角色“杨绳祖”	《小城故事》	袁俊[张骏祥]	黄佐临	上海剧艺社	夏霞、夏风 等	辣斐花园剧场	
1940年9月	饰演角色“待考”	《委曲求全》	王文显	吴江帆	上海剧艺社	待考（演出海报无演员表）	辣斐花园剧场	

时间	戏剧活动中的职责	剧目	编剧	导演	演出单位	主要演员	演出场所	备注
1940年9月	饰演角色“常海才”	《花溅泪》	于伶	吴永刚、洪谟	上海剧艺社	蓝兰、柏李、英子、王祺、徐慧、梅邨、张伐、史原、毛燕华、周起 等	辣斐花园剧场	
1940年9月	饰演角色“李济宽”	《职业妇女》	石华父	洪谟	上海剧艺社	英子、乔奇、贝妮、慕容婉儿、即絮、芷君、韩非、盛婕、天然、戴耘 等	辣斐花园剧场	
1940年10月	饰演角色“张良弼”	《大明英烈传》	于伶	徐渠	上海剧艺社	周起、夏风、蓝兰 等	辣斐花园剧场	
1940年10月	饰演角色“郑鸿逵”	《葛嫩娘》[即《明末遗恨》]	魏如晦	吴永刚	上海剧艺社	陈琦、唐若青、刘黛云、莫言、赵恕、严斐、舒湘、王即絮、梅邨、维拉、慕容婉儿、乔奇、徐立、芷君、刘琼、顾也鲁 等	辣斐花园剧场	
1940年11月	饰演角色“郭敬亭”	《人之初》	【法】巴若莱原作《托巴兹》，顾仲彝改编	吴仞之	上海剧艺社	刘琼、夏霞、徐立、乔奇、沈洛、小梅、张可、柏李、朱凡、李柯 等	辣斐花园剧场	
1940年11月	饰演角色“匡复”	《上海屋檐下》	夏衍	吴江帆	上海剧艺社	吴琛、戴耘、王即絮、孙芷君、慕容婉儿、梅村、王祺、严俊、史原、胡小菡、叶小梅、叶小珠、叶小铿 等	辣斐花园剧场	

时间	戏剧活动中的职责	剧目	编剧	导演	演出单位	主要演员	演出场所	备注
1940年12月	饰演角色“张良弼”	《大明英烈传》	于伶	徐渠	上海剧艺社	周起、夏风、蓝兰等	辣斐花园剧场	
1940年12月	饰演角色“顾大康”	《生意经》[即《蠹》]	徐渠	吴仞之	上海剧艺社	小凤、仲马、白沉、韩非、天然等	辣斐花园剧场	
1941年1月	饰演角色“弗来弗斯”	《新婚曲》	【苏】柯泰耶夫	姚克	上海剧艺社	小凤、仲马、夏霞、小珠、唐尼、史原、何求、林臻、苏英、韩非等	辣斐花园剧场	
1941年1月	临时救场代演角色“高老太爷”；饰演角色“冯乐山”	《家》	巴金原作；吴天改编	洪谟	上海剧艺社	王即絮、韩非、徐立、朱凡、英子、蓝兰、严俊、夏霞、芷君、高洋、王祺、林榛、戴耘、小菡等	辣斐花园剧场	
1941年2月	导演；饰演角色“姜恒甫”	《女性的解放》[即《娜拉》]	【挪威】易卜生原作《玩偶家庭》；易乔改编	——	红梅剧团	云尘[韩学章]、李邦佐、王即絮、戴耘、姚贞等	辣斐花园剧场	为妇女义务补习学校募款演出
1941年4月	饰演角色“罗照煦”	《撒谎世家》	【美】费齐原作《真话》；李健吾改编	吴仞之	上海剧艺社	珀李、白沉、吴可、唐尼、夏霞、史原、维拉、杰军、小珏、立里、维拉等	辣斐花园剧场	

时间	戏剧活动中的职责	剧目	编剧	导演	演出单位	主要演员	演出场所	备注
1941年5月	饰演角色“赖立”	《鸳鸯劫》	【英】高尔斯华绥原作《最前与最后》；顾仲彝改编	吴仞之	上海剧艺社	柏李、石挥 等	辣斐花园剧场	
1941年5月	饰演角色“高老太爷”	《家》	巴金原作；吴天改编	洪谟	上海剧艺社	王即絮、毛燕华、韩非、徐立、朱凡、英子、蓝兰、严俊、夏霞、芷君、高洋、王祺、林榛、戴耘、小珠、蓓蒂、一凡、唐尼、梅郁 等	辣斐花园剧场	
1941年5月	饰演角色“常海才”	《花溅泪》	于伶	吴永刚、洪谟	上海剧艺社	蓝兰、柏李、英子、王祺、徐慧、梅郁、张伐、史原、毛燕华、周起 等	辣斐花园剧场	
1941年6月	饰演角色“贾余庆”；代演角色“贾似道”；代演角色“江万里”	《正气歌》	吴祖光	吴江帆	上海剧艺社	黄宗江、严峻、周起、吴琛、钱樱、白沉、高洋、韩非、洪宏、守安、小珠、蓝兰、苏丹、凌言、朱凡、燕华、朱泉、王祺、焦化、张伐、石挥、张琪、穆宏、剑平、史原、天然、孙羽、柏李、苏圭、刘群、黎明、吴可、苏英、英梧、流金、江均 等	辣斐花园剧场	

时间	戏剧活动中的职责	剧目	编剧	导演	演出单位	主要演员	演出场所	备注
1941年7月	助理（执行）导演、饰演角色“王道本”	《职业妇女》	石华父	王即絮	上海邮工剧团	陆维华、畦月霞、金家珍、何苏俊、陈致通、俞镜城、郑桂生、王连奎、李颂等	俄国艺术剧院（俄国小剧场）	
1941年7月	饰演角色“高敬祥”	《枉费心机》	石灵	吴琛	上海剧艺社	王祺、燕华、黄宗江、天然、江均、穆宏、苏英、流金、史原、白沉等	辣斐花园剧场	
1941年7月	饰演角色“刘唯一”	《边城故事》	袁俊	黄佐临	上海剧艺社	白沉、刘群、严峻、史原、韩非、英子、张伐、燕华、田振东、石音、穆宏、林臻、高洋、凌言、芷君、黄宗江等	辣斐花园剧场	
1941年8月	饰演角色“杨嵩——魔王”	《牛郎织女传》	魏如晦	徐渠	上海剧艺社	沈敏、蓝兰、黄宗江、王祺、乔奇、钱毅、戴耘天然、穆宏、张伐、贺宾等	辣斐花园剧场	
1941年9月	饰演角色“齐维德”	《女子公寓》	于伶	于伶	上海剧艺社	吴铭、维拉、小凤、蓝兰、夏霞、冷静、英子、吴玲、李柯、莫言、顾也鲁、天然、孙芷君等	辣斐花园剧场	

时间	戏剧活动中的职责	剧目	编剧	导演	演出单位	主要演员	演出场所	备注
1941年10月	饰演角色“秦仲宜”	《蜕变》	曹禺	佐临	上海职业剧团	丹尼、石挥、韩非、黄宗江、严俊、梅邨、严斐、杨芝蕙、姜声、丁芝、杨英梧、葛香亭、黎云、李云、曹鸣、史原、张伐、庄严、英子、方远、达旭、毕勋、梁蛱、姚剑鸣、丁里、李钧、王骏、施剑虹 等	卡尔登戏院	
1941年11月	饰演角色“待考”	《阿Q正传》	陈瑜	佐临	上海职业剧团	葛香亭、黄宗江、梅邨、张伐、史原、英子、姜声、耿玉林、韩非、杨英梧、严俊、丁芝、金刚、夏蒂、毕勋、石挥、庄严、颜碧君、黎云、端木兰心、王骏、丁里、沈敏、梁蛱、小菡、徐佐雯、李钧、杨芝蕙、曹凯 等	卡尔登戏院	
1941年11月	导演；饰演角色“骆浩川”	《女子公寓》	于伶	——	上海基督教女青年会集友社	金家珍、陆维华、何苏俊、眭月霞、唐培瑾、丁文琴、杨亚丹、陈致通、李颂、王连奎 等	兰心大戏院	

时间	戏剧活动中的职责	剧目	编剧	导演	演出单位	主要演员	演出场所	备注
1941年12月	饰演角色"刘唯一"	《凤娃》（即《边城故事》	袁俊	佐临	上海职业剧团	杨英梧、史平波、徐泰、石挥、石音、田振东、郭元同、韩非、严俊、史原、英子、萧洋、张发、严斐、黄宗英、陶宇请 等	卡尔登戏院	
1942年2月	舞台监督	《楚霸王》	姚克	吴蒙[黄佐临]	天马公司	舒适、张伐、慕容婉儿、黄宗英、黄宗江 等	兰心大戏院	
1942年3月	剧本改编，导演（用姚克名义）	《春》	巴金原作	——	美艺剧社	英子、黄宗英、黄宗江、夏霞、穆宏、严俊、史原、周起 等	辣斐花园剧场	
1942年3月	饰演角色"贾伯望"	《殉情》[即《恋爱与阴谋》]	【德】席勒原作；顾仲彝改编	李萍倩	第八艺术剧团	文逸民、王即需、吴镀、黄河、贺宾、杨志清、谭光友、严化、顾民、顾也鲁、沈敏、余琳、李兰、红薇、张琬、仓隐秋、杨雪如、杨碧君、慕容婉儿	兰心大戏院	
1942年5月	剧本改编，导演（用姚克名义）	《春》	巴金原作	——	荣伟公司、中艺剧团	英子、黄宗英、黄宗江、穆宏、蓝兰、韩非、夏霞 等	龙门大戏院	
1942年6月	导演	《比翼鸟》	魏于潜[吴琛]	——	华艺剧团	应祥、洪逗、沈敏、张菲、芷君、烽晳、史原、英郁、张伐、杨芝蕙、文笛 等	龙门大戏院	华艺剧团发起人之一

时间	戏剧活动中的职责	剧目	编剧	导演	演出单位	主要演员	演出场所	备注
1942年7月	饰演角色"大强盗"	《福尔摩斯》	【英】柯南道尔原作，程玖改编	洪谟	华艺剧团	丹尼、燕华、张伐、王薇、梅村、史原、英子、石挥、天然、高洋、小梅、穆宏、严重、林榛、韩非、异方、黄宗江 等	兰心大戏院	
1942年8月	饰演角色"金律师"	《人间世》	胡悌维	洪谟	华艺剧团	蓝兰、戴耘、黄宗江、黄宗英、蒋天流、林涛、沙莉、王祺、柯刚、冯喆、异方[郭元同] 等	卡尔登戏院	
1942年8月	导演（借用姚克名义）；饰演角色"待考"	《鸳鸯剑》	姚克	——	华艺剧团	仲夏、王薇、黄宗江、黄宗英、蒋天流、王祺、戴耘、英郁、李朴、严重、沙莉、林涛、冯喆、柯刚 等	卡尔登戏院	
1942年9月	饰演角色"陈念英"	《人生大事三部曲》之《窈窕淑女》	陈秋风	吴仞之	华艺剧团	张菲、柯刚、蒋天流 等	卡尔登戏院	
1942年11月	饰演角色"陈师范"	《云彩霞》	【法】司克芮布原作《阿德里安娜·勒库弗勒》李健吾改编	朱端钧	华艺剧团艺光剧团联合	黄宗江、夏霞、异方、蓝兰、王祺、叶名、严重、陈述、夏芒、冯喆、黄宗英、英郁、柯刚、沙莉、戴耘、蒋天流、李朴、丁力、何学初 等	兰心大戏院	

时间	戏剧活动中的职责	剧目	编剧	导演	演出单位	主要演员	演出场所	备注
1942年12月	导演	《甜姐儿》	【法】嘉禾原作《卖糖小女》；魏于潜改编	——	艺光剧团	黄宗江、异方、黄宗英、王祺、王薇、郭元同、严重、冯喆、沙莉、丁力、叶名、高洋、英郁、陈述、金成、洪鹰、周玉良、钱守安、阿福、柯岗、何学初等	兰心大戏院	
1942年12月	饰演角色“潘大兴”	《晚宴》	石华父根据美国米高梅公司电影改编	洪谟	华艺剧团、艺光剧团合作	蒋天流、戴耘、黄宗江、冯喆、吴深、蓝兰、王祺、夏芒、黄宗英、异方等	兰心大戏院	
1943年1月	导演	《春闺风月》	王兆堺	——	艺光剧团	小蕊、何学初、冯喆、柯刚、丁力、夏芒、蒋天流、吴漾、王祺、戴耘等	兰心大戏院	
1943年2月	饰演角色“钟紫卿”	《秦淮月》	方君逸	魏于潜	艺光剧团	蒋天流、吴漾、柯刚、王祺、戴耘、冯喆、小菡、黄宗英、叶明等	兰心大戏院	
1943年3月	导演（与朱端钧、洪谟合作）	《大地》	【美】赛珍珠原作；黄宗江改编	——	艺光剧团	戴耘、蒋天流、王祺、崔超明等	兰心大戏院	
1943年4月	导演	《血海冤魂》	方君逸、杨黎	——	中中剧团	静波、仇铨、赵恕、何曦人、李杰、江泓、杨玉华、吴景平、立里等	丽华大戏院	

时间	戏剧活动中的职责	剧目	编剧	导演	演出单位	主要演员	演出场所	备注
1943年7月	导演（与朱端钧合作）	《女人》	汪宗耀改编	——	华艺剧团	孙景路、冯堃、小凤、王祺、徐慧、小菡、柯刚、林榛、蒋天流、上官云珠 等	上海大戏院	
1943年8月	导演（与方君逸[吴天]合作）	《大鹏山》	【俄】普希金原作《杜布洛夫斯基》；贡正宇、杨黎改编	——	上海剧艺公司华艺剧团	沙莉、夏芒、蒋天流、黑子、何求、叶明、韩非、洪鹰、何学初、李朴、吴漾、仲夏、孙芷君、英郁、金羽、乔伟 等	上海大戏院	
1943年12月	导演（署名李时建）	《春去也》	【意】贾末西屋·渥娶勒原作《青春不再》，楼适夷、朱野逸[朱端钧]改编	——	华艺社	吴漾、小菡、王薇、王祺、叶名、夏芒、吴纯贞、冯泌、宏鹰、郑鸿、徐慧、何曦人 等	美华大戏院	
1943年12月	导演（署名李时建）	《枇杷门巷》	【美】阿胥原作《复仇神》，王萧林改编	——	中国旅行剧团	（演出海报无演员表；"唐若英领衔演出，中旅全体参加"）	丽华大戏院	
1944年3月	导演（署名李时建）	《鸳鸯谱》	蓝田根据美国好莱坞电影改编	——	中国旅行剧团	唐槐秋、孙道临、陆露明、郭平、林纳、王洁、云岚、吴纯真、徐为、郭岚、廖凡 等	美华大戏院	

时间	戏剧活动中的职责	剧目	编剧	导演	演出单位	主要演员	演出场所	备注
1944年5月	导演（署名李时建）	《白燕劫》	李邦佐根据美国好莱坞电影改编	——	中国旅行剧团	（演出海报无演员表；“唐槐秋、唐若青暨中旅新中国两大剧团演出”）（另考，陈述、杨云岚）	丽华大戏院	
1944年7月	导演	《葡萄美酒》	于伶原作《夜光杯》，吴琛改编	——	中国旅行剧团	唐若青、王恺、梁峰、许国璋、陈玉麟、范映、胡飞、陈述、葛覃、程晨、李丽等	丽华大戏院	
1944年7月	导演（与朱端钧合作）	《阖第光临》	法谟	——	天祥剧团、银旅剧团合作	顾兰君、李红、吕玉堃、金丽姬、姜明、童毅、孙敏、杨志清、谭光友、梅熹等	金城大戏院	
1944年7月	导演（署名李时建）	《蕊香院》[即《枇杷门巷》]	【美】阿胥原作《复仇神》，王萧林改编	——	中国旅行剧团	唐若英、李碧霞、夏多文、孙道临、龚家宝、顾梦鹤、小瑜、白霞、沙夏、尚华、邵平、石庵、孟舜、董华、素琴、赵恕、谭蓉等	绿宝戏院	
1944年9月	协助导演初排；客串饰演角色“陈师范”	《云彩霞》	【法】司克芮布原作《阿德里安娜·勒库弗勒》，李健吾改编	朱端钧	天祥剧团	白玉薇、吕玉堃、姜明、杨志卿、谭光友、孙敏、陶由、徐为、杜青、王路西、毛秋艳、吴江等	金城大戏院	

时间	戏剧活动中的职责	剧目	编剧	导演	演出单位	主要演员	演出场所	备注
1944年11月	导演	《梁上君子》	【匈】莫纳原作《律师》，黄佐临改编	——	中国流动剧团	何畏、何学初、程晨、梁锋、邵华、范映、正利、梁佐等	杭州民众艺术剧场	
1944年12月	舞台监督	《倾城之恋》	张爱玲	朱端钧	大中剧艺公司	丁芝、王路西、包涵、任小曼、杜青、安秀兰、姜声、海涛、韦伟、徐为、徐天任、徐佐雯、陈静、陈又新、舒适、廖凡、端木兰心、罗兰、欧阳莉莉、黎震等	新光大戏院	
1944年12月	导演（署名李时建）、临时饰演角色“乔其”	《甜甜蜜蜜》[即《多夫宝鉴》]	【美】毛姆原作《家乡美女》，王兆墀改编	洪谟协助导演	联艺剧团	王薇、孙景璐、白沉、田秋萍、宏方、洪川、蒙纳、梅郇等	丽华大戏院	
1945年1月	导演（署名李时建）	《甜甜蜜蜜》[即《多夫宝鉴》]	【美】毛姆原作《家乡美女》，王兆墀改编	——	联艺剧团	孙景璐、白沉、韩非、田秋萍、王薇、宏方、洪川、蒙纳、梅郇等	兰心大戏院	
1945年2月	导演	《莺妒燕娇》	魏铭	——	剧艺实验剧团、美华剧社	王祺、于飞、罗兰、黄河、王即絮、孙芷君、高笑鸥等	丽华大戏院	

时间	戏剧活动中的职责	剧目	编剧	导演	演出单位	主要演员	演出场所	备注
1945年4月	导演	《结婚十字街》	王光墀	——	剧艺实验剧团	程之、范映、林彬、白穆、黄河、于飞、琅玮、仓隐秋、高笑鸥等	丽华大戏院	
1945年6月	导演	《蛮女天堂》	叶明	——	联艺剧团	丁蒂、于飞、江山、斯明、陈筠、克勤、严俊小菡、王即絮、陈璐、梅邨、洪鹰、屠光启、秋心等	巴黎大戏院	
1945年8月	导演（与朱端钧合作；署集体导演）	《蜕变》	曹禺	——	中国正义剧团	待考（演出海报无演员表）	巴黎大戏院	未公演
1945年8月	导演	《雁来红》	石华父	——	大中剧艺公司	待考（演出海报无演员表）		未公演
1945年10月	导演	《抗战第一年》[即《一年间》]	夏衍	——	正风职业剧团、河山剧团	梅红、汤敏、程晨、徐兴、穆宏、裘萍、徐为、吴景平、梦梅、汪漪、强赟、朱芹、徐浩、乐泉等	苏州金星剧场	
1945年10月	导演	《天字第一号》[即《野玫瑰》]	陈铨[谢尔航]	——	正风剧团	依群、文琪、张翥、朱丹、石景山等	苏州金星剧场	
1945年12月	导演（与穆尼合作）；饰演角色待考	《生命是我们的》	刘仁涛	——		穆宏、冯喆、汪漪、企英、茂路、芷君、白穆等	金都大戏院	第三方面军政治部冬赈慈善公演

时间	戏剧活动中的职责	剧目	编剧	导演	演出单位	主要演员	演出场所	备注
1946年1月	导演（署名李时建）	《二度蜜月》	【英】诺尔泰华特原作《私生活》，董乐、李朴改编	——	新美剧团	陈娟娟、乔奇、白穆、罗兰、宋琪、梅邨、胡小枫、小菡等	丽华大戏院	
1946年春	导演	《爱情与阴谋》	【德】席勒原作；顾仲彝改编	——	上海邮务工会邮工剧团	陈述、夏芒、尹青、眭月霞、周彦圣、冯荆华等	上海文化会堂	
1946年3月	导演（署名李时建）	《金丝雀》	周贻白	——	新美剧团	白羽、罗兰、胡小峰、竺林、王祺、穆宏、陈述、白穆、严俊、宋琪、黄凯、沈浩等	丽华大戏院	
1946年4月	导演	《魂归离恨天》	【英】艾米丽·勃朗特原作《呼啸山庄》，孙道临改编	——	正风剧团	上官云珠、徐立等	苏州金星剧场	
1946年5月	导演（署名李时建）	《二度蜜月》	【英】诺尔泰华特原作《私生活》，董乐、李朴改编	——	正风剧团	乔奇、白穆、罗兰、李芳菲、陈娟娟等	苏州金星剧场	
1946年5月	导演（署名李时建）	《魂归离恨天》	【英】艾米丽·勃朗特原作《呼啸山庄》，孙道临改编	——	新美剧团	小菡、白羽、凌之浩、冯琳、胡小峰、夏天、上官云珠、徐立、戴耘等	丽华大戏院	

时间	戏剧活动中的职责	剧目	编剧	导演	演出单位	主要演员	演出场所	备注
1946年5月	导演	《金小玉》[即《不夜天》]	【法】萨尔杜原作《女优杜司克》（即《托斯卡》）；西渭[李健吾]改编	——	中国实验剧团	白桦、凌霄、荻梵、陶由、尚未名、劳著、周正文、程荆、胡云、叶涛、徐思漪、万雯、唐琪、杨志清等	杭州中央大戏院	
1946年5月	导演	《驱魔乱舞》[演出海报又名《魔窟》，即《新官上任》]	陈白尘	——	中国实验剧团	待考（演出海报无演员表）	杭州中央大戏院	
1946年6月	导演	《三千金》	【英】莎士比亚原作《李尔王》；顾仲彝改编	——	中国实验剧团	王祺、周正文、周正行、宋琦、齐鲁、赵燕、泽照、子路、季洛、俞故、吕丝、劳著、唐琪、张珊、汪安民、司徒阳等	杭州中央大戏院	
1946年10月	导演	《钗头凤》	魏于潜	——	东南剧社	陈述、夏芒、孙芷君、叶明、于飞、曹苇、丁山、俞仲英、王祺、范萍、李亚青、丁婕、孙仪等	无锡大戏院	
1946年10月	导演	《秋海棠》	秦瘦鸥原作，费穆、左临、顾仲彝改编演出本	——	东南剧社	陈述、夏芒、孙芷君、叶明、于飞、曹苇、丁山、俞仲英、王祺、范萍、李亚青、丁婕、孙仪等	无锡大戏院	

时间	戏剧活动中的职责	剧目	编剧	导演	演出单位	主要演员	演出场所	备注
1946年10月	导演（与佐临合作）	《升官图》	陈白尘	——	长城剧社	待考（演出海报无演员表）	南京大光明戏院	
1947年1月	导演	《喜相逢》	董乐、李朴	——	中国旅行剧团	唐若青、蓝青、荻凡、林纳、孙景路、邵华、刘恋、赵一山、顾梦鹤、龚稼农、苏之卉 等	南京飞龙阁	
1947年3月	导演、饰演角色“屠副巡长”	《梁上君子》	【匈】莫纳原作《律师》，黄佐临改编	——	上海邮务工会邮工剧团	陈述、夏芒、陆维华、眭月霞、耿馨之、沈正祥、杨家庆、周彦圣、林鑫、俞镜城、顾兰峰、孙德森 等	民光戏院	是年担任邮工剧团干事
1947年3月	导演	《结婚进行曲》	陈白尘	——	建新剧艺社	待考（无演出海报及演员表）	兰心大戏院	
1947年4月	导演、饰演角色“贾伯望”	《殉情》［即《阴谋与爱情》］	【德】席勒原作；顾仲彝改编	——	东南剧社	于飞、英俊、小菡、亚伦、王祺、陈述、尹青、曹韦、仲夏、芷君、亚青、康庄 等	兰心大戏院	
1947年5月	导演	《梁上君子》	【匈】莫纳原作《律师》，黄佐临改编	——	东南剧社	于飞、重青、王祺、康庄、白路平、何畏、李亚青、高亚伦、曹韦、英俊 等	兰心大戏院	
1947年6月	导演、饰演角色“乔其”	《甜甜蜜蜜》［即《多夫宝鉴》］	【美】毛姆原作《家乡美女》，王兆墀改编	——	东南剧社	小菡、于飞、王祺、李亚青、邵华、俞仲英、夏芒、程晨 等	兰心大戏院	

时间	戏剧活动中的职责	剧目	编剧	导演	演出单位	主要演员	演出场所	备注
1947年8月	导演	《原野》	曹禺	——	东南剧社	徐立、史原、罗兰、乔奇、于飞、沈浩、夏芒等	兰心大戏院	
1947年9月	导演	《钦差大臣》	【俄】果戈理	——	上海邮务工会邮工剧团	待考	海光大戏院	胡导重回上海邮政局工作
1947年10月	执导排演第三幕（未署名）	《美男子》	【法】莫泊桑原作《俊友》，洪谟改编	洪谟	华艺剧团	上官云珠、于飞、沈浩、沙莉、黄宗英、韦伟、罗维、孙芷君、乔奇、冯喆、梅村、穆宏、卫禹平、戴耘等	兰心大戏院	
1947年12月	导演	《葡萄美酒》	于伶原作《夜光杯》，吴琛改编	——	上海邮务工会邮工剧团	陈述、夏芒、陆维华、眭月霞、吴越等	海光剧场	
1948年3月	导演	《原野》	曹禺	——	新中剧艺社	白穆、史原、刘琦、丁然、沈浩、夏天等	兰心大戏院	
1948年4月	导演	《大团圆》	黄宗江	——	中国演剧社	卫禹平、张伐、韩非、白穆、史原、穆宏、凌之浩、莫愁、林彬、黄宗英、沙莉、汪漪、戴耘、冯继雄、刘小沪等	兰心大戏院	
1948年9月	导演	《续弦夫人》	【英】琼斯原作《谭格瑞的"续弦夫人"》，冼群改编	——	新中华演剧社	沙莉、莫愁、凌之浩、汪漪、沈敏、凌琯如、高博、曹韦、穆宏、胡小琴、路珊、林榛、丁捷等	兰心大戏院	

时间	戏剧活动中的职责	剧目	编剧	其他主创人员	演出单位	主要演员	演出场所	备注
1949年9月	参加演出工作（职员团队共85人）	《怒吼吧，中国》	【苏】特列奇柯夫；萧怜萍[罗稷南]改编	应云卫	上海市剧影工作者协会	张伐、石挥等89人	逸园	

1949年以后部分

时间	戏剧活动中的职责	剧目	编剧	其他主创人员	演出单位	主要演员	演出场所	备注
1949年9月	导演	《南下列车》	瞿白音	——	上海邮工剧团	待考	解放剧场	
1950年3月	饰演角色待考	《俄罗斯问题》	【苏】西蒙诺夫	导演：朱端钧	上海邮工剧团	夏芒、陈述、蒋天流等	未演出	
1950年5月	导演（署本名胡道祚）	《俄罗斯问题》	【苏】西蒙诺夫	——	建文剧社	蒋天流、程之、周旦、王路西、石灵、李纬、罗玲、乔奇、陈述、俞仲英、崔超明等	卡尔登大戏院	中苏友好协会上海分会赞助演出
1950年6月	主创人员之一	《胜利列车》	逯斐、乔羽	夏芒、陈述	上海财政金融工会［注：演出时间为1951年2月25日首演］	待考	兰心大戏院	
1950年6月	导演（与朱端钧合作）	《夜店》	【俄】高尔基原作《底层》；师陀、柯灵改编	——	建文剧社	金素雯、乔奇、李纬、魏鹤龄、罗玲等	卡尔登大戏院	
1950年8月	导演	《方珍珠》	老舍	——	建文剧社	张莺、高博等	兰心大戏院	注：《文汇报》有消息报道，但未查见演出海报
1950年10月	导演（署本名胡道祚）（与王震百合作）	《纸老虎》【京剧】	王若望、江禹天	——	上海邮政文工团-京剧团	待考	兰心大戏院	

时间	戏剧活动中的职责	剧目	编剧	其他主创人员	演出单位	主要演员	演出场所	备注
1950年12月	参与编剧执笔、导演团成员；《伪君子》执行导演	《美帝暴行图》系列剧	李健吾、杨村彬、朱端钧、朱铭仙、胡导、王学娟、徐闻莺、王绶之、王澹洲、张江东、徐里、陈耘、王建		上海剧专抗美援朝保家卫国委员会	庄则敬、陈谷勋、姚英华、林东升、俞子涛、项奇、陈明正、陈国荣、胡成元、魏珉、金涛、徐峻泰、王澹洲 等	上海剧专实验剧场、兰心大戏院	《美帝暴行图》系列，该剧由5个短剧组成
1951年3月	导演（署本名胡道祚）（与朱端钧合作）	《当祖国需要的时候》	刘任涛	——	建文剧社	乔奇、罗玲、陈述、汪玫、胡小菡、袁蓉、徐立、马斐、蓝群、江山、高小文、李卓云、张涵、林默予、张莺、于复瑛、康瑛、李纬、徐薇 等	卡尔登大戏院、解放剧场	
1951年5月	编导之一	《控诉》【电影】	朱端钧、杨村彬、胡导、谢晋、许秉铎、何兆璋		长江影业公司、上海戏剧专科学校	沈继禹、胡成元、林东升、王健、钱千里、韩涛、王人美、高博、罗森、蒋锐、上海剧专学生	国际、金城、金门、北京、大光明5家影院首映	
1951年10月	编剧（与朱端钧、潘子农合作）	《彩凤双飞》[电影剧本]	——	导演：潘子农	大同影业公司	王丹凤、陈述、李纬、王路西、周刍、魏鹤龄、路珊、罗静宜 等	美琪、大上海、杜美、永安4家影院首映	
1953年3月	导演（与闫包明合作）	《赵小兰》	金剑	——	中央戏剧学院华东分院第二届学生	郭东篱 等	下工厂、基层巡演	

时间	戏剧活动中的职责	剧目	编剧	其他主创人员	演出单位	主要演员	演出场所	备注
1953年7月	导演	《夫妻之间》	北京人民艺术剧院集体创作	——	中央戏剧学院华东分院第二届学生	汪林根、何永炎、史崇仁、陈明正、沈伦、莫天琴、郭东篱、石磊、陈薇三、宋廷锡、诸葛贞、林秀达 等	中央戏剧学院华东分院实验小剧场	
1954年5月	执行导演（导演组：闫包明、赵福鸿）	《曙光照耀着莫斯科》	【苏】A.苏洛夫	艺术指导：熊佛西	中央戏剧学院华东分院1954届毕业班	朱凤仙、宋顺锦、陈国荣、徐企平、陈明正、莫天琴、柏彬、孙青纹、潘鹤祥、史崇仁、马晨曦、陈惠良、席与明、沈伦 等	曙光剧场	
1954年9月	导演	《郭华买胭脂》【淮剧】	待考	技术指导：张传芳、筱文艳	上海市淮剧改进协会志成淮剧团	武鹂鹃、周筱芳 等	共舞台	参加华东戏曲观摩演出大会
1957年6月	导演组成员	《无事生非》	【英】莎士比亚	总导演【苏】E.K.列普科夫斯卡娅；导演组其他成员：朱端钧、吴琛	上海戏剧学院表演师资进修班	乔奇、孔彬、吴瑾瑜、陈季龙、王珂、阿阳、王文凯、苏平、杨村夫、刘韧、宋廷锡、王呐、王大明、宁先业、马科、白衍民、杜冶秋、吴绮云、端木兰英、周以勤、周谅量 等	上海戏剧学院实验剧场	
1957年11月							人民大舞台	其时苏联专家已经回国
1957年11月	剧本改编、导演	《飞来的新娘子》	取材日本同名电影	——	上海戏剧学院1959级学生	待考	苏联驻沪领事馆	

时间	戏剧活动中的职责	剧目	编剧	其他主创人员	演出单位	主要演员	演出场所	备注
1958年8月	导演团成员	《十三陵水库畅想曲》	田汉	总导演：朱端钧；导演团其他成员：叶涛、薛沐等8人	上海戏剧学院	罗森、倪竞星、夏克昌、孙达生、朱艺、孙滨、张鸿鑫、李志舆、叶涛、席与荣、项奇、张绶令、王洪生、陈茂林 以及表演系全体师生	文化广场	
1959年2月	执行导演	《敢想敢做的人》	王命夫	导演组：表演系四年级教师	上海戏剧学院1959级学生	盛吉明、王家驹、田世琴、梁波罗、卢时初、徐月翠、关源滋、焦晃、刘建平、张名煜、向能春、刘玉芙、李长年、金馥丽、王硕敏、卢若萍、郑唐忠 等	上海戏剧学院实验剧场	
1959年3月	作为班主任协助导演对学生演员创造角色进行辅导	《吝啬鬼》	【法】莫里哀	导演：朱端钧	上海戏剧学院1959届毕业班	李家耀、焦晃、卢时初、梁波罗、金馥丽、杨在葆、卢若平、李长年、杜冶秋、王家驹、刘玉芙、郑唐忠、像能春、刘建平、王硕敏 等	上海戏剧学院实验剧场	
1959年5月	导演（与章琴、陈明正合作）	《上海激战》	辛农、计铁	——	上海戏剧学院1959届毕业班	杜冶秋、王家驹、杨在葆、盛吉明、焦晃、金馥丽、马邻、贺雪瑛、李家耀、陈明正、关源滋、叶涛 等	上海邮电俱乐部	

时间	戏剧活动中的职责	剧目	编剧	其他主创人员	演出单位	主要演员	演出场所	备注
1959年9月	导演（与叶涛合作）	《光荣的岗位》	上戏师生集体创作	——	上海戏剧学院	蔡铭、祝希娟、吴锡敏、徐飞飞、李俊照、张持衡、计文蔚 等	上海艺术剧场	被任命为实验话剧团兼职导演
		《柜中缘》	上戏师生集体改编	——		胡曼力、刘玉、陆丁裕、李祥春、关源滋、王家驹 等		
		《巴德林先生的故事》	法国中世纪笑剧，作者佚名	——		李家耀、袁国英、刘建平、向能春、李长年 等		
1961年5月	复排导演（与伍黎合作）	《无事生非》	【英】莎士比亚	——	上海戏剧学院实验话剧团	祝希娟、焦晃、张名煜、吴瑾瑜、娄际成、冯纯超、夏启英、李祥春、杜冶秋、李家耀、吴娱、魏薇、马邻 等	上海艺术剧场	同年7–8月该剧赴大连、沈阳演出
1962年1月	参与剧目加工整理、编导工作	《对课》《昭君出塞》《断桥》《打郎屠》《米栏敲窗》《僧尼会》	婺剧传统折子戏	——	浙江省婺剧团	徐汝英、郑兰香、叶竹青、徐勤纳、邵小春、吴光煜 等	大众剧场	在上海演出时间是同年9月，继而赴北京演出
1962年9月	导演	《百花衣》【越剧】	原作潮剧《刘明珠穿珠衣》，苏石风改编	技术导演：方传芸	上海越剧院一团	张桂凤、吕瑞英、吴小楼、金艳芳、吴天芳、竺菊香 等	人民大舞台	
1962年9月	复排导演（与伍黎合作）	《无事生非》	【英】莎士比亚	原导演【苏】E.K.列普柯芙斯卡雅	上海戏剧学院实验话剧团	祝希娟、张先衡、张名煜、杨在葆、娄际成、冯纯超、李祥春、冯庆龄、杜冶秋、李家耀 等	上海艺术剧场	同年7月该剧在青岛演出

时间	戏剧活动中的职责	剧目	编剧	其他主创人员	演出单位	主要演员	演出场所	备注
1962年11月	执行导演	《甘蔗田》	【古巴】巴·阿尔丰索	导演团其他成员：吴仞之、朱端钧、叶涛、陈耘	上海青年话剧团	刘贵琴、卢时初、吴锡敏、焦晃、王永旭、马邻、祝希娟、李家耀、杨在葆、朱艺、娄际成等	徐汇剧场	
1963年1月	导演	《百花衣》【越剧】	原作潮剧《刘明珠穿珠衣》，苏石风改编	技术导演：方传芸	上海越剧院一团	张桂凤、吕瑞英、吴小楼、金艳芳、吴天芳、竺菊香 等	人民大舞台	
1963年1月	导演	《我是一个兵》（即《哥俩好》）	白文、所云平	导演助理：李慰曾	上海青年话剧团	任广智、向能春、王熙岩、张先衡、李家耀、袁国英、卢时初 等	上海艺术剧场	同年3月该剧在南通、海安、扬州等地巡回演出
1963年3月	导演（与张应湘合作）	《钦差大臣》	【俄】果戈理	——	上海戏剧学院1963级学生	魏宗万、赵国斌、吴敏光、张万峰、陆尊黄、夏宗平、周亚伦、雷耀辉、袁振江、安振吉、孔繁信、许教靖、古发堂、朱广祺、李荣芬、郭海彬、邓本璠、许家琅 等	上海戏剧学院实验剧场	
1963年9月	导演	《唐赛儿》【京剧】	集体创作，执笔：卫明	副导演：李熙、张鸣义	上海京剧院三团	李玉茹、迟世恭、陆正红、黄正勤、许顺彬、陈真柱、伊鸣铎 等	天蟾舞台	
1965年4月	导演	《丰收之后》	兰澄	副导演：卢若萍	上海戏剧学院	崔月明、汪家仪、高惠彬、许松源、王定华、华克、赵金琳、奚玉华、虞效平、刘湘生、鲍大军、周天柱 等	上海戏剧学院实验剧场	

时间	戏剧活动中的职责	剧目	编剧	其他主创人员	演出单位	主要演员	演出场所	备注
1977年4月	导演（与卢若萍、王昆合作）	《战斗的篇章》	李岩、仲继奎、张炬、张大来	艺术指导：朱端钧	上海戏剧学院教师演出队	赵国斌、糜曾、刘建平、李学通、鲍大军、丁根南、贾幻真、卢若萍、唐慧珍、彭立奇、余忠、张应湘、安振吉、雷长熹、许容廉 等	沪东工人文化宫	
1978年6月	导演	《枯木逢春》	王炼	副导演：宋顺锦、糜曾、赵兵	上海戏剧学院1978届毕业生	程安娜、徐幸、李新龙、佟瑞敏、朱锦善、金洪文、李建华、张华、傅秋敏、程基、刘玉杰、李炳军、赵庆岩、田文涛、王小莹、李卫、邓家贵、谢淑萍 等	上海戏剧学院实验剧场	
1979年1月	复排导演（与伍黎合作）	《无事生非》	【英】莎士比亚	——	上海青年话剧团	张名煜、朱艺、聂雅亮、王公序、焦晃、张先衡、娄际成、杜冶秋、孙滨、徐抗生、王洪生、李祥春、夏启英、冯庆铃、祝希娟、郑毓芝、童正维、徐幸 等	上海艺术剧场	
1980年1月	导演（与向能春合作）	《吝啬鬼》	【法】莫里哀	——	上海青年话剧团	李家耀、焦晃、卢时初、娄际成、祝希娟、张名煜、吴娱、许守钦、杜冶秋、陆丁裕、张小燕、郑唐忠、李道君、李俊照、李慰曾、聂雅亮 等	解放剧场	

时间	戏剧活动中的职责	剧目	编剧	其他主创人员	演出单位	主要演员	演出场所	备注
1980年6月	艺术指导	《猜一猜，谁来吃晚餐》	【美】威廉·罗斯	王浚洲、邵宏来、沈元骥、徐飞	上海戏剧学院表演进修班	蒋维国、李小慧、王京蒂、李定保、缪锦秀、邵宏来、王佳纳、王浚洲、徐飞、张秉琛、彭佩、沈元骥等	上海戏剧学院实验剧场	
1980年10月	导演（与陈茂林合作）	《贵人迷》	【法】莫里哀	——	上海戏剧学院表演进修班	胡庆树、李冰、张秉琛、卢若萍、张绶龄、赵谦、张家齐、缪锦秀、蒋维国、王泽良、吴亚山、李长年、刘子枫等	上海戏剧学院实验剧场	
1981年4月	导演（与魏淑娴合作）	《梅雨》	田汉	——	上海戏剧学院	宋廷锡、冯冰、程婉华、李学通、赵兵、谢文然、叶涛、关登辉等	上海人民艺术剧院排练厅	左翼戏剧家联盟50周年纪念演出
1981年6月	导演（与卢若萍、蒋维国合作)	《司嘉本的诡计》	【法】莫里哀	——	上海戏剧学院1977级毕业生	杨凤良、谷伟、祝延平、李小慧、宋红玲、佟玉山、刘海业、符冲、孙敏、李小铭等	上海戏剧学院实验剧场	
1981年12月	导演	《陈嘉庚》	陈加林、任何、舒志超	——	上海戏剧学院	王家驹、张振宇、何添发、佟瑞敏、钮心荣、陈以心、傅丽丽、吴冕、蒋维国、吴亚山、李定保、余安、王建新、席与荣、谷亦安、孙淳、尚丽华、宋忆宁、叶千荣、迟重瑞等	儿童艺术剧场	首届上海戏剧节参演剧目

时间	戏剧活动中的职责	剧目	编剧	其他主创人员	演出单位	主要演员	演出场所	备注
1986年3月	总导演；演出本整理	《温莎的风流娘们》	【英】莎士比亚；演出本整理：李冰、胡导	分场导演：上海戏剧学院1987届导演干部专修科/导演理论进修班学员郭小男、何晓星、戴渝宁、余生、崔承、朱玉珑、李鲁江、赵阳、徐卜泰、方红林、郑汝鎬	武汉话剧院	胡庆树、吴冕、张镜、张春来、鄢继烈、曾琼琼、金奇、周锦堂、孙维生、张永林、高原、徐帆、顾孝华、哈小桃、李京、魏珉、邹威、周勇、刘伯坤、郭桦、马秀敏等	武汉市武汉剧院；上海戏剧学院实验剧院	首届中国莎士比亚戏剧节参演剧目(4月)；获中国话剧艺术研究会第二届金狮奖导演奖
1986年11月	导演教师	《惊魂记》（曾名《乱世王》）【京剧】	【英】莎士比亚原作《麦克白》；改编：周孝先	上海戏剧学院1987届戏剧导演理论进修班学员张杰、宋宝琴、李俊森、王十庆、黄玉春	武汉京剧院	王婉华、朱奇婉等余待考	内部观摩，未公演	文化部前部长周巍峙观看演出，肯定该剧探索创新，认为可以成立；同时也指出了有些不足之处

时间	戏剧活动中的职责	剧目	编剧	其他主创人员	演出单位	主要演员	演出场所	备注
1987年3月	评选委员会委员	全国戏剧小品电视比赛			中央电视台		中央电视台	
1989年3月	艺术顾问	《太太学堂》【广播剧】	【法】莫里哀原作		中央人民广播电台	待考	中央人民广播电台	
1989年3月	评委	上海话剧年戏剧小品比赛			上海市文化局			
1990年10月	导演（特邀）	《闯世界的恋人》【豫剧】	姚金城	副导演：董广欣、陆小龙；技术导演：曾广兰、赵宏献	河南省洛阳市豫剧二团	陈淑敏、吴云召、魏继贤、翟俊卿、赵晓梅、杨普州、赵宏献、李小芳、刘跃进、侯秀华、岳崎、陈大华、李振雷 等	郑州市中州影剧院	参加河南省第二届艺术节，获河南省第三届戏剧大赛获优秀演出奖、优秀导演奖
1993年9月	导演（特邀）（与韩菁华合作）	《能人百不成》【豫剧】	贾璐、安克慧、聂延军	——	河南省濮阳市豫剧团	贾文龙、暴红丽、吴建伟、管爱姣、王青霞、宋水运、张红品 等	山西太原市太原工人文化宫、北京中国儿童剧院（文化部第三届文华奖颁奖仪式祝贺演出）	获全国地方戏曲交流演出（北方片）优秀剧目奖及10个单项奖
1996年10月	导演	《李尔王》【丝弦剧】	【英】莎士比亚原作；改编：戴晓彤	——	河北省石家庄市丝弦剧团	张鹤林 等	石家庄市霞光大戏院	1998年上海国际莎士比亚研讨会实验演出
2001年3月	艺术指导	《萨勒姆的女巫》	【美】阿瑟·米勒	导演指导：周可	上海戏剧学院导演系1997级毕业生	粟奕、韩杰、左新颜、徐韵、章骊、鲍莉、翁小荻、李群超、宋媛媛、范捷、尼玛玉珍、王唯唯 等	上海戏剧学院实验剧场	

胡导戏剧教育活动年表

时序	任教情况	情况说明	任教机构	学生名录
1940年–1941年	演员培训讲课教师	其他讲课老师有：周贻白、赵景深、许幸之、吴永刚、龚家宝、天然、石灵、文载道、穆尼、芳信、鲁思、徐渠、陈绍周、陈歌辛 等	[上海]华光戏剧专科学校	谢晋、上官云珠、钱江、张优、董鼎山、周正行、苏石风、铁流、秦信、吴梅林 等
约1943年3月	参加该校举办的星期艺术讲座，担任第六讲《从演员到导演》主讲	其他主讲人有：秦瘦鸥、姚克、罗明、毛羽、黄河、石挥 等	[上海]中国艺术学院	董振华、范平、白金、苏峰、田草、苏平、郭伟、顾行、谭铿如、卢素文、陈进 等
1950年9月	表演专业任课教师、班主任	其他任课教师有：何才荫、闫包明、赵福宏、张廷顺、朱铭仙、阮尚志 等	上海戏剧专科学校	1954届表演专业：莫天琴、王庆华、宋廷锡、林秀达、李冰、徐企平、杨明、汪应模、陈明正、翁国钧、席与明、汪洁、徐峻泰、朱凤仙、史崇仁、陈国荣、彭来、何永炎、宋顺锦、陈惠良、张敬孝、周冰、石磊、郭东篱、舒原、刘克澄、冯涛、戈薇、陆谷勋、陆炳权、严海根、林兆丰、夏金声、吴崇康、黄子安、李经莲、沈伦、马晨曦、仲涛、陈薇三、潘鹤祥 等
1953年9月	任表演系初级班主任	其他任课教师有：熊佛西、朱端钧、赵铭彝、陈耘、陈加林、陈明正、陈钟、方传芸、何才荫、胡蓉蓉、刘如曾、王祺、项奇、田恺、叶涛、袁化甘、周端木、朱铭仙、薛沐、阮尚志、格莱斯诺娃 等	中央戏剧学院华东分院	1957届表演专业：许诺、张希珍、沈西艾、王复民、范光龙、刘芷芬、郭美春、魏薇、吴娱、江文逑、王公序、邱世穗、施锡来、马学士、王永序、崔志英、李春晓、毛又东、吴桐华、张丽琳、王惠莉、江波、赵行、孟一心、孙百群、刘世正、王宗尧、孙传才、将友宁、沈荣坪、施明媛、戚如燕、胡西蒙、眭志华、张美仙、沈冰凝、陈祖烈、顾天高、阮东英、徐祥麟、朱世耀、郑惠珍 等

时序	任教情况	情况说明	任教机构	学生名录
1954年春	作为学员,在中央戏剧学院短期进修,师从苏联专家П·У·列斯里教授学习导演理论			
1954年9月1日	表演系本科专业课教师	其他任课教师有：何才荫、胡伟民、江俊峰、刘克诚、吕吉、吕铸洪、罗森、王祺、田稼、阮尚志、张仪静、朱铭仙 等	中央戏剧学院华东分院	1958届表演专业：王昆、郑毓芝、张鸿鑫、张马力、李志舆、冯庆铃、张亮、许守钦、邹宁德、陈茂林、顾梦华、管继光、章希平、王世杰、孙达生、王季山、章竟扶、严家祥、晓美、李慕鸾、张晚霞、张大英、屠正屏、赵美成、吴星、夏克昌、杨关兴 等
1955年9月	表演系本科专业课教师、1959届班主任；同年被评定为副教授。师从苏联专家、功勋艺术家E.K.列普柯芙斯卡娅教授学习表演教学。	其他任课教师有：何才荫、胡伟民、陈明正、胡蓉蓉、王祺、吕骥、吕铸洪、任小莲、阮尚志、魏淑娴、张仪静、张应湘、朱铭仙 等以及苏联专家E.K.列普柯芙斯卡娅	上海戏剧学院	1959届表演专业：张名煜、王家驹、向能春、李家耀、杨在葆、焦晃、梁波罗、卢若萍、杜冶秋、卢时初、张先衡、关源滋、戴金凤、马邻、金馥丽、李长年、刘建平、盛吉民、刘祖华、邹学东、田世琴、潘淑华、江芸、张庆发、王硕敏、刘玉芙、周以勤、贺雪瑛、王德纯 等
1958—1959年	编写《话剧表演教学大纲》	与薛沐合作	上海戏剧学院	
1959年7月	任院务委员会委员	主任:熊佛西,副主任:吴仞之、苏堃，其他委员：方传芸、石炎、田稼、刘如曾、朱端均、李孝廉、李怀广、季斌、周锡堡、胡醒、胡蓉蓉、孙天秩、陈绍周、凌霄、章琴、张逸城、冯健、冯少白、魏照风、谭思文、顾文石、顾仲彝	上海戏剧学院	

时序	任教情况	情况说明	任教机构	学生名录
1959年9月	表演系本科专业课教师	其他任课教师有：陈加林、陈明正、方传芸、贾幻真、刘建平、刘君麟、任小莲、阮尚志、沙梅、王家驹、王佩珪、吴瑾瑜、吴仞之、晏章汉、叶涛、张仪静、张应湘、朱端钧、朱铭仙 等	上海戏剧学院	1963届表演专业：赵国斌、许家琅、张美玲、袁振江、王春生、张发启、王喜保、刘子枫、朱绪文、王丽娜、魏宗万、汪熙君、朱枫岚、安振吉、金康宁、赵琼、沈志龙、王桂生、夏宗平、郭海彬、张万峰、张学明、李婉洁、琚金水、鲍金祥、包爱芬、李介瑗、戚圭旋、王明馨、丁超、邓本潘、周嘉陵、朱广祺、李荣芬、古发堂、雷羽、周亚伦、王凌云、孔繁信、许教靖、陆亚东、王庆武、蔡谕歌、王敦耀、王振亚、陆尊黄、吴淑娟、郑文斌、吴敏光 等
1960年代	编写教材《表演学》《表演教程》、《表演教学大纲》	与叶涛合作	上海戏剧学院	
1961年5月	任导演系系务委员会委员、副主任；参与系科筹建、首届招生	系主任吴仞之，其他委员：章琴、叶露茜	上海戏剧学院	1967届话剧导演专业:雷英、汪遵熹、张禔、苏乐慈、张韵华、叶罗兰、王又乐、吴安平、张仲年、门耀北、左蓉琯、陈秉坤、张戈、贾启春、谭立平 等
1962年9月	任表演系副主任		上海戏剧学院	
1963年3月	任院学术委员会委员	主任委员:熊佛西,副主任委员:吴仞之、朱端均,其他委员:周锡堡、孙浩然、魏照风 等20人		
1975年9月	表演系任课教师	其他任课教师有：陈茂林、贾幻真、江文逑、刘芷芬、糜曾、宋顺锦、王昆、魏淑娴、张希真、赵兵、郑建芬、朱端钧 等	上海戏剧学院	1978届表演专业：徐幸、程安娜、李建华、李卫、佟瑞敏、朱锦善、傅秋敏、程基、金国芳、刘玉杰、张华、王小莹、颜正安、谢淑萍、李炳军、戴文华、李新龙、赵庆岩、金洪文、张燕、杨瑞江、田文涛、常川、林长风、邓家贵 等

时序	任教情况	情况说明	任教机构	学生名录
1979年2月	任主课老师，班主任	佟瑞敏；外聘专家讲课有：杨村彬、于是之 等	上海戏剧学院表演师资进修班	1980届学员:张家齐、余安、胡庆树、邵宏来、王复民、胡伟民、夏宗学、王泽良、谭尧宗、孙达生、郭美春、莫天琴、李冰、张马力、张绶龄、王丽娜、王浚洲、李定保、赵谦、蒋维国、王佳纳、许家琅、缪锦绣、张秉瑈、刘子枫、郑毓芝、沈元骥、徐飞飞 等
1981年3月	任导演系主任		上海戏剧学院	
1984年11月	离休，为导演系名誉主任		上海戏剧学院	
1985年3月	出任班主任	任课老师：郭东篱、张仲年、李建平	上海戏剧学院戏剧导演干部专修科	1987届学员:郭小男、张杰、朱玉珑、何晓星、宋宝琴、余生、崔承、黄玉春、李峻森、王大庆、戴渝宁
1985年9月	出任班主任	任课老师：郭东篱、张仲年、李建平	上海戏剧学院戏剧导演理论进修班	1987届学员:方红林 童薇薇 叶茗 韩菁华 徐卜泰 尹继芳 彭安娜 陈小云 杨宏锐 赵阳 张平 李季明 张宝德 宫晓光 郑汝镐 李鲁江 解世军
1988年10月	任学院专家听棵组成员	组长：陈恭敏，其他成员：陈多、叶涛、薛沐、吴光耀	上海戏剧学院	
1989年1月	被评定为教授		上海戏剧学院	
1993年2月	被聘为教务长		上海谢晋影视明星学校	
1995年8月	受聘任教学顾问，开课戏剧小品编导及表演	其他教学顾问：陈多、徐朗、乔奇、陈奇、张文远 等	上海人民艺术剧院业余艺术学校	
2004年10月	获上海戏剧学院授予的戏剧教育终生荣誉奖			

胡导著述年表

文章标题或书名	体裁类别	发表（出版）时间（书）刊名	备注
晚宴	剧本、附言	《戏剧杂志》第2卷第2期 1939年2月	（根据许幸之原作改编）
蓝眼睛	剧本、附言	《文心》1939年第2卷第2期	署名李时建（根据苏联作家拉甫列涅夫原作原作改编）
苏联戏剧节开幕，大批名作上演	报道	《文艺新闻》1939年3月《电影与戏剧》专栏	署名李时建（译自《莫斯科新闻》）
怎样化妆	知识技巧	《戏剧杂志》社出版	与 莫言、徐立、戈戈合编
夏夜之梦	剧本、附言	《戏剧杂志》第3卷第6期 1939年12月	署名李时建（根据章泯先生剧本《黄浦江边》再行改编）
小夜曲	剧本	剧艺出版社、潮锋出版社《独幕剧创作丛书》第一辑 1940年2月	署名李时建；（根据鲁迅先生原作《明天》改编）；1941年5月重印
业余剧团的组织问题	座谈发言	《小剧场》半月丛刊1940年第3期《座谈》	
演剧漫笔——谈“肌肉紧张”；谈“习惯动作”	演员札记	《小剧场》半月丛刊1940年第3期《演员作品》栏	
一年来扮演角色琐谈	演员札记	《剧场新闻》1940年第7–9期	
突破演技停滞	演员札记	《剧艺》1941年1月号《艺人作品》	
忆《街头人》（悼念胡大中）	散文	《剧场新闻》1941年第二卷第1期	
谈“顾大康”的扮演——亡友大中兄灵前祭	悼文、演员札记	《剧场新闻》1941年第10–12期	

文章标题或书名	体裁类别	发表（出版）时间（书）刊名	备注
谈“恋爱场面”	演员札记	《舞台艺术》1941年第1辑《演技讲座》专栏	
“方言剧的内容如果不通俗的话，还是不能被落后大众所接受。……”	专业讨论、发言	《小剧场》半月丛刊1941年第4期《方言剧座谈》	
谈演技停滞	演员札记	《小剧场》半月丛刊1941年第5期《演剧漫笔》	
演技上的情感真实性	理论译文	《万象》1943年第三卷第4期(戏剧专号)	
“中艺”的成长特为荒芜的剧团培养出最丰盛的果实	贺词	《中艺》（创刊号）中国艺术学院校刊 1943年1月	
从演员到导演	论文	《中艺》 1943年第3期	
闲话“改编”剧本	论文	《新影坛》 1943年第6期	
眼儿媚	剧本	世界书局《剧本丛刊》第四集1944年12月	署名李时建；(根据【法】嘉禾《我的妻》改编)；1947年4月再版重印
话剧在沦陷后的上海繁荣	评论	《自由人》1945年创刊号	
谈邮工演剧运动	随笔	《上海邮工》1947年第16期	署名胡道祚
影剧评论若干篇【注】	评论	《剧影日报》1949年10月–12月	
彩凤双飞	电影剧本	大同影业公司摄制1951年10月上映	与朱端钧、潘子农合作
“写我们熟悉的东西”	札记	《文汇报》1951年12月24日	
叶·康·列普柯芙斯卡娅专家在一年级表演教学中积木教具的运用——向苏联专家学习教学经验的心得之一	论文	《中央戏剧学院华东分院院报》1956年第13期、第15期	

文章标题或书名	体裁类别	发表（出版）时间（书）刊名	备注
几点不成熟的意见（关于学习斯坦尼斯拉夫斯基体系和戏曲艺术传统笔谈会）	论文	《中央戏剧学院华东分院院报》1956年12月	
我们的一些体会（观摩《虎符》）	评论	《戏剧报》1957年第9期	
艺术的真实性标准是生活——回忆叶·康·列普柯芙斯卡娅同志在我院的最初几次授课	论文	《上海戏剧学院院报》1957年10月第22期	
培养什么样的“能演戏的演员”？	讨论	《上海戏剧学院院报》1957年11月第23期	
谈筱爱琴同志的表演艺术	评论	《上海戏剧》1959年第1期	
《巴德林先生的故事》的主题思想	导演札记	《文汇报》1959年10月5日第3版	
《无事生非》是怎样的喜剧——导演谈戏	访谈	《新民晚报》1961年5月22日 第2版	《新民晚报》记者欧冠云采写
“敏感”的演员与演员的敏感——学习狄德罗演剧学说笔记之一	论文	上海文艺出版社《“演员的矛盾”讨论集》1963年1月出版	与叶涛合作
演员创造人物的情感体验问题	论文	《戏剧艺术》1978年第2期	
演员的责任	译文	《表演艺术学习参考资料》[戏剧学院表演系内刊]	原作【俄】斯坦尼斯拉夫斯基
给拜金主义以恶报——话剧《吝啬鬼》导演札记	导演札记	《上海戏剧》1980年第4期	
舞台人物形象的体验与体现——1979年为表演进修班所做的艺术总结	论文	《戏剧艺术》1981年第1、2 期	武汉市文联戏剧部《戏剧学习资料》1982年转载
谈“动物观察–模拟训练”	论文	《戏剧艺术》1982年第3 期	

文章标题或书名	体裁类别	发表（出版）时间（书）刊名	备注
徐九经是“理想人物”的形象	评论	《长江戏剧》1982年第4期	
卓越的性格演员——兼及性格演员的培养问题	评论	《电影艺术》1982年第10期《在石挥和他的表演艺术座谈会上的发言》	
简练·平易·奇妙——赞伦敦莎士比亚剧组的演出	评论	《文汇报》1982年11月5日第二版	
上官云珠的性格化创造方法	评论	《电影艺术》1982年第12期	
想起了李志舆、杨在葆、祝希娟的表演	评论	《电影艺术》1983年第1期	
演员的“人物写生”——表演教学通信	论文	《戏剧艺术》1983年第2期	与项奇合作
潘虹的陆文婷形象创造——两个表演教师的对话	评论	《电影艺术》1983年第5期	与项奇合作
“《阿混新传》的整个演出……”	座谈发言	《上海戏剧》1983年第6期《滑稽戏〈阿混新传〉纵横谈》（发言）	
演员的人物形象构思	论文	《戏剧报》1983年第7期	
演员的创作气质与人物形象的气质创造	论文	《电影艺术》1983年第9、10、11期	
给杨在葆的信	书信-评论	《解放日报》1984年6月7日第四版	
话剧表演理论建设漫谈	论文	《戏剧报》1984年第2期	同年被收入中央戏剧学院《戏剧艺术学习》1984年第4期
舞台人物形象——演员导演的共同创作	论文	《戏剧艺术》1984年第2期	
梅兰芳对传统剧目的再创造与“整旧”——读《舞台生活四十年》札记	读书札记	《戏剧艺术》1984年第4期	署名李时建

文章标题或书名	体裁类别	发表（出版）时间（书）刊名	备注
从同志们谈蓝马想到的	回忆录–述评	《电影艺术》1984年第9期	
谈电视连续剧《泥人张》的人物形象构思——给俞炜的信	书信–评论	《中外电视》1985年Z1期	
导演技巧教学	论文	《戏剧艺术》1985年第1、2期	
明确话剧的主要服务对象是知识阶层——对我国话剧事业的展望	论文	《影剧艺术》1985年第3期	
须得人物之神韵——忆当年黄宗江的表演	回忆录–述评	《戏剧报》1985年第4期	
向“意”和“灵”的境界升华——回顾朱先生导演创作实践	回忆录–述评	中国戏剧出版社《朱端钧的戏剧艺术》1985年12月出版	
谈戏曲导演程式	论文	《戏曲研究》1985年14辑《戏曲导演艺术探讨》	
演员创作魅力与人物形象魅力的创造	评论	《电影艺术》1986年第3期《潘虹表演艺术座谈会》（二）书面发言	
胡庆树——凭直觉创造人物形象的性格演员	评论	《戏剧报》1986年第8期	
对李纬表演艺术的分析评价	评论	《电影艺术》1987年第1期《李纬表演艺术座谈会》书面发言	
李家耀的范德霍夫形象创造	评论	《戏剧报》1987年第9期	
“白练”“红高粱”的导演符号	评论	《艺术世界》1988年第5期	
戏曲程式——我国特有的艺术创作符号系统	论文	《戏剧艺术》1989年第2期	
关于《最后的贵族》表演艺术探讨座谈会发言	评论	《电影新作》1989年第6期	

文章标题或书名	体裁类别	发表（出版）时间（书）刊名	备注
刘琼的表演风度与他的人物形象创造	评论	《电影艺术》1989年第8期《刘琼表演艺术座谈会》书面发言	
潘虹的李彤形象创造，兼及谢晋导演在李彤形象创造中的主导作用	评论	《电影艺术》1989年第12期	
基础训练与角色创造	论文	《上海戏剧》1990年第3期	
表演基训随谈	评论	《戏剧艺术》1990年第3期《基础训练与角色创造》专题	
看得见的导演的导演	评论	《艺术世界》1990年第3期	
两个针锋相对的女演员的争论——西洋表演史话一则	评论	《艺术界》1991年第1期	
汤显祖的与莎士比亚的	论文	《艺术世界》1991年第1期	
三个演剧学派的不同“性格化”方法	论文	《戏剧艺术》1991年第2期	
加立克和他的“自然演技”	论文	《戏剧》1991年第2期	
给话剧之友推荐一本好读物（《话剧之友手册》）	书评	《上海戏剧》1991年第4期	
导演的“审美接受”与审美创造——从“发生认识论”的基本原理想到的	论文	《戏剧春秋》1991年第4、5期	
“伊丽莎白演员”与莎氏表演美学观	论文	《戏剧艺术》1992年第1期	
为越剧“写意”样式的开拓增辉添彩——谈《魂断铜雀台》的导演处理	评论	《上海戏剧》1992年第3期	
中国演员的本色演技及性格演技初探	论文	《电影艺术》1992年第3期	

文章标题或书名	体裁类别	发表（出版）时间（书）刊名	备注
作为“导演”：莎士比亚的写意戏剧观	论文	《戏剧研究》1992年第12期	
《丑小鸭》和安徒生的“自画像”	评论	《上海戏剧》1993年第1期	
天才的喜剧感应力	回忆录–述评	《电影艺术》1993年第3期 《韩非表演艺术研讨会纪实》	
魏鹤龄　卓越的本色演员	评论	《电影艺术》1993年第6期	1995年11月被收入《天津东丽文史资料》第四辑
乔齐	百科辞条	《中国大百科全书·戏剧卷》第311页	
朱端钧	百科辞条	《中国大百科全书·戏剧卷》第529–530页	
演员	百科辞条	《中国大百科全书·戏剧卷》第467–468页	
戏剧表演艺术	百科辞条	《中国大百科全书·戏剧卷》第428–430页	与叶涛合作
和袁雪芬谈“袁雪芬戏剧观”	论文	《中国戏剧》1993年第7期	与袁雪芬合作
论“袁雪芬戏剧观”	论文	《艺术百家》1994年第1期	同年被收入中国戏剧出版社《重新走向辉煌》一书，并由中国人民大学书报资料中心复印报刊资料–戏剧戏曲研究1994年5 月号
对斯氏学说的检验、验证——谈胡庆树的“直觉”性格化创造及其他	评论	《艺坛》1995年第3期	《中国戏剧》1995年第8期转载；2010年3月被收入武汉出版社《武汉有个胡庆树》一书
为阳刚之气的女小生鼓掌——谈杭州越剧院女小生陈雪萍的表演	评论	《上海戏剧》1995年第4期	

文章标题或书名	体裁类别	发表（出版）时间（书）刊名	备注
从梅兰芳到袁雪芬及其他——戏曲向话剧学习问题	论文	《东方艺术》1997年第2期	
从一个导演的眼光观舞美——徐海珊舞美设计赏析	评论	《舞台美术家》1998年第1期	
三四十年代上海话剧舞台上的性格化创造	回忆录、述评	《上海艺术家》1998年第2期	
“陈明正在导演创造上的成就是很杰出的……”	学术讨论发言	《戏剧艺术》1998年第4期《陈明正导演艺术与表演教学研究》（笔谈）	
用戏曲程式演出莎剧	论文	《莎士比亚在中国演出与研究国际研讨会论文集》上海戏剧学院、香港浸会大学、澳大利亚拉筹伯大学1998年9月出版	
“朱端钧的舞台意境创造”谈荟	论文	百家出版社《沥血求真美——朱端钧戏剧艺术论》 1998年11月出版	
我们的朱先生及其导演方式	回忆录、述评	百家出版社《沥血求真美——朱端钧戏剧艺术论》 1998年11月出版	
“对于导演基础教学我有过一些设想，也做过一些实验。……”	学术讨论发言	《戏剧艺术》2000年第3期《交流探讨，推进导演教学——两院导演教学研讨会发言摘要》	
谈唐槐秋先生和中旅的演出	回忆录、述评	中国戏剧出版社《唐槐秋和中国旅行剧团》2000年6月出版	
把形体动作作为“嫁接物”——从学习形体动作方法中得益到的	论文	《表演教学》[戏剧学院表演系内刊]2001年第2期	

文章标题或书名	体裁类别	发表（出版）时间（书）刊名	备注
戏剧表演学——论斯氏演剧学说在我国的实践与发展	论著	中国戏剧出版社 2002年12月	全国艺术科学“九九”规划1999年度课题项目，上海市教委重点学科1999年课题项目；2005年12月获文化部第二届文化艺术科学优秀成果奖三等奖，2009年再次重印发行。
表演教学要发展，要持续发展——在表演系00级的学术谈话	论文	《戏剧艺术》2003年第3期	
海上演剧忆旧事（一）、（二）、（三）	回忆录、述评	《上海戏剧》2003年第6、7、8期	
致曹树钧教授的一封信	书信、史辨	中国戏剧出版社《顾仲彝戏剧论文集》 2004年9月出版	
“能写出这部学术专著是向前辈学习的结果，也是向你们学习的结果……”	学术讨论发言	《戏剧艺术》2004年第6期《积累与发展中的戏剧表演学——胡导<戏剧表演学>研讨会纪要》	
我看赵丹演海尔茂	回忆录、述评	《文汇报》2005年1月21日第十一版	
佐临“戏剧观学说”与导演技巧的拓展	论文	《艺海》2005年第5期	
又见韦龙先生——读《论法兰西舞台》有感	论文	《上海戏剧》2005年第7期	
戏剧导演技巧学	论著	中国戏剧出版社 2005年11月出版	上海戏剧学院霞光文艺研究丛书
谷亦安教授在表演教学上的一项“创意”	短评	《上海戏剧学院院报》2006年5月23日	
“尊敬的康文夫人给同学们上的‘红小丑’表演课……”	学术讨论发言	《戏剧艺术》2006年第4期《西方小丑表演工作坊研讨会纪要》	

文章标题或书名	体裁类别	发表（出版）时间（书）刊名	备注
佐临最巨大的贡献——“戏剧观学说”	论文	《话剧》2006年B10期《百年回眸看佐临》	
干戏七十年杂忆——上世纪三四十年代上海的话剧舞台	回忆录、述评	中国戏剧出版社 2006年12月出版	上海戏剧学院霞光文艺研究丛书
导演教学要发展，要持续发展	论文	《戏剧艺术》2007年第4期	
赞一项具“科学发展”性的导演教学创意——观摩导06级物件小品导演作业	短评	《高教信息》2008年第3期	
试谈朱端钧先生导演创作的发展	论文	《戏剧艺术》2008年第4期	
序（林洪桐《表演创作手册》）	序文	中国电影出版社《表演创作手册》2009年11月出版	
序（顾梦华《梦华随想录》）	序文	上海辞书出版社2013年10月出版	
舞台行动：胡导戏剧导演文集	论文汇编 导演阐述 遗稿集萃	上海世纪出版股份有限公司远东出版社2015年6月出版	国家重点学科戏剧戏曲学丛书 上海文化发展基金会图书专项出版基金资助出版

注：根据《上海话剧志》和《沥血求真美》记载，1949年10月由朱端钧先生创办《剧影日报》后，胡导也是特约撰稿人之一。因难以找到该刊原件，故暂付阙。

参考文献

报　纸

1949年前

申报　　救亡日报
大公报　　东南日报
文汇报　　大同日报
新民晚报　　中央日报
平报　　社会日报
正报　　锡报
海报　　苏报（吴县版）
铁报　　戏报
晶报　　海风
中华周报　　快活林
太平洋周报

1949年后

解放日报
文汇报
新民晚报
新闻日报
舞台与观众

刊　物

1949年前

持志半月刊　中艺
剧场艺术　万象
剧场新闻　杂志
戏剧杂志　自由人（上海版）
文艺新闻　是非
话剧界　春秋
影剧杂志　电影生活
舞台艺术　147画报
小剧场半月丛刊　文友（上海1943）
学习　文心
益友月刊　青春电影
女声（上海1942）　影剧人
太平　春风（上海版）
国报周刊　三六九画报
天下　新天津画报
新上海　星光
上海邮工　中华邮工

1949年后

中央戏剧学院华东分院院报
上海戏剧学院院报
横浜桥（上海戏剧学院校友通讯）
戏剧艺术　艺术界
上海戏剧　艺术世界

戏剧报　　艺术百家
中国戏剧　艺坛
戏剧研究　戏曲研究
电影艺术　中外电视
地方戏艺术 东方艺术

专著·专文

◎ 胡导：《戏剧表演学》，中国戏剧出版社2002年12月。
◎ 胡导：《戏剧导演技巧》，中国戏剧出版社2005年11月。
◎ 胡导：《干戏七十年杂忆》，中国戏剧出版社2006年12月。
◎ 胡导：《舞台行动》，上海远东出版社（付印样本）。
◎ 邵迎建：《上海抗战时期的话剧》，北京大学出版社2012年1月。
◎ 邵迎建：《当我们年轻时——抗战时期上海话剧人访谈录》，北京大学出版社2013年8月。
◎ 董健主编：《中国现代戏剧总目提要》，南京大学出版社2003年12月。
◎ 李晓主编：《上海话剧志》，百家出版社2002年2月。
◎ 丁罗南：《上海话剧百年史述》，广西师范大学出版社2008年10月。
◎ 李涛：《大众化语境下的上海职业话剧》,上海书店出版社2011年10月。
◎ 曹树钧编：《顾仲彝戏剧论文集》，中国戏剧出版社2004年9月。
◎ 闫折吾编：《中国现代话剧教育史稿》，华东师范大学出版社1986年5月。
◎ 上海戏剧学院朱端钧研究编：《朱端钧的戏剧艺术》，中国戏剧出版社1982年。
◎ 朱端钧研究组：《沥血求真美——朱端钧戏剧艺术论》，百家出版社1998年11月。
◎ 陈樾山主编：《唐槐秋和中国旅行剧团》，中国戏剧出版社2000年6月。
◎ 程季华主编：《中国电影发展史》，中国电影出版社1963年2月。
◎ 中共上海市委党史研究室、上海市总工会编：《上海解放战争时期邮政职工运动史》，中共党史出版社1993年1月。
◎《演员的矛盾讨论集》，上海文艺出版社1963年1月。
◎《中国话剧运动五十年史料集（第二辑）》，中国戏剧出版社1959年。

◎ 王复民：《上海戏剧学院“文革”后举办“表演师资进修班”纪实》,上海戏剧学院文史资料第二期。

◎ 刘宁主编：《风雨60年——纪念上海戏剧学院表演系60华诞》，无出版单位 无出版日期。

◎ 杨绍林主编：《曾经青春 曾经辉煌——上海青年话剧团大事记》，上海话剧艺术中心1999年1月。

◎ 王伯男主编：《岁月留痕——上海戏剧学院话剧演出节目单集锦》，中国戏剧出版社2012年8月。

◎ 余秋雨：《借我一生》，作家出版社2004年8月。

◎ 刘西渭：《咀华二集》，文化生活出版社1942年1月。

◎ 穆海亮：《谈上海剧艺社的“分家”事件》戏剧文学2012年第2期。

◎ 穆海亮：《从上海剧艺社看话剧史料发掘的重要性与紧迫性》，湖南人文科技学院学报2011年第5期。

◎ 柯灵：《上海沦陷期间戏剧文学管窥》，上海师范大学学报（哲学社会科学版）1982年第7期。

◎ 李涛：《大众文化语境下的上海职业话剧》，上海书店出版社2011年10月。

◎ 蒋星煜：《“写意戏剧观”的历史背景》，《话剧B10期》-《百年回眸看佐临》上海话剧艺术中心2006年10月。

◎ 杨伟民：《中国艺术家的俄罗斯妈妈》，世纪。

◎ 王安忆：《父亲和母亲的写作》，文汇报2014年10月4日。

◎ 余士君：《跋涉者》，文汇月刊1983年第12期。

◎ 姚国强（音译）：《茹尔丹先生在上海舞台上》，La Chine en construction1981年二月号。

◎ 卞戈：《不知疲劳的老导演》，长江日报1986年3月22日。

◎ 王培：《功夫 修养及其他》，青艺1986年第4期。

◎ 许正廷：《莎翁戏剧节观摩随想》，青艺1986年第4期。

◎ 曹树钧：《莎士比亚在中国舞台上的传播与接受》，重大美视电影研究2012年第4卷第1期。

◎ 黎辉：《寻找社会情绪的凝结点——评现代豫剧〈闯世界的恋人〉》，地方戏艺术

1990年第4期。
◎ 吴乾浩：《〈闯世界的恋人〉引发的理论思考》，地方戏艺术1992年第2期。
◎ 刘敏言：《满台生活 满台生辉——关于豫剧〈能人百不成〉》，东方艺术（试刊）1993年12月。
◎ 谭静波：《走向深沉——河南省第四届戏剧大赛导演艺术论述》，地方戏艺术1993年第1期。
◎ 尹英希：《豫剧〈能人百不成〉获十项奖》，中国青年报1993年11月13日。
◎ 孙继华：《〈能〉剧火爆京都，传媒竞相刊播》，濮阳经济报1993年11月25日。
◎ 岫岭：《OK，中国李尔王》，大舞台，1995年第6期。
◎ 何志钧：《兼合东西风韵，独出一家机杼》石家庄日报1995年10月20日。
◎ 曹树钧：《评丝弦戏〈李尔王〉新演出本》，大舞台1997年第1期。
◎ 秦梵：《胡导教授说我是灰衣书生型演员》，新浪博客2009年1月9日。
◎ 谢潞锦：《胡导：名符其实》，《新闻报》1996年4月7日。
◎ 集体策划：《九十春秋赤子路》，东方电视台2004年10月1日。
◎ 吕争：《戏剧艺术元老胡导》，世纪2005年第6期。
◎ 张贤贞：《胡导：与生命赛跑的九旬老人》，劳动报2005年11月29日。
◎ 陈贝贝：《老骥伏枥 志在千里》，上海教师（专辑）2006年3月1日。
◎ 端木复：《胡导：与生命赛跑的话剧老人》，中国艺术报2007年 4月27日。
◎ 王敏：《75年的话剧人生——访话剧导演胡导》，社会观察2007年第5期。

后　记

父亲驾鹤仙去，面对他留下的藏书、信件、照片、文稿；面对父亲生前同事、学生以及学院领导给予的各种褒奖，总觉得这后面应该有许多我们知道和不知道故事，把父亲从艺一生整理出来的萌动油然而生。历经两年，我们花了大量精力去图书馆寻觅翻检资料，走访父亲当年的同事、学生，总算把父亲“干戏”一生的经历大致梳理成文，且配之以图片，相对完整地记录他从艺七十年的人生轨迹。

完稿之际，可谓感触多多。当然首先是欣慰，父亲生前曾多次（不管是著述中或接受有关采访时）说过，中国话剧是在艰苦的条件下开创和发展起来的，有一大批艺术家为此奉献了自己的全部精力，也留下来一大批内容上艺术上都很有造就优秀剧目和许多结合中国民族特色的戏剧艺术、戏剧教育创新理论，这些都不应该被忘却，而应该去研究，去继承，去发展。本书以客观的历史资料为据，把父亲一生从事话剧及戏剧教育工作所经历的事和共事的人作了真实记录，或许可以让人们从一个侧面触摸到上海话剧发展的脉络，观察到上海话剧史的若干“细部”。故而本书也算替父亲了却了一个心愿。

其次是遗憾，遗憾我们着手太晚，父亲生前留有大量剧照，其中许多都没有标明剧目、演出时间、剧中人及演员姓名，尤其是1930—1940年代的那些剧照，许多已无法考证，只能是待解之谜；还有一些演出，有线索但细节不清楚，目前也找不到佐证，只能略过。新中国初期的资料，由于各种原因也颇难寻觅，只能简述，如果父亲生前我们就能听到他口述相关情形，如果他的一批老戏友如今还健在，这遗憾一定会少得多。“失去了才知道珍贵”我们是真正体会到了。

第三还是慰藉，父亲生前一直得到学院历任领导的关心、为其在事业上的发展创造了不少条件，更是得到了众多学生的爱戴，可以说父亲，尤其是晚年的父亲，学生就是他生活、教学、科研的全部精神支柱。在父亲百岁冥诞之际把书编出来，馈赠各位留作纪念。也算对所有关心、爱护过父亲的人，以及与父亲有过愉快合作的老师、学生表示我们的感谢。

第四是敬佩，是对父亲的敬佩。说来也惭愧，和父亲一起生活了这么多年，其实对父亲并不十分了解，只知道父亲整天忙于工作，具体忙什么却不知道。父亲为人谦虚低调，也从来不在我们面前炫耀自己工作的成绩，许多奖状、奖杯也只是我们在整理其遗物时才发现的。此次我们通过大量资料，清晰地看到了父亲从一介中学生到名演员、名导演，以至最终成为一个戏剧艺术家和大学教授的过程——父亲靠的就是对事业的执着、勤奋好学，刻苦钻研和开放心态。通过这次对父亲一生的梳理，深深感到这也是父亲留给我们，够我们享用一生的精神遗产……

本书得以编撰出版，首先得益于上海戏剧学院领导和相关部门的支持，尤其韩生院长的鼓励和过问，并俯允赐序，我们专此志谢。表演艺术家杨在葆得知本书即将出版，欣然命笔题写书名，我们深表感谢。

我们的编撰工作得益于父亲的一批“老学生”（他们有的是学院教授、有的是表导演艺术家）陈明正、郭东篱、王复民、张仲年、卢若萍、张马力、佟瑞敏、向能春、张杰等各位先生的指点和帮助；同时上海图书馆的陈亮老师、上海话剧艺术中心的谢晶莹老师、上海戏剧学院档案室的李莉老师等提供了许多资料上的便利和助益；“上戏”张洁老师也为本书出版作了许多实际工作，在此一并致谢。同样，在此也向文化艺术出版社的沈梅老师、陶玮老师表示感谢，谢谢他们为此书出版付出的辛劳。此外，还应当感谢众多不知其姓名的摄影师，正是他们为本书留下了珍贵的照片。

编 者